智慧检务建设模式探析

——以泰山检察工作网为例

公维剑 著

吉林大学出版社
·长春·

图书在版编目（CIP）数据

智慧检务建设模式探析：以泰山检察工作网为例 /
公维剑著 . —长春：吉林大学出版社，2022.1
　　ISBN 978-7-5692-9016-5

　　Ⅰ．①智… Ⅱ．①公… Ⅲ．①数据处理–应用–检察
机关–工作–泰安 Ⅳ．①D926.3-39

中国版本图书馆 CIP 数据核字（2021）第 200224 号

书　　名　智慧检务建设模式探析——以泰山检察工作网为例
　　　　　　ZHIHUI JIANWU JIANSHE MOSHI TANXI——YI TAISHAN
　　　　　　JIANCHA GONGZUOWANG WEI LI

作　　者　公维剑　著
策划编辑　李承章
责任编辑　高欣宇
责任校对　赵　莹
装帧设计　左图右书
出版发行　吉林大学出版社
社　　址　长春市人民大街 4059 号
邮　　编　130021
发行电话　0431–89580028/29/21
网　　址　http://www.jlup.com.cn
电子邮箱　jdcbs@jlu.edu.cn
印　　刷　三河市三佳印刷装订有限公司
开　　本　787mm×1092mm　1/16
印　　张　20
字　　数　320 千字
版　　次　2022 年 1 月第 1 版
印　　次　2022 年 1 月第 1 次
书　　号　ISBN 978-7-5692-9016-5
定　　价　98.00 元

习近平总书记指出，司法责任制改革是全面深化司法体制改革必须牢牢牵住的"牛鼻子"。完善司法责任制，是建立权责统一、权责明晰、权力制约的司法权运行机制的关键，也是深化司法体制改革的核心，对于促进严格公正司法具有十分重要的意义。司法责任制改革就检察机关来讲，就是要突出检察官的主体地位，赋予检察官相应的办案权限，同时明确相应的责任，按照"谁办案谁负责、谁决定谁负责"的原则，构建权责一致、权责明晰、监管有效的检察权运行新机制。司法责任制改革在司法体制改革中居于基础性、关键性、全局性的地位，具有牵一发而动全身的意义。

近年来，检察机关认真贯彻党的十九大的部署和要求，集中精力做好司法体制改革的"精装修"，深入推进司法责任制综合配套改革，大力推进检察官的职业化、专业化和精英化建设，促进检察官不断更新理念、提升素质、强化责任，真正按照司法责任制的要求，潜心研究办案，严格秉公办案，以多办案、办好案的实际成效，提升检察工作的品质，真正实现习近平总书记提出的让人民群众在每一个司法案件中感受到公平正义的目标。

为紧密配合司法责任制改革进程，2018 年，国家启动"面向省级检察机关的以案件为中心的检务协同关键技术综合应用示范"重点研发计划课题，旨在研究检务案件业务协同中当前与未来的业务应用场景，重点围绕国家智慧司法体系建设中亟待解决的问题，开展技术攻关和应用示范，重点解决跨部门、地区、层级的以案件为中心的检察业务协同技术和模型算法的融合、集成技术，构建业务协同支撑平台，针对案件的执行、监控、追溯、评估、审计、预警等业务，搭建面向省级检察机关的以案件为中心的检务协同综合应用示范系统，为实现公正司法和司法为民，建成公正、透明的司法体系提供科技支撑。

"面向省级检察机关的以案件为中心的检务协同关键技术综合应用示范"重点研发计划课题与检察系统信息化建设进程紧密相关。在高检院党组的坚强领导下，全国检察机关牢固树立科技强检理念，贯彻智慧检务思想，大力推进电子检务工程建设和智能化应用探索，信息化基础设施建设显著加强，信息化运用能力和运维保障水平明显提高，各项工作取得了很大成效。

2018年，最高检印发《最高人民检察院关于深化智慧检务建设的意见》，勾勒了未来智慧检务建设的宏伟蓝图：到2025年年底，全面实现智慧检务的发展目标，以机器换人力，以智能增效能，打造新型检察工作方式和管理方式。最高检检察技术信息研究中心有关负责人指出，"电子检务工程是最高检实施科技强检战略、推动检察工作科学发展的重大基础性工程，是全国检察机关信息化建设顶层设计和项目实施的总揽。"

检察系统电子检务工程包含司法办案、检察办公、队伍管理、检务保障、检察决策支持、检务公开与服务"六大平台"，在推进智慧检务过程中发挥着四梁八柱的作用，是检察工作信息化、智能化的先导力量。其中，司法办案平台实现网上办案、网上管理、网上监督、网上考评和业务数据统一管理，规范司法办案流程；检察办公平台通过公文办理的数字化、网络化，提高检察办公的效率和质量；队伍管理平台立足用信息化手段开展检察队伍管理和纪检监察工作，实现干部人事、绩效考核、内部监督等信息化管理；检务保障平台实现各级检察院预算执行信息、检务保障业务、管理过程全覆盖，有效提升检务保障综合能力；检察决策支持平台通过整合检察机关内外部数据资源，利用大数据分析，为检察工作提供决策支持；检务公开和服务平台通过建设"信、访、网、电、视频"全面融合的"一站式"检务办事服务系统，提升检务公开、检察宣传和服务群众水平。

实现"六大平台"的互联互通、数据共享是"以案件为中心的检察业务协同"项目的核心内容。

泰安市检察信息技术研究所作为课题参与单位，主要承担参与完成研究系统应用效能评估技术。研究所是全国检察系统唯——家具备独立法人资格、能够独立预算的事业单位，由资深检察官和技术人员组成，具有强大的实务经验和研发能力。在推进检察系统信息化和国家课题研究中，紧扣"智慧检务"和课题要求，深入调研检察业务需求，着力探索大数据在检察信息技术的应用，依托"云桌面""5G"等先进技术，敢于破解检察系统的难题和痛点，极富创造性地探索出"泰山检察工作网建设"新模式，改变以往检察机关信息化建设"粗放式"的建设管理模式，引领智慧检务向"集约化"方向迈进，有力解决了检察系统财力、技术、人才等方面短板，大大促进了"全国检察机关统一业务应用系统"与当前检察官办公、办案、检务保障、队伍建设、决策支撑、检务公开和服务六大平台实现有机协同，对提高以案件为中心的检察业务协同的信息化、智能化具有重要意义。

本书以泰安市检察院泰山检察工作网建设实践为范例，介绍了我国和检察系统信息化建设进程，重点阐述了泰山检察工作网的建设运维理念、模式、主要功能和建设方案，科学规划了以泰山检察工作网建设为基础，进一步深化政企协同、行业协同、区域协同，打造以大数据应用为核心、国产自主化为支撑的"政法大数据产业园"新生态，积极对标国家关于加快构建全国一体化大数据中心协同创新体系要求和检察系统灾备中心、数据中心、国家技术创新中心的建设目标，推动算力、算法、数据、应用资源集约化和服务化创新进行了探索尝试，对以深化数据要素市场化配置改革为核心，优化数据中心建设布局，全面支撑政法系统数字化升级和产业数字化转型具有很强的示范借鉴和启发引领作用。

目 录

第一章　检察系统信息化建设概述

第二章 泰山检察工作网的探索与实践

第三章　泰山检察工作网新生态——政法大数据产业园建设

第四章　泰山政法大数据产业园园区规划

第一章

检察系统信息化
建设概述

"世界潮流，浩浩荡荡，顺之者倡，逆之者亡"。人类社会正面临一场以新技术革命和新产业变革为重要内容的大跨越，"互联网、大数据、人工智能"时代正在到来，特别是以"云计算""5G"技术为代表的新一代信息通信技术的飞速发展，正引发国民经济、国计民生和国家安全等领域新模式、新手段和新生态系统的重大变革。

信息化为中华民族带来了千载难逢的机遇。近平总书记强调，我们必须敏锐抓住信息化发展的历史机遇，加强网上正面宣传，维护网络安全，推动信息领域核心技术突破，发挥信息化对经济社会发展的引领作用，加强网信领域军民融合，主动参与网络空间国际治理进程，自主创新推进网络强国建设，为决胜全面建成小康社会、夺取新时代中国特色社会主义伟大胜利、实现中华民族伟大复兴的中国梦作出新的贡献。2017年，习近平总书记在党的十九大报告中指出"为建设科技强国、质量强国、航天强国、网络强国、交通强国、数字中国、智慧社会提供有力支撑"，体现出他对网络强国战略的深入思考。

依托先进的信息技术，建设数字中国、智慧中国，更好造福国家和人民是这个时代必须完成的课题，政法领域也不例外。适应一浪赶一浪的新技术革命浪潮，检察系统必须因势而谋、应势而动、顺势而为，打造"互联网+检察业务"的新模式，实现检察工作的与时俱进和创新发展，必将给政法领域带来新的智慧、新的能量和新的生命力。

第一节　从信息到信息化

人类对世界的认知过程，是对信息的感触、搜集、认知、和改造处理的过程。然而，从人们对世界基本信息的掌握，到改造世界的手段实现信息化却是一个漫长的过程，更是一个人类认识和改造世界做出重大突破的过程。信息化开启了人类历史上一个崭新的文明形态，创造了颠覆想象的奇迹，推动了人类生产生活方式的急剧演变，促进了人类文明质的飞跃。

一、信息的概念

"信息"一词在英文中是"information"，日文中为"情报"，我国古代用的是"消息"。"信息"作为科学术语最早出现在哈特莱（R. V. Hartley）于1928年撰写的《信息传输》一文中。20世纪40年代，美国数学家香农（C. E. Shannon）在《贝尔系统技术学报》上发表论文《A Mathematical Theory of Communication》（通信的数学理论），被视为现代信息论研究的开端，香农也被称为信息论创始人、奠基人。他给出了信息的明确定义，认为"信息是用来消除随机不确定性的东西"，这一定义被人们看作是经典性定义并加以引用。

此后许多研究者从各自的研究领域出发，对"信息"给出了不同的定义。控制论创始人维纳（Norbert Wiener）认为"信息是人们在适应外部世界，并使这种适应反作用于外部世界的过程中，同外部世界进行互相交换的内容和名称"。他对信息的定义包含了信息的内容和价值，从动态角度揭示了信息的功能与范围，也被作为经典性定义加以引用，但也存在一定的局限性。经济管理学家则认为信息是提供决策的有效数据，电子学家、计算机科学家认为信息是电子线路中传输的以信号作为载体的内容。我国著名的信息学专家钟义信教授认为信息是对事物存在方式或运动状态直接或间接的表述。美国信息管理专家霍顿（F. W. Horton）给信息下的定义是："信息是为了满足用户决策的需要而经过加工处理的数据。"简单地说，信息是经过加工的数据，或者说，信息是数据处理的结果。

综上所述，根据不同学科、不同领域对信息的研究成果，科学的信息概念可以概括为：信息是对客观世界中各种事物的运动状态和变化的反映，是客观事物之间相互联系和相互作用的表征，表现的是客观事物运动状态和变化的实质内容。

信息是对客观事物的反映。从本质上看信息是对社会、自然界的事物特征、现象、本质及规律的描述，包含音讯、消息、通信系统传输和处理的对象等，泛指人类社会传播的一切内容。人通过获得、识别自然界和社会的不同信息来区别不同事物，得以认识和改造世界。

二、信息化的内涵

信息化是指培养、发展以计算机为主的智能化工具为代表的新生产力，并使之造福于社会的历史过程。信息化以现代通信、网络、数据库技术为基础，将所研究对象各要素汇总至数据库，供特定人群用于生活、工作、学习、辅助决策等，是与人类息息相关的各种行为相结合的一种技术。

"信息化"这一概念最早是由日本学者梅棹忠和其科学技术与经济研究团体于1967年首先提出的，而后被翻译成英文传播到西方。20世纪70年代后期，西方社会开始普遍使用"信息社会"和"信息化"的概念进行表述。20世纪80年代以来，随着计算机、互联网和现代通讯技术的快速发展，信息化的作用越发凸显，"第三次浪潮"从理论转化为实践，美国、英国、加拿大、日本和韩国等都先后推出国家信息化计划和信息高速公路计划。

信息化代表了一种信息技术被高度应用，信息资源被高度共享，从而使得人的智能潜力以及社会物质资源潜力被充分发挥，个人行为、组织决策和社会运行趋于合理化的理想状态。同时信息化也是 IT 产业发展与 IT 在社会经济各部门扩散基础之上，不断运用 IT 改造传统的经济、社会结构从而通往如前所述的理想状态的一段持续过程。

完整的信息化内涵包括以下四方面内容：

（一）信息网络体系，包括信息资源、各种信息系统、公用通信网络平台等。

（二）信息产业基础，包括信息科学技术研究与开发、信息装备制造、信息咨询服务等。

（三）社会运行环境，包括现代工农业、管理体制、政策法律、规章制度、文化教育、道德观念等生产关系与上层建筑。

（四）效用积累过程，包括劳动者素质、国家现代化水平、人民生活质量不断提高、精神文明和物质文明建设不断进步等。

与智能化工具相适应的生产力，称为信息化生产力。信息化生产力是迄今人类最先进的生产力，它要求要有先进的生产关系和上层建筑与之相适应，一切不适应该生产力的生产关系和上层建筑将随之改变。

三、互联网

互联网（internet），又称国际网络，指的是网络与网络之间所串连成的庞大网络，这些网络以一组通用的协议相连，形成逻辑上的单一巨大国际网络。在这个网络中有交换机、路由器等网络设备、各种不同的连接链路、种类繁多的服务器和数不尽的计算机、终端。使用互联网可以将信息瞬间发送到千里之外的人手中，它是信息社会的基础。

互联网始于 1969 年美国的阿帕网，是美军在 ARPA（阿帕网，美国国防部研究计划署）制定的协定下，首先用于军事连接，后将美国西南部的加利福尼亚大学洛杉矶分校、斯坦福大学研究学院、UCSB（加利福尼亚大学）和犹他州大学的四台主要的计算机连接起来。这个协定由剑桥大学的 BBN 和 MA 执行，在 1969 年 12 月开始联机。

另一个推动 internet 发展的广域网是 NSF 网，它最初是由美国国家科学基金会资助建设的，目的是连接全美的 5 个超级计算机中心，供 100 多所美国大学共享它们的资源。NSF 网也采用 TCP/IP 协议，且与 internet 相连。

ARPA 网和 NSF 网最初都是为科研服务的，其主要目的是为用户提供共享大型主机的宝贵资源。随着接入主机数量的增加，越来越多的人把 internet 作为通信和交流的工具。一些公司还陆续在 internet 上开展了商业活动。随着 internet 的商业化，其在通信、信息检索、客户服务等方面的巨大潜力被挖掘出来，使 internet 有了质的飞跃，并最终走向全球。

互联网受欢迎的根本原因在于其具有下述优点：

1. 互联网能够不受空间限制来进行信息交换；

2. 信息交换具有时域性（更新速度快）；

3. 交换信息具有互动性（人与人，人与信息之间可以互动交流）；

4. 信息交换的使用成本低（通过信息交换，代替实物交换）；

5. 信息交换的发展趋向于个性化（容易满足每个人的个性化需求）；

6. 使用者众多；

7. 有价值的信息被资源整合，信息储存量大、高效、快速；

8. 信息交换能以多种形式存在（视频、图片、文字等等）。

互联网已经成为当今社会一个最常用的工具，各种无形的网络信号充斥着人们看不见的空间里，影响着人们工作生活的方方面面，对社会的政治经济、人类的文明进步发挥着不易觉察、潜移默化而有影响深远的、巨大的作用。

四、"互联网+"

"互联网+"是互联网思维的进一步实践成果，是在信息时代、知识社会的创新形态推动下由互联网发展出的新业态，也是在知识社会创新 2.0 推动下由互联网形态演进、催生的经济社会发展新形态。通俗地说，"互联网+"就是"互联网+各个传统行业"，但这并不是简单的两者相加，而是利用信息通信技术以及互联网平台，让互联网与传统行业进行深度融合，创造新的发展生态。

"互联网+"代表一种新的社会形态，即充分发挥互联网在社会资源配置中的优化和集成作用，将互联网的创新成果深度融合于经济、社会各领域之中，提升全社会的创新力和生产力，形成更广泛的以互联网为基础设施和实现工具的经济发展新形态。同时，"互联网+"代表着一种新的经济形态，它指的是依托互联网信息技术实现互联网与传统产业的联合，以优化生产要素、更新业务体系、重构商业模式等途径来完成经济转型和升级。"互联网+"计划的目的在于充分发挥互联网的优势，将互联网与传统产业深入融合，以产业升级提升经济生产力，最后实现社会财富的增加。

"互联网+"概念的中心词是互联网，它是"互联网+"计划的出发点。一方面，可以将"互联网+"概念中的文字"互联网"与符号"+"分开理解。符号"+"意为加号，即代表着添加与联合。这表明了"互联网+"计划的应用范围为互联网与其他传统产业，它是针对不同产业间发展的一项新计划，是通过互联网与传统产业进行联合和深入融合的方式进行；另一方面，"互联网+"作为一个整体概念，其深层意义是通过传统产业的互联网化完成产业升级。互联网通过将开放、平等、互动等网络特性在传统产业的运用，通过大数据的分析与整合，试图厘清供求关系，通过改造传统产业的生产方式、产业结构等内容，来增强经济发展动力，提升效益，从而促进国民经济健康有序发展。

"互联网+"有六大特征：

一是跨界融合。"+"就是跨界，就是变革，就是开放，就是重塑融合。敢于跨界了，创新的基础就更坚实；融合协同了，群体智能才会实现，从研发到产业化的路径才会更垂直。融合本身也指代身份的融合、客户消费转化为投资、伙伴参与创新等等，不一而足。

二是创新驱动。粗放的资源驱动型增长方式早就难以为继，必须转变到创新驱动发展这条正确的道路上来。这正是互联网的特质，用所谓的互联网思维来求变、自我革命，也更能发挥创新的力量。

三是重塑结构。信息革命、全球化、互联网业已打破了原有的社会结构、经济结构、地缘结构、文化结构，权力、议事规则、话语权不断在发生变化。"互联网+社会治理"与虚拟社会治理会有很大的不同。

四是尊重人性。人性的光辉是推动科技进步、经济增长、社会进步、文化繁荣的最根本的力量。互联网的力量之强大，最根本的也来源于对人性的最大限度的尊重、对人体验的敬畏、对人的创造性发挥的重视。例如UGC（互联网术语，全称为 User Generated Content，也就是用户生成内容）、卷入式营销、分享经济等等。

五是开放生态。关于"互联网+"，生态是非常重要的特征，而生态的本身就是开放的。我们推进"互联网+"，其中一个重要的方向就是要把过去制约创新的环节化解掉，把孤岛式创新连接起来。

六是连接一切。连接是有层次的，可连接性是有差异的，连接的价值是相差很大的，但是连接一切是"互联网+"的目标。

国内"互联网+"理念的提出，最早可以追溯到 2012 年 11 月召开的第五届移动互联网博览会。当时，易观国际董事长兼首席执行官于扬首次提出"互联网+"理念。2014 年 11 月，国务院总理李克强出席首届世界互联网大会时指出，互联网是大众创业、万众创新的新工具。其中"大众创业、万众创新"被称作中国经济提质增效升级的"新引擎"。2015 年 7 月4 日，国务院印发《国务院关于积极推进"互联网+"行动的指导意见》。2020 年 5 月 22 日，国务院总理李克强在 2020 年国务院政府工作报告中提出，全面推进"互联网+"，充分发挥打造数字经济新优势。

五、物联网

物联网（Internet of Things，简称 IOT）即"万物相连的互联网"，是互联网基础上的延伸和扩展的网络。它是指通过各种信息传感器、射频识别技术、全球定位系统、红外感应器、激光扫描器等各种装置与技术，实时采集任何需要监控、连接、互动的物体或过程，采集其力学、物理学、化学、生物、位置等各种需要的信息，通过各类可能的网络接入，实现物与物、物与人的泛在连接，实现对物品和过程的智能化感知、识别和管理。物联网是一个基于互联网、传统电信网等的信息承载体，让所有能够被独立寻址的普通物理对象形成互联互通的网络，即将各种信息传感设备与网络结合起来，实现在任何时间、任何地点，人、机、物的互联互通。

物联网是新一代信息技术的重要组成部分，IT行业又称其为泛互联，意指物物相连。这有两层意思：第一，物联网的核心和基础仍然是互联网，是在互联网基础上的延伸和扩展的网络；第二，其用户端延伸和扩展到了任何物品与物品之间，进行信息交换和通信。因此，物联网的定义是指通过射频识别、红外感应器、全球定位系统、激光扫描器等信息传感设备，按约定的协议，把任何物品与互联网相连接，进行信息交换和通信，以实现对物品的智能化识别、定位、跟踪、监控和管理的一种网络。

物联网概念最早出现于比尔·盖茨1995年《未来之路》一书。在书中，比尔·盖茨已经提及物联网理念，只是当时受限于无线网络、硬件及传感设备的发展，并未引起世人的重视。1998年，美国麻省理工学院创造性地提出了当时被称作EPC系统的"物联网"的构想。1999年，美国Auto-ID首先提出"物联网"的概念，主要是建立在物品编码、射频识别技术（RFID）和互联网的基础上。2005年11月17日，在突尼斯举行的信息社会世界峰会（WSIS）上，国际电信联盟（ITU）发布了《ITU互联网报告2005：物联网》，正式提出了"物联网"的概念。报告指出，无所不在的"物联网"通信时代即将来临，世界上所有的物体从轮胎到牙刷、从房屋到纸巾都可以通过因特网主动进行交换。射频识别技术（RFID）、传感器技术、纳米技术、智能嵌入技术将得到更加广泛的应用。2003年，美国《技术评论》提出传感网络技术将是未来改变人们生活的十大技术之首。在我国，物联网最早被称为传感网。中科院早在1999年就启动了传感网的研究，并取得了一些科研成果，建立了一些适用的传感网。同年，在美国召开的移动计算和网络国际会议提出了，"传感网是下一个世纪人类面临的又一个发展机遇"的论断。

物联网的基本特征从通信对象和过程来看，物与物、人与物之间的信息交互是物联网的核心。物联网的基本特征可概括为整体感知、可靠传输和智能处理。

整体感知——可以利用射频识别、二维码、智能传感器等感知设备感知获取物体的各类信息。

可靠传输——通过对互联网、无线网络的融合，将物体的信息实时、准确地传送，以便信息交流、分享。

智能处理——使用各种智能技术，对感知和传送到的数据、信息进行分析处理，实现监测与控制的智能化。

根据物联网的以上特征，结合信息科学的观点，围绕信息的流动过程，可以归纳出物联网处理信息的 4 大功能：

1. 获取信息的功能。主要是信息的感知、识别。信息的感知是指对事物属性状态及其变化方式的知觉和敏感；信息的识别指能把所感受到的事物状态用一定方式表示出来。

2. 传送信息的功能。主要是信息发送、传输、接收等环节，最后把获取的事物状态信息及其变化的方式从时间（或空间）上的一点传送到另一点的任务，这就是常说的通信过程。

3. 处理信息的功能。是指信息的加工过程，利用已有的信息或感知的信息产生新的信息，实际是制定决策的过程。

4. 施效信息的功能。指信息最终发挥效用的过程，有很多的表现形式，比较重要的是通过调节对象事物的状态及其变换方式，始终使对象处于预先设计的状态。

物联网的应用领域涉及到方方面面，在工业、农业、环境、交通、物流、安保等基础设施领域的应用，有效地推动了这些方面的智能化发展，更加合理地使用分配有限的资源，从而提高了行业效率、效益。在家居、医疗健康、教育、金融与服务业、旅游业等与生活息息相关的领域的应用，从服务范围、服务方式到服务的质量等方面都有了极大的改进，大大地提高了人们的生活质量；在涉及国防军事领域方面，虽然还处在研究探索阶段，但物联网应用带来的影响不可小觑，大到卫星、导弹、飞机、潜艇等装备系统，小到单兵作战装备，物联网技术的嵌入有效提升了军事智能化、信息化、精准化，极大提升了军事战斗力，是未来军事变革的关键环节和主要突破方向。

六、云计算

云计算（cloud computing）是分布式计算的一种，指的是通过网络"云"将巨大的数据计算处理程序分解成无数个小程序，然后，通过多部服务器组成的系统进行处理和分析这些小程序得到结果并返回给用户。云计算早期，简单地说，就是简单的分布式计算，解决任务分发，并进行计算结果的合并。因而，云计算又称为网格计算。通过这项技术，可以在很短的时间内（几秒钟）完成对数以万计的数据的处理，从而达到强大的网络服务。现阶段所说的云计算已经不单单是一种分布式计算，而是分布式计算、效用计算、负载均衡、并行计算、网络存储、热备份冗杂和虚拟化等计算机技术混合演进并跃升的结果。

云计算中的"云"实质上就是一个网络。狭义上讲，云计算就是一种提供资源的网络，使用者可以随时获取"云"上的资源，按需求量使用，并且可以看成是无限扩展的，只要按使用量付费就可以，"云"就像自来水厂一样，我们可以随时接水，并且不限量，按照自己家的用水量付费给自来水厂。从广义上说，云计算是与信息技术、软件、互联网相关的一种服务，这种计算资源共享池叫作"云"，云计算把许多计算资源集合起来，通过软件实现自动化管理，只需要很少的人参与，就能快速提供资源。也就是说，计算能力作为一种商品，可以在互联网上流通，就像水、电、煤气一样，可以方便地取用，且价格较为低廉。

追溯云计算的根源，它的产生和发展与之前所提及的并行计算、分布式计算等计算机技术密切相关，正是这些计算机技术促进着云计算的成长。云计算的起步最早可以追溯到1956年，英国计算机科学家克里斯托弗·斯特雷奇（Christopher Strachey）发表了一篇有关虚拟化的论文，正式提出了虚拟化的概念，虚拟化就是云计算基础架构的核心和发展的基础。进入20世纪90年代，计算机网络进入了大爆炸的发展时代，随即网络出现泡沫时代。随着2004年Web2.0会议举行，标志着互联网泡沫破灭，计算机网络发展进入了一个新的阶段。在这一阶段，让更多的用户方便快捷地使用网络服务成为互联网发展亟待解决的问题。与此同时，一些大型公司也开始致力于开发大型计算能力的技术，为用户提供了更加强大的计算处理服务。2006 年 8 月，埃里克·施密特（Eric Schmidt）在搜索引擎大会首次提出"云计算"的概念。2007 年之后，"云计算"成为了计算机领域最令人关注的话题之一，同样也成为大型企业、互联网建设着力研究的重要方向。正是因为云计算的提出，互联网技术和 IT 服务出现了新的模式，引发了一场变革。

总之，云计算不是一种全新的网络技术，而是一种全新的网络应用概念。云计算的核心概念就是以互联网为中心，在网站上提供快速且安全的云计算服务与数据存储，让每一个使用互联网的人都可以使用网络上的庞大计算资源与数据中心。云计算是继互联网、计算机后在信息时代又一种新的革新，是信息时代的一个大飞跃。未来的时代可能是云计算的时代，虽然目前有关云计算的定义有很多，但概括来说，云计算的基本含义是一致的，即云计算具有很强的扩展性和需要性，可以为用户提供一种全新的体验。云计算的核心是可以将很多的计算机资源协调在一起，使用户通过网络就可以获取到无限的资源，同时获取的资源可以不受时间和空间的限制。

近几年来，随着云计算取得的飞速发展与翻天覆地的变化，云计算被视为计算机网络领域的一次革命，正在成为信息技术产业发展的战略重点，全球的信息技术企业都在纷纷向云计算转型，因为随着云计算的出现，社会的工作方式和商业模式也在发生巨大的改变。云计算的可贵之处在于高灵活性、可扩展性和高性价比等，与传统的网络应用模式相比，其具有如下优势与特点：

1. 虚拟化技术。虚拟化技术包括应用虚拟和资源虚拟两种，突破了时间、空间的界限，是云计算最为显著的特点。物理平台与应用部署的环境在空间上是没有任何联系的，正是通过虚拟平台才能实现对相应终端操作完成数据备份、迁移和扩展等。

2. 动态可扩展。云计算具有高效的运算能力，在原有服务器基础上增加云计算功能，能够使计算速度迅速提高，最终实现动态扩展虚拟化的层次达到对应用进行扩展的目的。

3. 按需部署。计算机包含了许多应用、程序软件等，不同的应用对应的数据资源库不同，用户运行不同的应用需要较强的计算能力对资源进行部署，而云计算平台能够根据用户的需求快速配备计算能力及资源。

4. 灵活性高。目前市场上大多数 IT 资源软、硬件都支持虚拟化，比如存储网络、操作系统和开发软、硬件等云计算的兼容性非常强，虚拟化要素可以统一放在云系统资源虚拟池当中进行管理，不仅可以兼容低配置机器、不同厂商的硬件产品，还能够外设获得更高性能计算。

5. 可靠性高。使用云计算，即使服务器故障也不影响计算与应用的正常运行。因为单点服务器出现故障，可以通过虚拟化技术，将分布在不同物理服务器上面的应用进行恢复，或利用动态扩展功能部署新的服务器进行计算。

6. 性价比高。将资源放在虚拟资源池中统一管理，在一定程度上优化了物理资源，用户不再需要昂贵、存储空间大的主机，可以选择相对廉价的 PC 组成云，一方面减少费用，另一方面计算性能不逊于大型主机。

7. 可扩展性。用户可以利用应用软件的快速部署条件，更为简单快捷地将自身所需的已有业务，以及新业务进行扩展。比如，计算机云计算系统中出现设备的故障，对于用户来说，无论是在计算机层面上，抑或是在具体运用上均不会受到阻碍，可以利用计算机云计算具有的动态扩展功能，对其他服务器开展有效扩展。这样一来就能够确保任务得以有序完成。在对虚拟化资源进行动态扩展的情况下，同时能够高效扩展应用，提高计算机云计算的操作水平。

较为简单的云计算技术，已经普遍服务于现如今的互联网服务中，最为常见的就是网络搜索引擎和网络邮箱。比如，大家最为熟悉的谷歌和百度搜索引擎。在任何时刻，只要用过移动终端，就可以在搜索引擎上搜索任何自己想要的资源，通过云端共享数据资源。网络邮箱也是如此，在云计算技术和网络技术的推动下，电子邮箱成为了社会生活中的一部分，只要在网络环境下，就可以实现实时的邮件寄发。云计算技术已经融入现今的社会生活，应用到各类场景，比如存储云、医疗云、金融云、教育云等，随着云计算技术的发展进步，其功能开发势必渗透到各个方面。

七、大数据

大数据（big data），是指无法在一定时间范围内用常规软件工具进行捕捉、管理和处理的数据集合，是需要新处理模式，才能具有更强的决策力、洞察发现力和流程优化能力的海量、高增长率和多样化的信息资产。大数据包括结构化数据（信息能够用数据或统一的结构加以表示，称之为结构化数据）、半结构化数据（是介于完全结构化数据和非结构的数据之间的数据）和非结构化数据（信息无法用数字或统一的结构表示，称之为非结构化数据），非结构化数据越来越成为数据的主要部分。

随着云时代的来临，大数据也吸引了越来越多的关注。大数据技术的战略意义不在于掌握庞大的数据信息，而在于对这些含有意义的数据进行专业化处理。换言之，如果把大数据比作一种产业，那么这种产业实现盈利的关键，在于提高对数据的"加工能力"，通过"加工"实现数据的"增值"。从技术上看，大数据与云计算的关系就像一枚硬币的正反面，两者不同但又是密不可分的。大数据必然无法用单台的计算机进行处理，必须采用分布式架构。它的特色在于对海量数据进行分布式数据挖掘，必须依托云计算的分布式处理、分布式数据库和云存储、虚拟化技术等实现。

对大数据可以从以下七个方面来说明其特征：

一是容量（Volume）：数据的多寡决定所考虑数据的价值和潜在的信息；

二是种类（Variety）：数据类型的多样性；

三是速度（Velocity）：指获得数据的速度；

四是可变性（Variability）：妨碍了处理和有效管理数据的过程。

五是真实性（Veracity）：数据的质量。

六是复杂性（Complexity）：数据量巨大，来源多渠道。

七是价值（value）：合理运用大数据，以低成本创造高价值。

在研究和利用大数据主要有八个方面的趋势。

趋势一：数据的资源化。资源化是指大数据成为企业和社会关注的重要战略资源，并已成为大家争相抢夺的新焦点。

趋势二：与云计算的深度结合。大数据离不开云处理，云处理为大数据提供了弹性可拓展的基础设备，是产生大数据的平台之一。自2013年开始，大数据技术已开始和云计算技术紧密结合，预计未来两者关系将更为密切。除此之外，物联网、移动互联网等新兴计算形态，也将共同助力大数据革命，让大数据营销发挥出更大的影响力。

趋势三：科学理论的突破。随着大数据的快速发展，就像计算机和互联网一样，大数据很有可能是新一轮的技术革命。随之兴起的数据挖掘、机器学习和人工智能等相关技术，可能会改变数据世界里的很多算法和基础理论，实现科学技术上的突破。

趋势四：数据科学和数据联盟的建立。未来，数据科学将成为一门专门的学科，被越来越多的人所认知。各大高校将设立专门的数据科学类专业，也会催生一批与之相关的新的就业岗位。与此同时，基于数据这个基础平台，也将建立起跨领域的数据共享平台，数据共享将扩展到企业层面，并且成为未来产业的核心一环。

趋势五：数据泄露泛滥。数据源头的安全保障还存在很大的现实难题，数据泄露事件将呈爆炸式增长。在未来，每个企业都会面临数据攻击，所有企业，无论规模大小，都需要重新审视今天的安全定义。在财富500强企业中，超过50%将会设置首席信息安全官这一职位。企业需要从新的角度来确保自身以及客户数据，所有数据在创建之初便需要获得安全保障，而并非在数据保存的最后一个环节，仅仅加强后者的安全措施已被证明于事无补。

趋势六：数据管理成为核心竞争力。当"数据资产是企业核心资产"的概念深入人心后，企业对于数据管理便有了更清晰的界定，数据管理将成为企业核心竞争力。其中，持续发展、战略性规划与运用数据资产成为企业数据管理的核心。数据资产管理效率与主营业务收入增长率、销售收入增长率密切相关。此外，对于具有互联网思维的企业而言，数据资产竞争力所占比重增大，数据资产的管理效果将直接影响企业的财务表现。

趋势七：数据质量是 BI（商业智能）成功的关键。采用自助式商业智能工具进行大数据处理的企业将会脱颖而出。其中，面临的一个挑战是很多数据源会带来大量低质量数据。想要成功，企业需要理解原始数据与数据分析之间的差距，从而消除低质量数据并通过 BI 获得更佳决策。

趋势八：数据生态系统复合化程度加强。大数据的世界不只是一个单一的、巨大的计算机网络，而是一个由大量活动构件与多元参与者元素所构成的生态系统，终端设备提供商、基础设施提供商、网络服务提供商、网络接入服务提供商、数据服务使能者、数据服务提供商、触点服务、数据服务零售商等一系列的参与者共同构建的生态系统。而今，这样一套数据生态系统的基本雏形已然形成，接下来的发展将趋向于系统内部角色的细分，也就是市场的细分；系统机制的调整，也就是商业模式的创新；系统结构的调整，也就是竞争环境的调整等等，从而使得数据生态系统复合化程度逐渐增强。

八、人工智能

人工智能（Artificial Intelligence），英文缩写为 AI。它是研究、开发用于模拟、延伸和扩展人的智能的理论、方法、技术及应用系统的一门新的技术科学，属于计算机科学的一个分支。二十世纪七十年代以来被称为世界三大尖端技术之一（空间技术、能源技术、人工智能）。近三十年来，人工智能获得了迅速的发展，在很多学科领域都获得了广泛应用，并取得了丰硕的成果。人工智能已逐步成为一个独立的分支，无论在理论和实践上都已自成系统。

人工智能的定义可以分为两部分，即"人工"和"智能"。"人工"比较好理解，争议性也不大。有时我们会要考虑什么是人力所能及制造的，或者人自身的智能程度有没有高到可以创造人工智能的地步等等。关于"智能"，涉及其他诸如意识（CONSCIOUSNESS）、自我（SELF）、思维（MIND）及无意识的思维（UNCONSCIOUSMIND）），等等，是一个很复杂的问题。人唯一了解的智能是人本身的智能，这是普遍认同的观点。

但是我们对我们自身智能的理解都非常有限，对构成人的智能的必要元素的了解也有限，所以就很难定义什么是"人工"制造的"智能"了。因此，人工智能的研究往往涉及对人的智能本身的研究。

人工智能从诞生以来，理论和技术日益成熟，应用领域也不断扩大，可以设想，未来人工智能带来的科技产品，将会是人类智慧的"容器"。人工智能企图了解智能的实质，并生产出一种新的能以人类智能相似的方式做出反应的智能机器，该领域的研究包括机器人、语言识别、图像识别、自然语言处理和专家系统等。

人工智能是一门极富挑战性、包括十分广泛的科学，它由各类跨学科的领域组成。从事这项工作的人必须懂得计算机科学、语言学、生物学、心理学和哲学等等，几乎涉及自然科学和社会科学的所有学科。人工智能首次提出是在 1956 年，以麦卡赛、明斯基、罗切斯特和申农等为首的一批有远见卓识的年轻科学家在一起聚会，共同研究和探讨用机器模拟智能的一系列有关问题，提出了"人工智能"这一术语，标志着"人工智能"这门新兴学科的正式诞生。从 1956 年正式提出以来，人工智能取得长足的发展，成为一门广泛的交叉和前沿科学。总的说来，人工智能的目的就是让计算机这台机器能够像人一样思考。如果希望做出一台能够思考的机器，那就必须知道什么是思考，更进一步讲就是什么是智慧。如今人工智能已经不再是几个科学家的专利了，全世界几乎所有大学的计算机系都有人在研究这门学科，在大家不懈的努力下，如今计算机似乎已经变得十分聪明了。IBM 公司"深蓝"电脑击败了人类的世界国际象棋冠军和 Google 旗下的"阿尔法狗"击败了人类职业围棋选手更是人工智能技术的完美表现。

人工智能在计算机上实现有两种不同的方式。一种是采用传统的编程技术，使系统呈现智能的效果，而不考虑所用方法是否与人或动物机体所用的方法相同。这种方法叫工程学方法（ENGINEERING APPROACH），它已在一些领域内作出了成果，如文字识别、电脑下棋等。另一种是模拟法（MODELING APPROACH），它不仅要看效果，还要求实现方法也和人类或生物机体所用的方法相同或相类似。遗传算法（GENERIC ALGORITHM，简称 GA）和人工神经网络（ARTIFICIAL NEURAL NETWORK，简称

ANN）均属后一类型。遗传算法模拟人类或生物的遗传进化机制，人工神经网络则是模拟人类或动物大脑中神经细胞的活动方式。为了得到相同智能效果，两种方式通常都可使用。采用前一种方法，需要人工详细规定程序逻辑，如果游戏简单，还是方便的。如果游戏复杂，角色数量和活动空间增加，相应的逻辑就会很复杂（按指数式增长），人工编程就非常烦琐，容易出错。而一旦出错，就必须修改原程序，重新编译、调试，最后为用户提供一个新的版本或提供一个新补丁，非常麻烦。采用后一种方法时，编程者要为每一角色设计一个智能系统（一个模块）来进行控制，这个智能系统（模块）开始时什么也不懂，就像初生婴儿那样，但它能够学习，能渐渐地适应环境，应付各种复杂情况。这种系统开始也常犯错误，但它能吸取教训，下一次运行时就可能改正，至少不会永远错下去，不用发布新版本或打补丁。利用这种方法来实现人工智能，要求编程者具有生物学的思考方法，入门难度较大。但一旦入了门，就可得到广泛应用。这种方法编程时无须对角色的活动规律做详细规定，应用于复杂问题，通常会比前一种方法更省力。

人工智能不是人的智能，但能像人那样思考，可以对人的意识、思维的信息过程进行模拟，也可能超过人的智能。人工智能的出现势必带来以下几个方面的影响：

一是人工智能对自然科学的影响。在需要使用数学计算机工具解决问题的学科，人工智能带来的帮助不言而喻。更重要的是，人工智能反过来有助于人类最终认识自身智能的形成。

二是人工智能对经济的影响。人工智能广泛应用于各行各业，促进了计算机工业、网络工业的发展，带来巨大的宏观效益的同时，也带来了劳务就业问题。由于人工智能在科技和工程中的应用，能够代替人类进行各种技术工作和脑力劳动，造成社会结构生产方式和生产力的剧烈变化。

三是人工智能对社会的影响。人工智能也为人类文化生活提供了新的模式，游戏中的人工智能应用已经深入到各大游戏制造商的开发中，现有的游戏将逐步发展为更高智能的交互式文化娱乐手段。

伴随着人工智能和智能机器人的发展，人工智能本身就是超前研究，需要用未来的眼光开展现代的科研，在一些方面很可能触及伦理底线。如果在未知的领域不加以预先防范和设计，一些科幻电影里出现的人工智能"反弑"人类的场景，很可能在未来成为现实。作为科学研究可能涉及的敏感问题，迫切需要针对可能产生的冲突及早预防，在产生矛盾之前想办法解决，这也是人工智能研究的一个重点课题。

九、第五代移动通信技术 5G

第五代移动通信技术（5th generation mobile networks 或 5th generation wireless systems、5th-Generation，简称 5G 或 5G 技术）是最新一代蜂窝移动通信技术，也是继 4G（LTE-A、WiMax）、3G（UMTS、LTE）和 2G（GSM）系统之后的延伸。5G 网络是数字蜂窝网络，在这种网络中，供应商覆盖的服务区域被划分为许多被称为蜂窝的小地理区域。表示声音和图像的模拟信号在手机中被数字化，由模数转换器转换并作为比特流传输。蜂窝中的所有 5G 无线设备，通过无线电波与蜂窝中的本地天线阵和低功率自动收发器进行通信。5G 的性能目标是高数据速率、减少延迟、节省能源、降低成本、提高系统容量和大规模设备连接。5G 网络的主要优势在于，数据传输速率远远高于以前的蜂窝网络，最高可达 10Gbit/s，比当前的有线互联网要快，比先前的 4G LTE 蜂窝网络快 100 倍。另一个优点是较低的网络延迟（更快的响应时间）低于 1ms。由于数据传输更快，5G 网络将不仅仅为手机提供服务，而且还将成为一般性的家庭和办公网络提供商，与有线网络提供商竞争。

第五代移动通信系统已经成为通信业和学术界探讨的热点。5G 的发展主要有两个驱动力。一方面，以长期演进技术为代表的第四代移动通信系统（4G）已全面商用，对下一代技术的讨论亦提上日程；另一方面，移动数据的需求爆炸式增长给网络带来严峻的挑战，现有移动通信系统难以满足需求，未来网络必然是一个多网并存的异构移动网络，必须解决高效管理各个网络、简化互操作、增强用户体验的问题，亟需发展新一代 5G 移动通信网络。

5G 移动通信网络实现从以技术为中心逐步向以用户为中心转变，区别于前几代移动通信，具有七大特点：

一是峰值速率需要达到 Gbit/s 的标准，以满足高清视频、虚拟现实等大数据量传输。

二是空中接口时延水平需要在 1ms 左右，满足自动驾驶、远程医疗等实时应用。

三是超大网络容量，提供千亿设备的连接能力，满足物联网通信。

四是频谱效率要比 LTE 提升 10 倍以上。

五是连续广域覆盖和高移动性下，用户体验速率达到 100Mbit/s。

六是流量密度和连接数密度大幅度提高。

七是系统协同化、智能化水平提升，表现为多用户、多点、多天线、多摄取的协同组网，以及网络间灵活地自动调整。

随着对 5G 移动通信技术的深入研究，5G 网络正朝着网络多元化、宽带化、综合化、智能化的方向发展，其应用领域不断拓展，具有代表性的主要有三大领域。

一是车联网与自动驾驶技术。车联网技术经历了利用有线通信的路侧单元（道路提示牌），以及 2G/3G/4G 网络承载车载信息服务的阶段，正在依托高速移动的通信技术，逐步步入自动驾驶时代。根据中国、美国、日本等国家的汽车发展规划，依托传输速率更高、时延更低的 5G 网络，将在 2025 年全面实现自动驾驶汽车的量产市场规模达到 1 万亿美元。

二是外科手术。2019 年 1 月 19 日，中国外科医生利用 5G 技术实施了全球首例远程外科手术。医生在福建省利用 5G 网络，操控 48km 以外一个偏远地区的机械臂进行手术。由于延时只有 0.1s，外科医生用 5G 网络切除了一只实验动物的肝脏。应用 5G 网络，利用使机器人进行手术，很有可能给专业外科医生为世界各地有需要的人实施手术带来很大希望。

三是智能电网。因电网高安全性要求与全覆盖的广度特性，智能电网必须在海量连接以及广覆盖的测量处理体系中，做到 99.999% 的高可靠度；超大数量末端设备的同时接入、小于 20ms 的超低时延，以及终端深度覆盖、信号平稳等是其可安全工作的基本要求。

"4G 改变生活，5G 改变社会"。5G 技术将开辟许多新的应用领域，5G 网络是构筑"万物互联"的基础设施，其最大的战略意义就是开启了"万物互联"的新时代。5G 是全球数字经济战略的先导领域，5G 时代要实现人和物的全空间连接，交通运输、远洋渔业、水利林业、军队公安等各行各业，都存在野外部署物联网设备、实时上传获取数据的需求，未来地面 5G 网络将和卫星通信网络逐步融合发展，构建起天地一体化的信息网络，对拉动整个国家和社会实现全面移动化、数字化，进而使国家在全球科技竞争中占据领先地位具有重大的战略意义，对提升国家治理与安全能力至关重要。

十、量子通信

量子通信是利用量子叠加态和纠缠效应进行信息传递的新型通信方式，基于量子力学中的不确定性、测量坍缩和不可克隆三大原理提供了无法被窃听和计算破解的绝对安全性保证。量子通信从理论上的定义而言，并没有一个非常严格的标准。在物理学中可以将其看作是一个物理极限，通过量子效应就能实现高性能的通信。而在信息学中，量子通信是通过量子力学原理来完成相应的信息传递工作。量子通信同传统的通信方式相比较，有一些比较突出的特点，例如安全性比较高，传输的过程中不容易受到阻碍。当量子态在不被破坏的情况下，在传输信息的过程中是不会被窃听，也不会被复制的，所以从严格意义上来看，它是绝对安全的。根据应用途径，量子通信可分为：量子密码通信、量子远程传态和量子密集编码等。按其所传输的信息内容分为经典通信和量子通信。前者主要传输量子密钥，后者则可用于量子隐形传态和量子纠缠的分发。

量子通信具有很多特点，其中与传统的通信方式相比较，量子通信最大的优势就是绝对安全和高效率性。首先，传统通信方式在安全性方面就有很多缺陷，量子通信会将信息进行加密传输，在这个过程中密钥不是一定的，充满随机性，即使被相关人员截获，也不容易获取真实信息。另外，量子通信还有较强的抗干扰能力、很好的隐蔽性能、较低的噪音比需要以及广泛应用的可能性。

量子通信具有传统通信方式所不具备的绝对安全特性，不但在国家安全、金融等信息安全领域有着重大的应用价值和前景，而且逐渐走进人们的日常生活。我国从 20 世纪 80 年代开始从事量子光学领域的研究，中国科学技术大学的量子研究小组在量子通信方面取得了突出的成绩。2006 年夏，我国中国科学技术大学潘建伟小组、美国洛斯阿拉莫斯国家实验室、欧洲慕尼黑大学—维也纳大学联合研究小组，各自独立实现了诱骗态方案，同时实现了超过 100km 的诱骗态量子密钥分发实验，由此打开了量子通信走向应用的大门。2008 年底，潘建伟的科研团队成功研制了基于诱骗态的光纤量子通信原型系统，在合肥成功组建了世界上首个 3 节点链状光量子电话网，成为国际上报道的绝对安全的实用化量子通信网络实验研究的两个团队之一。2009 年 9 月，潘建伟的科研团队正是在 3 节点链状光量子电话网的基础上，建成了世界上首个全通型量子通信网络，首次实现了实时语音量子保密通信。这一成果在同类产品中位居国际先进水平，标志着中国在城域量子网络关键技术方面已经达到了产业化要求。该成果首次全面展示和检验了量子通信系统组网和扩展的能力，标志着大规模可扩展网络量子通信技术的成熟，将量子通信实用化和产业化进程又向前推进了一大步。据称，潘建伟团队将与中国电子科技集团公司第 38 研究所等机构合作，在合肥市及周边地区启动建设一个 40 节点量子通信网络示范工程，为量子通信的大规模应用积累工程经验。

量子通信技术发展成熟后，将广泛地应用于军事保密通信及政府机关、军工企业、金融、科研院所和其他需要高保密通信的场合。量子通信未来有以下几个发展方向：

一是采用量子中继技术，扩大通信距离。以中国的"京沪干线"项目为代表。由于单光子在传输过程中损耗很大，对于远距离传输，必须采用中继技术。然而量子态的非克隆原理给量子中继出了很大难题，因为量子态不可复制，所以量子中继不能像普通的信号中继一样，把弱信号接收放大后再转发出去。量子中继只能是在光子到达最远传输距离之前接收其信号，先存储起来，再读出这个信号，最后以单光子形式发送出去。量子中继很像火炬接力，一个火炬在燃料耗尽之前点燃另一个火炬，这样持续传送下去，不能一次同时点燃多个火炬。量子中继有很多方案，包括光量子方案、固态原子方案等。

二是采用星地通信方式，实现远程传输。采用卫星通信后，两地之间的量子通信更加方便快捷。在真空环境中，光子基本无损耗，损耗主要发生在距地面较低的大气中。据测算，只要在地面大气中能通信十几千米，星地之间通信就没有问题。中国学者曾经在北京与怀柔之间，成功地进行了夜晚十几千米的单光子传输实验，为星地量子通信奠定了坚实的实验基础。

三是建立量子通信网络，实现多地相互通信。量子通信要想实用化，必须覆盖多地形成网络。2009 年，郭光灿小组在安徽芜湖建立了世界首个量子政务网，标志着中国量子保密通信正式进入应用阶段。目前，国内外建成了多个实用的量子通信网络，下一步的发展是扩大节点数，扩展通信距离，形成大覆盖面积的广域网。

十一、智慧城市

智慧城市（Smart City）起源于传媒领域，是指利用各种信息技术或创新概念，将城市的系统和服务打通、集成，以提升资源运用的效率，优化城市管理和服务，以及改善市民生活质量。智慧城市是把新一代信息技术充分运用在城市各行各业，基于知识社会的下一代创新（创新 2.0）的城市信息化高级形态，实现信息化、工业化与城镇化深度融合，有助于缓解"大城市病"，提高城镇化质量，实现精细化和动态管理，提升城市管理成效和改善市民生活质量。

智慧城市概念源于 2008 年 IBM 公司提出的智慧地球的理念，是数字城市与物联网相结合的产物，被认为是信息时代城市发展的方向，文明发展的趋势。智慧城市其实质是运用现代信息技术推动城市运行系统的互联、高效和智能，从而为城市人创造更加美好的生活，使城市发展更加和谐、更具活力。

智慧城市经常与数字城市、感知城市、无线城市、智能城市、生态城市、低碳城市等区域发展概念相交叉，甚至与电子政务、智能交通、智能电网等行业信息化概念发生混杂。智慧不仅仅是智能。智慧城市绝不仅仅是智能城市的另外一个说法，或者说是信息技术的智能化应用，还包括人的智慧参与、以人为本、可持续发展等内涵。

智慧城市通过物联网基础设施、云计算基础设施、地理空间基础设施等新一代信息技术以及维基、社交网络、Fab Lab、Living Lab、综合集成法、网动全媒体融合通信终端等工具和方法的应用，实现全面透彻的感知、宽带泛在的互联和智能融合的应用，以及以用户创新、开放创新、大众创新、协同创新为特征的可持续创新。伴随网络帝国的崛起、移动技术的融合发展以及创新的民主化进程，知识社会环境下的智慧城市是继数字城市之后信息化城市发展的高级形态。

智慧城市不仅需要物联网、云计算等新一代信息技术的支撑，更要培育面向知识社会的下一代创新（创新 2.0）。信息通信技术的融合和发展消融了信息和知识分享的壁垒，消融了创新的边界，推动了创新 2.0 形态的形成，并进一步推动各类社会组织及活动边界的"消融"。创新形态由生产范式向服务范式转变，也带动了产业形态、政府管理形态、城市形态由生产范式向服务范式的转变。如果说创新 1.0 是工业时代沿袭的面向生产、以生产者为中心、以技术为出发点的相对封闭的创新形态，创新 2.0 则是与信息时代、知识社会相适应的面向服务、以用户为中心、以人为本的开放的创新形态。

智慧城市作为信息技术的深度拓展和集成应用，是新一代信息技术孕育突破的重要方向之一，是全球战略新兴产业发展的重要组成部分。经过十多年的探索，中国的智慧城市建设已进入新阶段，一座座更高效、更灵敏、更可持续发展的城市正在应运而生。数据统计显示，截至 2017 年年底，中国超过 500 个城市均已明确提出或正在建设智慧城市，预计到 2021 年市场规模将达到 18.7 万亿元。开展"智慧城市"技术和标准试点，是科技部和国家标准委为促进中国智慧城市建设健康有序发展，推动中国自主创新成果，在智慧城市中推广应用共同开展的一项示范性工作，旨在形成中国具有自主知识产权的智慧城市技术与标准体系和解决方案，为中国智慧城市建设提供科技支撑。

一是建设智慧城市是实现城市可持续发展的需要。改革开放40多年以来，中国城镇化建设取得了举世瞩目的成就，尤其是进入21世纪后，城镇化建设的步伐不断加快，每年有上千万的农村人口进入城市。随着城市人口不断膨胀，"城市病"成为困扰各个城市建设与管理的首要难题，资源短缺、环境污染、交通拥堵、安全隐患等问题日益突出。为了破解"城市病"困局，智慧城市应运而生。智慧城市综合采用了包括射频传感技术、物联网技术、云计算技术、下一代通信技术在内的新一代信息技术，因此能够有效地化解"城市病"问题。这些技术的应用能够使城市变得更易于被感知，城市资源更易于被充分整合，在此基础上实现对城市的精细化和智能化管理，从而减少资源消耗，降低环境污染，解决交通拥堵，消除安全隐患，最终实现城市的可持续发展。

二是建设智慧城市是信息技术发展的需要。当前，全球信息技术呈加速发展趋势，信息技术在国民经济中的地位日益突出，信息资源也日益成为重要的生产要素。智慧城市正是在充分整合、挖掘、利用信息技术与信息资源的基础上，汇聚人类的智慧，赋予物以智能，从而实现对城市各领域的精确化管理，实现对城市资源的集约化利用。正是由于信息资源在当今社会发展中的重要作用，发达国家纷纷出台智慧城市建设规划，以促进信息技术的快速发展，从而达到抢占新一轮信息技术产业制高点的目的。为避免在新一轮信息技术产业竞争中陷于被动，中国政府审时度势，及时提出了发展智慧城市的战略布局，以期更好地把握新一轮信息技术变革所带来的巨大机遇，进而促进中国经济社会又好又快地发展。

三是提高中国综合竞争力的战略选择。战略性新兴产业的发展，往往伴随着重大技术的突破，对经济社会全局和长远发展具有重大的引领带动作用，也是引导未来经济社会发展的重要力量。当前，世界各国对战略性新兴产业的发展普遍予以高度重视，中国也在"十二五"规划以来，明确将战略性新兴产业作为发展重点。一方面，智慧城市的建设将极大地带动包括物联网、云计算、三网融合、下一代互联网以及新一代信息技术在内的战略性新兴产业的发展；另一方面，智慧城市的建设对医疗、交通、物流、金融、通信、教育、能源、环保等领域的发展也具有明显的带动作用，对中国扩大内需、调整结构、转变经济发展方式的促进作用同样显而易见。因此，建设智慧城市对中国综合竞争力的全面提高具有重要的战略意义。

建设智慧城市也是转变城市发展方式、提升城市发展质量的客观要求。智慧城市应用体系主要包括智慧物流体系、智慧制造体系、智慧贸易体系、智慧能源应用体系、智慧公共服务体系、智慧社会管理体系、智慧交通体系、智慧健康保障体系、智慧安居服务体系和智慧文化服务体系等十大体系。通过建设智慧城市，及时传递、整合、交流、使用城市经济、文化、公共资源、管理服务、市民生活、生态环境等各类信息，提高物与物、物与人、人与人的互联互通，全面感知和利用信息能力，从而能够极大提高政府管理和服务的能力，极大提升人民群众的物质和文化生活水平。建设智慧城市，会让城市发展更全面、更协调、更可持续，会让城市生活变得更健康、更和谐、更美好。建设智慧城市已经成为历史的必然趋势，成为信息领域的战略制高点。

智慧城市是一个在不断发展中的概念，随着技术、经济和社会的发展不断持续完善，是城市信息化发展到一定阶段的产物。随着国家智慧城市试点工作的推进和指标体系的逐步完善，借助大数据、云计算、物联网、地理信息、移动互联网等新一代信息技术的强大驱动力，发展智慧应用，建立一套新型的、可持续的城市发展模式，从而勾勒出一幅未来"智慧城市"的蓝图。

十二、数字中国

数字中国旨在以遥感卫星图像为主要的技术分析手段，在可持续发展、农业、资源、环境、全球变化、生态系统、水土循环系统等方面管理中国。《中华人民共和国国民经济和社会发展第十四个五年规划和2035年远景目标纲要（草案）》提出，迎接数字时代，激活数据要素潜能，推进网络强国建设，加快建设数字经济、数字社会、数字政府，以数字化转型整体驱动生产方式、生活方式和治理方式变革针对性研究。

1998 年，美国副总统戈尔在加利福尼亚科学中心提出"数字地球"的概念，认为数字地球是一种能嵌入地理数据、多分辨率和三维的地球描述方式。数字地球核心内容是获取数字地图（高分辨率卫星影像），在这样的地图上，地面所有一切都将暴露无遗。受数字地球概念启发，中国科学家展开了针对性研究，并提出了与之相对应的"数字中国"概念。

2009 年 10 月 16 日，几十位地理信息系统方面的专家聚集北京，参加由国家发展计划委员会和国家地理空间信息协调委员会，共同组织的国家空间信息基础设施发展战略研讨会。就中国国家空间信息基础设施建设和应用、地理空间信息共享、数字省区发展战略等问题进行研讨，共同勾勒数字中国的蓝图。与会专家认为，中国国家空间信息基础设施建设和应用是中国国民经济和社会信息化的重要内容，其主要目标是要健全中国地理空间信息标准和政策法规，建立完善的公益性、基础性地理空间信息系统及其交换网络体系，为相关产业的发展创造条件；各地"数字省区"的发展对于整个数字中国的最终建成有着十分重要的意义。专家建议，中国国家空间信息基础设施的建设和应用，在"十一五"期间应当以促进中国地理空间信息共享为主要目标，完善地理空间信息标准规范；加速完善国家级地理空间信息系统和遥感对地观测体系；并尽快建成多层次地理空间信息交换网络；要进一步加强对各地数字省区发展的规划指导统一标准，促进信息共享，避免重复建设。

为加快数字中国建设，中国政府开展了很多工作，包括积极实施"互联网+"行动，推进实施宽带中国战略和国家大数据战略等。此外，还将启动一批战略行动和重大工程，推进 5G 研发应用，实施 IPv6 规模部署行动计划等。随着后续政策的出台和新技术的不断应用，中国数字经济发展正在进入快车道。

2020 年 9 月 13 日，国家互联网信息办公室印发《数字中国建设发展进程报告（2019 年）》（以下简称《报告》）。《报告》梳理总结了各地区、各部门 2019 年信息化发展情况，分析了数字中国建设面临的新形势、新挑战和新机遇，提出了努力方向和发展重点。

（一）数字中国建设向纵深发展

2019年，各地区、各部门在以习近平同志为核心的党中央坚强领导下，深入贯彻落实习近平总书记关于网络强国的重要思想，紧紧围绕"两个一百年"奋斗目标，认真落实《国家信息化发展战略纲要》和《"十三五"国家信息化规划》部署，深入贯彻新发展理念，落实高质量发展要求，坚持以供给侧结构性改革为主线，坚持深化改革、扩大开放，扎实推进数字中国建设，不断提升人民群众的幸福感获得感安全感。

信息基础建设迈出新步伐。IPv6规模部署取得长足进步，截至2019年年底，IPv6活跃用户数达2.7亿，占互联网网民总数的31%，已分配IPv6地址用户数达13.92亿。5G商用全面提速，截至2019年12月底，中国已开通5G基站13万个，5G用户快速增长。北斗三号全球卫星导航系统开通，全球范围定位精度优于10m，北斗三号卫星核心部件国产化率近100%，北斗相关产品已出口120余个国家和地区。

信息技术创新取得新进步。创新驱动发展战略深入实施，世界知识产权组织公布的2019年全球创新指数中，中国上升3个名次排在第14位，连续4年保持上升势头。信息领域部分关键核心技术取得突破，基础性、战略性技术产业发展和配套产业链建设不断优化。

数字经济发展再上新台阶。2019年中国数字经济保持快速增长，质量效益明显提升，数字经济增加值规模达到35.8万亿元，占国内生产总值（GDP）比重达到36.2%，对GDP增长的贡献率为67.7%。数字经济结构持续优化升级，产业数字化增加值占数字经济比重达80.2%，在数字经济发展中的主引擎地位进一步巩固，向高质量发展迈出新步伐。

数字惠民便民取得新成效。中国电子政务建设发展水平显著提升，电子政务发展指数国际排名从2018年的第65位提升至第45位，在线服务达到全球"非常高"的水平。网络扶贫行动目标基本完成并持续巩固提升，网络扶贫信息服务体系基本建立。数字乡村战略深入实施，为乡村振兴注入新动力。互联网给残疾人平等参与社会搭建了桥梁，主要电商平台上残疾人网店超过 17 万家，销售额近 300 亿元。

数字"一带一路"建设收获新成果。数字经济伙伴关系网络不断拓展，中国—东盟信息港、中国—阿拉伯国家网上丝绸之路的建设全面推进。截至 2019 年年底，中国已经同 137 个国家、30 个国际组织签署 197 份共建"一带一路"合作文件，与 22 个国家签署双边电子商务合作文件并建立合作机制。网络互通深入推进，与"一带一路"沿线相关国家建成跨境陆缆和国际海缆。

（二）数字中国建设发展水平稳步提升

2019 年，《"十三五"国家信息化规划》年度目标任务较好完成，重大任务、重点工程和优先行动深入推进，数字能力建设持续增强，数字鸿沟加速弥合，数字经济快速发展，数字政府建设成效明显，数字惠民服务不断完善，数字国际合作继续深化，数字红利充分释放，数字中国建设从量的增长向质的提升的趋势更加明显，为全面完成"十三五"国家信息化发展目标，开启"十四五"信息化发展新征程奠定坚实基础。

在数字能力方面，现代信息技术产业体系优化提升。千兆宽带进入规模商用，在全国超过 300 个城市部署千兆宽带接入网络。网络提速降费深入推进，固定和移动宽带平均下载速率较 2015 年提升 6 倍以上，固定网络和手机上网流量资费降幅均超过 90%。基础软件生态加速发展，移动操作系统进入生态构建阶段。人工智能技术深化融合应用，面向视觉、语音、自然语言处理等领域的人工智能芯片、深度学习算法等关键技术加快迭代创新。信息技术领域专利布局和知识产权保护增强。大数据产业保持高速增长，2019 年产业规模超过 8 100 亿元，同比增长 32%。工业互联网快速推进，工业互联网标识注册量突破 35 亿，全国具有一定行业、区域影响力的工业互联网平台超过 70 个，连接工业设备数量达 4 000 万台套，工业App 突破 25 万个。

在数字经济方面，发展新动能不断增强。2019 年，规模以上软件和信息技术服务业、互联网和相关服务企业营业收入同比分别增长 21.4% 和 29.1%，计算机通信和其他电子设备制造业增加值同比增长 9.3%。产业数字化深入推进，中国重点行业骨干企业数字化研发设计工具普及率、关键工序数控化率分别达到 70.2%、50.1%。全国农产品网络零售额达 3975 亿元，同比增长 27%。新业态新模式不断涌现，直播带货与小程序网络零售加速发展，成为互联网流量新入口。数字化"双创"步伐提速，112 家国家电子商务示范基地孵化创新企业 1.3 万余家，创建品牌 2.5 万余个，电子商务年交易额超过 4.4 万亿元。区域数字经济增长带逐步形成，长三角、粤港澳大湾区、京津冀等区域数字经济发展迅速。农村数字经济蓬勃发展，物联网、大数据、人工智能、机器人等新一代信息技术在农业生产监测、精准作业、数字化管理等方面得到不同程度的应用，总体应用比例超过 8%。

在数字政府方面，治理能力现代化取得关键进展。全国一体化政务服务平台整体上线试运行，接入地方部门 360 余万项服务事项和一大批高频热点公共服务。国家政务服务平台汇聚各地区政务服务事项数据 2 800 多万条、政务服务办件数据 5.51 亿条、总访问人数 10.4 亿人，注册用户 1.35 亿。国家数据共享交换平台共发布 1 300 多个数据共享服务接口，近 2 000 项群众和企业办事常用数据被列入部门数据共享责任清单。全国人大建设完成法规备案审查平台。全国政协开通委员移动履职平台进行网络议政远程协商，近 2 000 名全国政协委员在移动履职平台上发表 1.4 万余条意见建议。智慧法院建设加速推进，中国裁判文书网累计公开文书 9 600 余万篇，累计访问量突破 450 亿人次。中国法律服务网累计访问 13 亿人次，实现公共法律服务"抬头能见、举手能及、扫码可得"。全国检察机关统一业务应用系统 2.0 版启动试点应用，开启新时代检察信息化办案新模式。各地区"一网通办""异地可办""跨区通办"渐成趋势，"掌上办""指尖办"逐步成为政务服务标配，不断优化营商环境，2019 年中国在全球营商环境排名大幅上升至第 31 位。

在数字社会方面，共建共治共享的社会治理新格局逐步形成。生态环境的数据化管理技术成为推进环境治理体系和治理能力现代化的重要手段，全国环境监测网络持续健全，为开展污染防治监管执法联防联控提供精准支撑。应急管理信息化体系加快完善，风险监测预警能力全面提升。

"互联网+人社"行动成效显著,社保卡全国持卡人数达 13.05 亿人,覆盖中国 93.2%的人口。新型智慧城市分级分类推进,省级智慧城市辐射带动作用提升,上海、深圳、杭州、北京、广州、重庆、天津、宁波、福州等智慧城市建设走在前列,雄安新区、浦东新区、两江新区、滨海新区、贵安新区、西咸新区等智慧新区建设取得积极进展,长三角、粤港澳和京津冀等智慧城市群建设积极探索创新。数字乡村建设成效逐步显现,2019 年农村宽带用户数达 1.35 亿户,比 2018 年末增长 14.8%,农村综合信息服务能力、乡村治理现代化水平不断提升。

在数字惠民方面,不断满足人民多层次多样化需求。教育信息化 2.0 行动加速推进,全国中小学网络接入率达 98.4%,92.6%的中小学拥有多媒体教室,上线慕课课程数量增加到 1.5 万门。"学习强国"已开通 114 家主流媒体的"学习强国号",手机客户端在 14 家应用商店的下载量达 7.05 亿。"共产党员"教育平台、远程教育平台播出节目 1.3 万余个,干部网络学院课程增加至 1.1 万余门。"互联网+医疗健康"驶入快车道,1 900 多家三级医院初步实现院内医疗服务信息互通共享,异地就医直接结算持续完善。智慧交通让出行更加便捷,全国不停车电子收费系统(ETC)用户突破 2 亿,部分机场实现从购票到机舱口的全程"刷脸"。数字化让文化资源"活"起来,国家图书馆超过 2/3 的善本古籍实现了在线阅览,"一键游""一部手机游"等移动应用端提升游客旅游体验。新兴媒体和传统媒体融合发展,智慧广电建设加速提质升级,移动应用丰富人民群众生活。网络扶贫五大工程纵深推进,五批电信普遍服务试点共支持 4.3 万个贫困村光纤网络建设和 9 200 多个贫困村 4G 基站建设,基础电信企业推出资费优惠,惠及超过 1 200 万户贫困群众。

在数字治理方面,数字中国发展环境进一步优化。战略规划引领作用不断加强,《数字乡村发展战略纲要》《关于促进平台经济规范健康发展的指导意见》等战略政策出台,网络空间正能量更加充沛,积极健康、向上向善的网络文化资源不断丰富。《网络信息内容生态治理规定》《网络音视频信息服务管理规定》相继出台,网络综合治理更加完善。数据安全保障不断强化,《数据安全管理办法》等向社会公开征求意见。法治体系建设加快推进，《电子商务法》《区块链信息服务管理规定》发布实施。《关于强化知识产权保护的意见》印发实施，知识产权保护法规政策体系日趋完善。数字治理规则逐步建立，人工智能、数字经济、个人信息保护等相关管理制度机制不断健全。

（三）各地区信息化发展成效不断显现

为更好地评估各地区信息化发展情况，国家网信办组织有关单位，结合国家统计局、工业和信息化部、中央党校（国家行政学院）、CNNIC 等部门和机构的统计数据和评价指数，进一步完善信息化发展评价指标体系，从信息服务应用、信息技术产业、产业数字化、信息基础设施、信息安全、发展环境等方面，重点评估了 31 个省（区、市）的信息化发展水平。评价结果显示：各地区信息化发展水平持续稳步提升，北京、重庆、福建、广东、湖北、江苏、上海、四川、天津、浙江等 10 个省（市）（按照拼音首字母顺序排列）信息化发展水平位于第一方阵。2019 年，上述地区出台一系列信息化发展政策规划、行动计划，超前布局新一代信息基础设施建设，加快打造信息技术产业生态，深化普惠高效的信息服务，信息化发展效能整体提升。

北京全面推进大数据、物联网、云计算等新一代信息技术在民生服务、城市治理、产业升级等重点领域的深度融合应用，强化人工智能技术研发与产业应用，加快建设全国科技创新中心。重庆集中力量建设"智造重镇"和"智慧名城"，部署以大数据智能化为引领的创新驱动战略行动计划，规划 12 个智能产业的发展方向，以智能化为经济赋能、为生活添彩。福建推动数字福建建设取得新进展，加快 5G 商用建设，政务服务实现"马上就办网上办"，平台经济、共享经济、卫星应用等新产业新业态加快发展，政务数据资源体系建设走在前列。广东推进"数字政府"建设成效显著，2019 年继"粤省事"后推出"粤商通"涉企移动政务服务平台，构建整体推进、政企合作、管运分离的"数字政府"，进一步优化营商环境。湖北全面布局"智慧湖北"和"光网城市"建设工程，大力提升"互联网+产业"发展环境和基础条件，逐步形成数字经济加速发展格局。

江苏加快建设网络强省、数据强省、智造强省，高水平建设智慧江苏，积极打造物联网技术创新先导区、产业集聚区和应用示范先行区，大力推进互联网、大数据、人工智能与实体经济融合发展。上海打造全国首个人工智能创新应用先导区，面向制造、医疗、交通、金融等先行领域，建设一批新一代人工智能产业创新应用"试验场"，发布智慧工厂、智慧医疗、智慧养老、无人驾驶等多个重点场景，带动社会生活智慧化升级。四川以互联网、大数据、人工智能等新一代信息技术和实体经济深度融合为着力点，不断夯实电子信息产业基础，发展壮大数字经济，网络扶贫行动深入推进。天津加快构建高速、移动、安全、泛在的新一代信息基础设施，大力推进智能终端产品、传统产业智能化改造和智能化应用、大数据产业等重点领域发展。浙江深入实施数字经济"一号工程"，在全面推进"最多跑一次"改革的基础上，基于"浙政钉"、"浙里办"等应用实现"一次不用跑"服务，扎实推进数字乡村和新型智慧城市建设取得明显成效。

（四）携手构建更加美好的数字世界成为全球共识

当今世界，正经历百年未有之大变局，和平与发展仍然是时代主题。世界经济数字化转型加速，在全球经济增长乏力背景下，数字经济成为撬动经济增长的新杠杆，成为各国提振经济的重要方向。数字技术加快迭代创新，世界各国加速布局信息技术创新研发和应用，持续加大对5G、人工智能、量子科学等新兴领域的投入，着力构建数字驱动新生态，打造未来竞争新高地。网络文化日趋交流交融，文化交流在互联网上创造、扩展和丰富，增进了各国人民的相互了解，促进了文明互鉴和民心相通。国际数字合作不断深化，数字经济合作相关议题已经成为国际各重要机制、平台的核心议题和世界主要国家关注焦点。

新冠肺炎疫情全球蔓延给人类生命安全和健康带来重大威胁，世界经济面临大萧条以来最为严重的衰退和萎缩。全球新冠肺炎疫情防控进一步凸显了人类命运共同体的现实意义，携手抗疫、合作共赢是绝大多数国家的共同选择。后疫情时期，国际社会应秉持人类命运共同体理念，加强沟通、扩大共识、深化合作，携手构建更加美好的数字世界，更好地造福世界各国人民。

（五）在危机中育新机，于变局中开新局，扎实推进数字中国建设高质量发展

2020年，突如其来的新冠肺炎疫情对中国经济社会发展带来极大冲击。面对巨大困难挑战，在以习近平同志为核心的党中央坚强领导下，经过全国上下和广大人民群众艰苦卓绝努力并付出牺牲，疫情防控取得重大战略成果。网络信息技术大显身手，大数据有力支撑疫情防控和复工复产、复商复学，数字经济异军突起，不断催生新模式、新业态，电子商务、智慧物流、"宅经济"等无接触经济蓬勃发展，有效保障了疫情期间基本经济活动和物资供应，有力对冲了疫情给经济社会运行造成的不利影响。

当前，世界正经历新一轮大发展大变革大调整，国际体系和国际秩序深度调整，不稳定性不确定性明显增强，数字中国建设面临新的形势与挑战。主要表现在：中国发展外部环境的不确定不稳定因素明显增多，信息领域核心技术研发水平亟须提升，全球信息技术产业供应链风险加剧，数字鸿沟由"接入鸿沟"转向"能力鸿沟"，更广范围、更高层级、更深程度地释放数字红利的重要性和紧迫性日益凸显，数字经济快速发展与现有发展政策和监管规则不匹配、不适应问题凸显，数字技术赋能国家治理同时也对传统治理模式带来挑战。

2020年是全面建成小康社会和"十三五"规划收官之年，是实现"第一个百年"奋斗目标的关键之年，也是"十四五"规划的谋篇布局之年。数字中国建设要以习近平新时代中国特色社会主义思想为指导，紧扣全面建成小康社会目标任务，坚持稳中求进工作总基调，坚持新发展理念，坚持以供给侧结构性改革为主线，坚持以改革开放为动力推动高质量发展，牢牢把握扩大内需这个战略基点，增强机遇意识和风险意识，善于在危机中育新机、于变局中开新局，抓住机遇，应对挑战，加快在数字经济、数字政府、数字社会、核心技术、产业生态、治理规则等领域取得新的重大突破。一是完善规划布局，全面系统评估国家信息化发展目标要

求，加强对数字中国建设新形势的深刻剖析，高标准编制"十四五"国家信息化规划。二是抢抓战略机遇，加快建设5G、工业互联网、人工智能等新型基础设施，推进电网、铁路、公路、水运、水利、物流等基础设施智能化升级。三是夯实能力基础，加快基础性技术、通用性技术攻关突破，加大面向前沿技术的基础研究投入，完善知识产权保护制度，建立以企业为主体、市场为导向、产学研深度融合的技术创新体系。四是做强实体经济，深化人工智能、区块链、物联网、大数据等技术创新与产业应用，持续提升数字经济发展动能。五是提升治理能力，完善公共服务体系，建立健全运用移动互联网、大数据、区块链等技术进行行政管理的制度规则，加快建设数字政府。六是释放创新活力，部署国家数字乡村试点工作，扎实推进数字乡村建设。七是坚持开放合作，高水平推进数字"一带一路"建设，加快形成以国内大循环为主体、国内国际双循环相互促进的新发展格局，更大范围、更宽领域、更深层次对外开放与合作。

十三、数字政府

数字政府是指在现代计算机、网络通信等技术支撑下，政府机构日常办公、信息收集与发布、公共管理等事务在数字化、网络化的环境下进行的国家行政管理形式。包含多方面的内容，如政府办公自动化、政府实时信息发布、各级政府间的可视远程会议、公民随机网上查询政府信息、电子化民意调查和社会经济统计、电子选举（或称"数字民主"）等等。

数字政府是一种遵循"业务数据化，数据业务化"的新型政府运行模式。数字政府以新一代信息技术为支撑，重塑政务信息化管理架构、业务架构、技术架构，通过构建大数据驱动的政务新机制、新平台、新渠道，进一步优化调整政府内部的组织架构、运作程序和管理服务，全面提升政府在经济调节、市场监管、社会治理、公共服务、环境保护等领域的履职能力，形成"用数据对话、用数据决策、用数据服务、用数据创新"的现代化治理模式。

数字政府产生前提是信息技术的不断革新。信息技术的革新改变了人们传统的工作、学习、生活和娱乐方式，同时对政府提供信息服务，公民参与政府民主决策的方式提出了挑战。利用信息技术改进政府工作及服务效率，形成新的工作方式，这已成为各国政府所关心的问题。数字政府的出现便是其中之一。

数字政府可以提高政府办公效率。传统的繁文缛节、拖泥带水的作风将被高效、快捷的办公方式取代。各种文件、档案、社会经济数据都以数字形式存贮于网络服务器中，可通过计算机检索机制快速查询、即用即调。社会经济统计数据是花费了大量的人力、财力收集的宝贵资源，如果以纸质存贮，其利用率极低；若以数据库文件存储于计算机中，可以从中挖掘出许多未知的有用知识和信息，服务于政府决策。

数字政府的办公方式从地理空间和时间上看，一改过去集中在一个办公大楼、一周五天、一天八小时工作制。"网上在线办公"创造出"虚拟政府"环境。政府官员和公务人员处理公务不受时空限制。无论在家、在办公室、在车上还是出差在外，随时随地便可使用便携电脑，通过有线或无线网络通信，登录到自己的办公站点，处理事务。个人、企业或组织足不出户，便可同政府联系。数字政府改变了政府的组织形式。传统的政府机构是层次结构，从中央到地方分为数级，上一级管若干下一级；公务人员多，机构庞大；"麻雀虽小，五脏俱全"。数字政府表现为分布式的网络结构，公务人员的等级表现为一定的网络用户权限；政府高效、精简，公务人员数量大减；国家节省大量人力资源。

数字政府是高度民主的政府。传统的行政方式难以避免"家长制"、"一言堂"的官僚风气。人类社会的发展，是朝着民主进程前进的；技术的进步使民主化成为可能。由于数字政府与千家万户的计算机相连，任何公民都可参政议政。人民创造历史，人民的智慧无穷无尽；只有全民参与，群策群力，才能合理决策，减少失误。

数字政府可以减少官员腐败。从概念上讲，数字政府不存在官员，至多官员的身份是以用户权限来体现的，其一切公务活动都可通过日志文件有据可查。公务处理按计算机程序进行，避免人为干预。"吃、拿、卡、要"在技术机制的制约下受到一定程度的限制。

第二节　我国信息化建设基本情况

改革开放以来，党和国家历届领导均高度重视信息化工作。

邓小平同志是我国信息化建设的奠基者和推动者。早在改革开放初期，邓小平同志就非常敏锐地意识到信息时代的发展趋势，提出和推动出台了关于国家信息化建设的一系列论断、思想和决策，从而开启了国家信息化建设的大门。1984年2月16日，邓小平在上海市展览馆观看上海十年科技成果展时特意指示"计算机的普及要从娃娃抓起"，并曾给新华社题词，要求"开发信息资源，服务四化建设"。

江泽民同志始终高度关注信息技术产业发展，准确把握世界科技发展趋势，从我国实际出发，提出一系列发展信息技术产业、加快我国信息化建设步伐的重要思想和战略方针，就加快我国信息技术产业发展作出大量重要论述。他指出，信息化是一场带有深刻变革意义的科技创新。要保持我国经济持续快速健康发展，必须把开发利用信息资源摆在重要战略位置。推进我国信息化建设，必须进行全社会的协同，抓紧建立和完善与信息化相适应的宏观调控和管理的体系结构。

胡锦涛同志在党的十七大报告中首次将信息化提升到关乎国家发展的全局高度，将"五化并举"、"两化融合"确立为我国经济社会发展新的战略基石，要求"全面认识工业化、信息化、城镇化、市场化、国际化深入发展的新形势新任务"，"推动信息化和工业化深度融合"。

进入新时代，习近平总书记更是高屋建瓴地指出，"没有信息化就没有现代化"，"信息化可以如虎添翼"，"信息资源日益成为重要生产要素的社会财富，信息掌握的多寡成为国家软实力和竞争力的重要指标"。十八大以来，以习近平同志为核心的党中央从进行具有许多新的历史特点的伟大斗争出发，重视互联网和信息化建设，统筹协调涉及政治、经济、文化、社会、军事等领域网络安全和信息化重大问题，作出一系列重大决策、实施一系列重大举措，推动我国网络和信息事业取得历史性成就，走出一条中国特色信息化建设之道。

一、主要发展阶段

面对世界高科技革命和信息化的浪潮，信息化直接关系到国家在整个世界中的竞争与发展。中国的信息化建设起步可追溯到 20 世纪 80 年代初期，从国家大力推动电子信息技术应用开始，基本经历了四个阶段：

（一）准备阶段（1993 年以前）

20 世纪 80 年代初期，在我国国民经济进行调整的情况下，计算机工业界认识到，发展我国计算机工业，应该从过去的以研究制造计算机硬件设备为中心，迅速地转向以普及应用为重点，以此带动研究发展、生产制造、外围配套、应用开发、技术服务和产品销售等工作。

1982 年 10 月 4 日，国务院成立了计算机与大规模集成电路领导小组。同年 12 月 8 日至 12 日，领导小组在北京召开全国计算机系列型谱专家论证会，确定了我国在此后一个时期，发展大中型计算机、小型机系列机的选型依据。

计算机与大规模集成电路事业是关系四个现代化建设进程的重大战略问题，它不仅是直接从事这一事业的科研和生产部门的事，还要求冶金、石油、化工、轻工、建材、纺织等部门密切协同和大力支持，共同奋斗。为了振兴我国计算机和集成电路事业，为推动电子计算机的广泛应用。

1983 年 5 月 15 日，计算机与大规模集成电路领导小组在北京召开全国计算机与大规模集成电路规划会议。会议提出了若干政策措施，正确处理自己研制与技术引进的关系，积极引进国外先进技术，增强自力更生的能力，抓紧、抓好现有企业的技术改造；把品种、质量放在首位，要把发展中小型机，特别是微型机、单板机作为重点方向；要面向应用，大力加强计算机软件工作，迅速形成软件产业；把计算机的推广应用作为整个计算机事业的重要环节来抓；加速人才培养，建立一支强大的科技队伍。

1984年中央领导同志及时指出，新的"工业革命"表明，西方国家要从工业社会转入信息社会，这对我们向四化进军来说，既是一个机会，也是一个挑战。强调要发展现代化的信息系统，要普遍应用电子计算机等。为研究我国新技术革命的对策，国务院成立"新技术革命对策"小组，组织了计算机专项和光纤通信专项研究。

1984年9月15日，国务院发出通知指出，为了迎接世界新的技术革命，加速我国四个现代化的建设，必须有重点地发展新兴产业。在现代新兴产业群中，信息产业是最重要、最活跃、影响最广泛的核心因素。要逐步装备我国的信息产业，并以各种信息技术手段为改造传统工业服务。应当把电子工业摆到国民经济发展的非常重要的位置上。为了加强对电子和信息事业的集中统一领导，有效地推动这项工作，国务院决定将国务院计算机与大规模集成电路领导小组改为国务院电子振兴领导小组。

1984年11月，电子振兴领导小组经国务院同意，发布了我国电子和信息产业发展战略，指出我国电子和信息产业要实现两个转移：

第一，把电子和信息产业的服务重点转移到为发展国民经济、为四化建设、为整个社会生活服务的轨道上来，为此，必须把电子信息产业在社会各个领域的应用放在首位；

第二，电子工业的发展要转移到以微电子技术为基础、以计算机和通信装备为主体的轨道上来，并确定集成电路、计算机、通信和软件为发展的重要领域。

电子振兴领导小组为推动电子信息技术的广泛应用，在"七五"期间，重点抓了十二项应用系统工程，即邮电通信系统、国家经济信息系统、银行业务管理系统、电网监控系统、京沪铁路运营系统、天气预报系统、科技情报信息系统、民航旅客服务计算机系统、航天实时测控与数据处理系统、公安信息系统、财税系统、军事指挥系统，并建立电子信息技术推广应用贴息贷款，支持应用电子信息技术改造传统产业。这些信息系统的建设和发展，为以后的信息化建设奠定了广泛的技术和社会基础，培养了一大批信息技术应用人才，并在一些领域取得了明显的经济效益。

1986 年 3 月，邓小平同志亲自批示"宜速作决断，不可延误"，启动了国家高技术研究发展计划，即"863"计划。该计划投资 100 亿元，其中，信息技术相关项目的投资约占投资总额的三分之二。

1988 年 5 月，根据国务院机构改革方案，成立机电部，并将振兴电子产业的任务交机电部承担。随后，国务院常务会议决定，国务院电子振兴领导小组办公室，更名为国务院电子信息系统推广应用办公室，继续支持各行各业应用电子信息技术，取得非常好的经济和社会效益。

从 1988 年至 1992 年，国家经济委员会、机电部、国家科委和电子信息技术推广应用办公室，在推动传统产业技术改造、EDI 技术、CAD/CAM 以及 MIS 等领域，做了大量工作，不断推动电子信息技术应用向纵深发展。

（二）启动阶段（1993 年 3 月—1997 年 4 月）

我国信息化正式起步于 1993 年，党和国家领导人江泽民、李鹏、朱镕基、李岚清等提出信息化建设的任务，启动了金卡、金桥、金关等重大信息化工程，拉开了国民经济信息化的序幕。同年 12 月，成立了以国务院副总理邹家华为主席的国家经济信息化联席会议，加强统一领导，确立了推进信息化工程实施、以信息化带动产业发展的指导思想。1994 年 5 月成立了国家信息化专家组，作为国家信息化建设的决策参谋机构，为建设国家信息化体系，推动国家信息化进程提出了许多重要建议。

1996 年以后，中央和地方都确立了信息化在国民经济和社会发展中的重要地位，信息化在各领域、各地区形成了强劲的发展潮流。国务院于 1996 年 1 月成立了以国务院副总理邹家华任组长，由 20 多个部委领导组成的国务院信息化工作领导小组，统一领导和组织协调全国的信息化工作。

（三）展开阶段（1997 年 4 月—2000 年 10 月）

经过 1993—1997 年的建设与发展，符合我国国情的信息化发展思路已经初步形成。国务院信息化工作领导小组确立了国家信息化的定义和国家信息化体系六要素，进一步充实和丰富了我国信息化建设的内涵；提出了信息化建设"统筹规划，国家主导；统一标准，联合建设；互联互通，资源共享"的二十四字指导方针。

经国务院批准，1997 年 4 月 18—21 日，国务院信息化工作领导小组在深圳召开了首次全国信息化工作会议，邹家华同志作了题为"把握大局，大力协同，积极推进国家信息化，为国民经济持续、快速、健康发展和社会全面进步服务"的主题报告，国家计委副主任、国务院信息化工作领导小组副组长曾培炎作了关于《国家信息化"九五"规划和 2010 年远景目标》（纲要）的编制说明，电子工业部部长、国务院信息化工作领导小组副组长胡启立在会议闭幕大会上发表了重要讲话，电子工业部副部长、国务院信息化工作领导小组办公室主任吕新奎作了"1997—1998 年国家信息化建设工作重点"的报告，许多部委和省（区、市）信息化主管领导出席了会议并做了交流发言。会议全面部署了信息化工作，通过了规划，成为我国信息化建设发展的里程碑。此后，全国的信息化工作从解决应急性的热点问题，步入为经济发展和社会全面进步服务，有组织、有计划的发展轨道上来。

1998 年 3 月以后，随着国务院机构的进一步改革，将原国务院信息化工作领导小组办公室整建制并入新组建的信息产业部，负责推进国民经济和社会服务信息化的工作。

为担负起研究制订推进国民经济和社会信息化发展规划，指导各地区、各行业的国民经济信息化工作，协助业主推进重大信息化工程，组织协调和推进全国软件产业的发展，研究制订有关信息资源的发展政策与措施，指导、协调信息资源的开发利用和信息安全技术开发，推动信息化普及教育等职责，成立了信息产业部信息化推进司（国家信息化办公室）。1999 年 2 月，国家信息化专家组变更为国家信息化办公室专家委员会。

1999 年 12 月，根据国务院领导关于恢复国务院信息化领导小组的批示，成立了由国务院副总理吴邦国担任组长的国家信息化工作领导小组，以继续推进国家信息化工作。

信息产业部努力推动电信体制改革，进行了政企分开，邮电分营、电信重组和结构调整、国营企业改革。初步形成了中国电信、中国移动、中国联通、中国网通、中国铁通等多家电信运营公司开展市场竞争的格局。与此同时，会同有关部门，积极推动政府上网工程、企业上网工程和电子商务，在国民经济信息化方面，做了大量工作。

（四）发展阶段（2000 年 10 月至今）

2000 年 10 月 11 日中国共产党第十五届中央委员会第五次全体会议通过《中共中央关于制定国民经济和社会发展第十个五年计划的建议》指出：信息化是当今世界经济和社会发展的大趋势，也是我国产业优化升级和实现工业化、现代化的关键环节。要把推进国民经济和社会信息化放在优先位置。大力推进国民经济和社会信息化，是覆盖现代化建设全局的战略举措。以信息化带动工业化，发挥后发优势，实现社会生产力的跨越式发展。"十五"期间，国家信息化领导小组对信息化发展重点进行了全面部署，作出了推行电子政务、振兴软件产业、加强信息安全保障、加强信息资源开发利用、加快发展电子商务等一系列重要决策。

2005 年 10 月 11 日中国共产党第十六届中央委员会第五次全体会议通过《中共中央关于制定国民经济和社会发展第十一个五年计划的建议》指出：坚持以信息化带动工业化，广泛应用高技术和先进适用技术改造提升制造业。信息产业，要根据数字化、网络化、智能化总体趋势，大力发展集成电路、软件等核心产业，重点培育数字化音视频、新一代移动通信、高性能计算机及网络设备等信息产业群，加强信息资源开发和共享，推进信息技术普及和应用。到 2005 年，信息产业增加值占国内生产总值的比重达到 7.2%，对经济增长的贡献度达到 16.6%。

为主动迎接信息化发展带来的新机遇，力争跟上时代潮流，2005 年国家出台《2006—2020 年国家信息化发展战略》，对以后 15 年的信息化建设进行战略规划和设计。坚持站在国家战略高度，把信息化作为覆盖现代化建设全局的战略举措，正确处理信息化与工业化之间的关系，长远规划，持续推进。坚持从我国国情出发，因地制宜，把信息化作为解决现实紧迫问题和发展难题的重要手段，充分发挥信息技术在各领域的作用。坚持把开发利用信息资源放到重要位置，加强统筹协调，促进互联互通和资源共享。坚持引进消化先进技术与增强自主创新能力相结合，优先发展信息产业，逐步增强信息化的自主装备能力。坚持推进信息化建设与保障国家信息安全并重，不断提高基础信息网络和重要信息系统的安全保护水平。坚持优先抓好信息技术的普及教育，提高国民信息技术应用技能。

2010 年 10 月 18 日中国共产党第十七届中央委员会第五次全体会议通过《中共中央关于制定国民经济和社会发展第十二个五年计划的建议》指出：全面提高信息化水平。推动信息化和工业化深度融合，加快经济社会各领域信息化。发展和提升软件产业。积极发展电子商务。加强重要信息系统建设，强化地理、人口、金融、税收、统计等基础信息资源开发利用。实现电信网、广播电视网、互联网"三网融合"，构建宽带、融合、安全的下一代国家信息基础设施。推进物联网研发应用。以信息共享、互联互通为重点，大力推进国家电子政务网络建设，整合提升政府公共服务和管理能力。确保基础信息网络和重要信息系统安全。

2015 年 10 月 26 日至 29 日，中国共产党第十八届中央委员会第五次全体会议审议通过了《中共中央关于制定国民经济和社会发展第十三个五年规划的建议》指出：拓展网络经济空间。实施"互联网+"行动计划，发展物联网技术和应用，发展分享经济，促进互联网和经济社会融合发展。实施国家大数据战略，推进数据资源开放共享。完善电信普遍服务机制，开展网络提速降费行动，超前布局下一代互联网。推进产业组织、商业模式、供应链、物流链创新，支持基于互联网的各类创新。

2015 年 9 月 18 日贵州省启动我国首个大数据综合试验区的建设工作，力争通过 3 至 5 年的努力，将贵州大数据综合试验区建设成为全国数据汇聚应用新高地、综合治理示范区、产业发展聚集区、创业创新首选地、政策创新先行区。围绕这一目标，贵州省将重点构建"三大体系"，重点打造"七大平台"，实施"十大工程"。"三大体系"是指构建先行先试的政策法规体系、跨界融合的产业生态体系、防控一体的安全保障体系；"七大平台"则是指打造大数据示范平台、大数据集聚平台、大数据应用平台、大数据交易平台、大数据金融服务平台、大数据交流合作平台和大数据创业创新平台；"十大工程"即实施数据资源汇聚工程、政府数据共享开放工程、综合治理示范提升工程、大数据便民惠民工程、大数据三大业态培育工程、传统产业改造升级工程、信息基础设施提升工程、人才培养引进工程、大数据安全保障工程和大数据区域试点统筹发展工程。此外，贵州省计划通过综合试验区建设，探索大数据应用的创新模式，培育大数据交易新的做法，开展数据交易的市场试点，鼓励产业链上下游之间的数据交换，规范数据资源的交易行为，促进形成新的业态。国家发展改革委有关专家表示，大数据综合试验区建设不是简单的建产业园、建数据中心、建云平台等，而是要充分依托已有的设施资源，把现有的利用好，把新建的规划好，避免造成空间资源的浪费和损失。探索大数据应用新的模式，围绕有数据、用数据、管数据，开展先行先试，更好地服务国家大数据发展战略。

2020年10月29日中国共产党第十九届中央委员会第五次全体会议通过《中共中央关于制定国民经济和社会发展第十四个五年规划和二〇三五年远景目标的建议》指出：发展战略性新兴产业。加快壮大新一代信息技术、生物技术、新能源、新材料、高端装备、新能源汽车、绿色环保以及航空航天、海洋装备等产业。推动互联网、大数据、人工智能等同各产业深度融合，推动先进制造业集群发展，构建一批各具特色、优势互补、结构合理的战略性新兴产业增长引擎，培育新技术、新产品、新业态、新模式。促进平台经济、共享经济健康发展。

以习近平总书记为核心的党中央高瞻远瞩，《中共中央关于制定国民经济和社会发展第十四个五年规划和二〇三五年远景目标的建议》站在历史的新高度，进一步明确了信息化战略新兴产业的历史定位。信息化已从一场技术革命转化为一场产业革命，并成为世界经济和社会发展不可逆转的大趋势。今天，信息资源已成为重要生产要素、无形资产和社会财富；信息网络更加普及并日趋融合；信息化与经济全球化相互交织，推动着全球产业分工深化和经济结构调整，重塑着全球经济竞争格局；互联网加剧了各种思想文化的相互激荡，成为信息传播和知识扩散的新载体；电子商务呈"一日千里"之势，蓬勃发展；电子政务在提高行政效率、改善政府效能、扩大民主参与等方面的作用日益显著；信息安全的重要性与日俱增，成为各国面临的共同挑战。信息化使现代战争形态发生重大变化，是世界新军事变革的核心内容。发达国家信息化发展目标更加清晰，正在出现向信息社会转型的趋向；越来越多的发展中国家深刻认识到信息化带来的新机遇，面对挑战迎难而上。全球信息化正在引发当今世界的深刻变革，重塑世界政治、经济、社会、文化和军事发展的新格局。加快信息化发展，已经成为世界各国的共同选择。大力推进信息化发展，已成为我国经济社会发展新阶段重要而紧迫的战略任务。

二、发展思路

我国的信息化建设，经过长期的探索实践，逐步形成了具有中国特色的、行之有效的信息化发展思路。尤其是十八大以来，我国紧紧抓住和用好发展的重要战略机遇期，战胜一系列重大挑战，为加快推进国民经济和社会信息化积累了经验，奠定了思想基础。

习近平同志在十九大报告中指出，经过长期努力，中国特色社会主义进入了新时代，这是我国发展新的历史方位。进入新时代，国际局势风云变幻，综合国力竞争空前激烈，必须坚持创新在现代化建设全局中的核心地位，把科技自立自强作为国家发展的战略支撑，面向世界科技前沿、面向经济主战场、面向国家重大需求、面向人民生命健康，深入实施科教兴国战略、人才强国战略、创新驱动发展战略，完善国家创新体系，加快建设科技强国。习近平总书记和党中央的英明决策和前瞻设计为推进我国信息化建设提供规划了目标，为全面实现信息技术现代化指明了方向。

（一）正确认识信息化与工业化的关系

20世纪90年代初，以美国为首的发达国家，通过提倡建立国家信息基础设施和全球信息基础设施，掀起了全球信息化的浪潮。以美国为首的发达国家是在完成工业化即进入"后工业社会"发展阶段后，开始大力推动信息化建设的。在第八个五年计划期间，我国人民的奋斗目标仍然是实现工业现代化。工业现代化的任务尚未完成，中国要不要推进信息化？相当多的人认为，我国是发展中国家，经济实力不够，人民的温饱问题尚未解决，我国的信息产业和信息技术相对落后，也不足以支持信息化建设，应该加快工业现代化的进程，在工业化完成之后，再进行信息化建设，走"先工业化后信息化"的路子。在当时的环境条件下，产生这种认识是可以理解的。

但是，当时我国的经济发展已经对信息化提出了紧迫的要求，信息技术的应用已经成为工业现代化建设的重要内容。党和国家领导人高瞻远瞩，于1993年分别提出了"金桥"、"金关"、"金税"等一系列重大信息化工程，拉开了我国信息化建设的序幕。

通过多年的探索和实践，党中央加深了对中国国情的了解，提高了对信息化规律的认识。同时，发展中国家也纷纷行动起来，制定发展国家信息基础设施和信息产业的规划、纲领。党中央不失时机地在十四届五中全会提出了"加快国民经济信息化进程"的伟大号召，激发了全国人民和各行各业信息化建设的热情。1997年由国务院信息化工作领导小组主持召开的全国信息化工作会议，提出要处理好"工业化与信息化的关系"。会议指出，由于技术的发展和进步，我国的工业化不能再走西方国家的老路，必须发挥"后发优势"，把工业化建设与信息化建设结合起来，推动产业结构的升级，以信息化促进工业化，以工业化支持信息化，实现工业化与信息化并进，使我国的经济实现跨越式发展。

随着信息技术、特别是网络技术的高速发展和广泛应用，信息技术应用导致产业结构和经济模式变化乃至社会的变革；信息化改变着人们的生产、生活、思维方式和价值观念；信息化成为各国提高综合国力和国际竞争力，提高国家国际地位的战略措施和手段，发达国家以其技术先行的优势，向政治、经济、军事和文化领域扩充，向全世界提出了挑战，各国人民再一次面临着生存与发展的战略选择。

中国共产党第十五届五中全会英明决策，提出以信息化带动工业化的面向21世纪的伟大战略。指出信息化是覆盖四个现代化全局的战略举措，要发挥后发优势，实现社会生产力的跨越式发展。信息化带动工业化，准确地定位了信息化与工业化的关系，是人们对信息化认识的新飞跃。信息化代表着由信息技术广泛应用和渗透形成的崭新的、充满活力的新兴生产力，可以提升包括农业、工业、科技和国防以及社会各个领域的现代化水平，实现信息时代的工业化。

《"十三五"国家信息化规划》对推进信息化和工业化深度融合进行了前瞻设计和规划。强调：在推进实施"中国制造2025"过程中，深化制造业与互联网融合发展，加快构建自动控制与感知技术、工业软硬件、工业云与智能服务平台、工业互联网等制造业新基础，建立完善智能制造标准体系，增强制造业自动化、数字化、智能化基础技术和产业支撑能力。组织实施"芯火"计划和传感器产业提升工程，加快传感器、过程控制芯片、可编程逻辑控制器等研发和产业化。加快计算机辅助设计仿真、制造执行系统、产品全生命周期管理等工业软件的研发和产业化，加强软件定义和支撑制造业的基础性作用。支持开展关键技术、网络、平台、应用环境的兼容适配、互联互通和互操作测试验证，推动工业软硬件与工业大数据平台、工业网络、工业信息安全系统、智能装备的集成应用。积极推进制造企业"双创"以及工业云、工业大数据、工业电子商务等服务平台建设和服务模式创新，全面提升行业系统解决方案能力。推动工业互联网研发应用，制定工业互联网总体体系架构方案，组织开展工业互联网关键资源管理平台和核心技术试验验证平台建设，加快形成工业互联网健康发展新生态。组织实施企业管理能力提升工程，加快信息化和工业化融合管理体系标准制定和应用推广。

（二）政府推动与市场驱动的关系

以党和国家领导人启动的金字系列重大信息工程为标志，我国信息化建设是在国家主导下起步的。信息化建设是一项新兴的事业，在尚无建设经验、从计划经济向社会主义市场经济体制转变的过程中，由国家确立若干项全局性的重点工程，统筹规划、统一建设是非常必要的，它体现了政府的意志，表达了政府对未来发展的强烈愿望。既推动了信息化建设发展，又可以积累经验，带动经济发展全局。1994年国家经济信息化联席会议制定的"统筹规划，联合建设，统一标准，专通结合"十六字方针，在推动国民经济信息化方面，发挥了重要的指导作用。1997年四月，国务院信息化工作领导小组在全国信息化工作会议上，进一步完善为"统筹规划、国家主导，统一标准、联合建设，互联互通、资源共享"的二十四字信息化建设方针。这一指导方针，依据了国民经济和社会发展的方针和目标，结合了国家信息化建设的要求和规律，总结了中国多年来信息化工作的实践经验和教训，考虑了今后国家信息化建设发展的需要和方向，体现了中国国家信息化建设的特征，为处理好信息化建设中的重大关系问题提供了依据。这一方针，激发了全国从中央到地方信息化建设的热情，形成了新的信息化建设高潮。

全国信息化工作会议以后，领域信息化、区域信息化以及电子政务、电子商务、企业信息化、社区信息化蓬勃发展；信息网络建设、信息资源开发和信息化工程建设全面推进，形成新的投资热点。

随着社会主义市场机制的逐步完善和经济体制改革深入发展，市场配置资源的作用突显出来。我们认识到推进信息化建设，在发挥政府的宏观调控作用的同时，应当充分利用市场机制。实行政府调控与市场驱动相结合的方针。

党的十九大后，强调坚持全面深化改革，正确处理政府和市场关系，坚持发挥市场在资源配置中的决定性作用，更好地发挥政府作用，破除不利于信息化创新发展的体制机制障碍，激发创新活力，加强法治保障，释放数字红利，为经济社会发展提供持续动力。

强调要驱动新旧动能接续转换，以信息化改造提升传统动能，促进去产能、去库存、去杠杆、降成本、补短板，提高供给体系的质量和效率。以信息化培育新动能，加快基于互联网的各类创新，构建现代产业新体系，用新动能推动新发展。建立公平、透明、开放、诚信、包容的数字市场体系，促进新兴业态和传统产业协调发展，推动社会生产力水平整体提升。

强调促进双向开放合作。发挥互联网在促进国际国内要素有序流动、资源高效配置、市场深度融合中的作用，建立企业全球化发展信息服务体系，提供全球政策法规、财税、金融、投融资、风险评估等信息服务，支持企业全球化发展。有序扩大网信开放领域，有效引进境外资金和先进技术，强化互利共赢。

强调要促进互联网企业健康发展。坚持鼓励支持和规范发展并重，引导互联网企业维护国家利益，坚守社会道德底线，加快自身发展，服务人民群众。依法防范和治理互联网市场恶性竞争、滥用市场支配地位、损害群众利益等问题，强化对互联网企业数据监管，确保数据安全，保障广大网民合法权益。

（三）国民经济信息化与国家信息化的关系

从党的十一届三中全会开始，我国转向以经济建设为中心的发展阶段。我国信息化建设从国民经济信息化起步，是完全正确的，是符合我国发展的客观要求的。事实证明，以"三金"工程作为国民经济信息化的突破口，取得了明显成效，并带动了各行各业的信息化建设，信息化已经渗透到各领域和各地区。

信息化建设的深入发展，使我们认识到国民经济信息化与社会信息化是不可分割的。1997年4月，全国信息化工作会议确定了我国国家信息化的定义：在国家统一规划和组织下，在农业、工业、科学技术、国防及社会生活各个方面应用现代信息技术，深入开发、广泛利用信息资源，加速实现国家现代化的进程。这个定义概括了中国信息化建设的广泛内涵，既包括了经济领域的信息化，也包括了科技、国防以及社会生活的广阔方面；既与全球信息化一致，又体现了中国信息化的特色。自此，我国的信息化建设从国民经济信息化进入了国家信息化的阶段。

2000年9月，朱镕基总理指出："积极运用现代科技手段，特别是先进信息技术，加快政府管理信息化进程，是适应国民经济和社会信息化发展的迫切要求，各级政府、各个部门都要把推进行政管理信息化作为一件大事"。实践说明，政府信息化不但是信息化建设的重要组成部分，而且为社会树立起示范作用，带动信息化发展。

党的十五届五中全会把大力推进国民经济和社会信息化，提升到覆盖现代化建设全局的战略举措的高度，要放在优先位置，明确提出以信息化带动工业化，发挥后发优势，实现社会生产力的跨越式发展。

党的十九届五中全会制订的《中共中央关于制定国民经济和社会发展第十四个五年规划和二〇三五年远景目标的建议》中强调要制定科技强国行动纲要，健全社会主义市场经济条件下新型举国体制，打好关键核心技术攻坚战，提高创新链整体效能。加强基础研究、注重原始创新，优化学科布局和研发布局，推进学科交叉融合，完善共性基础技术供给体系。瞄准人工智能、量子信息、集成电路、生命健康、脑科学、生物育种、空天科技、深地深海等前沿领域，实施一批具有前瞻性、战略性的国家重大科技项目。制定实施战略性科学计划和科学工程，推进科研院所、高校、企业科研力量优化配置和资源共享。推进国家实验室建设，重组国家重点实验室体系。布局建设综合性国家科学中心和区域性创新高地，支持北京、上海、粤港澳大湾区形成国际科技创新中心。构建国家科研论文和科技信息高端交流平台。

同时，强调加快数字化发展。发展数字经济，推进数字产业化和产业数字化，推动数字经济和实体经济深度融合，打造具有国际竞争力的数字产业集群。加强数字社会、数字政府建设，提升公共服务、社会治理等数字化智能化水平。建立数据资源产权、交易流通、跨境传输和安全保护等基础制度和标准规范，推动数据资源开发利用。扩大基础公共信息数据有序开放，建设国家数据统一共享开放平台。保障国家数据安全，加强个人信息保护。提升全民数字技能，实现信息服务全覆盖。积极参与数字领域国际规则和标准制定。

党的十九届五中全会制订的《中共中央关于制定国民经济和社会发展第十四个五年规划和二〇三五年远景目标的建议》，是以习近平同志为核心的党中央不忘初心、牢记使命，面对错综复杂的国际形势、艰巨繁重的国内改革发展稳定任务做出的重大科学决策，对于实现"两个百年"奋斗目标和中华民族的伟大复兴具有重大意义，是我国进一步发展的必须遵循的指导思想和原则，为全党和全国人民指明了我国信息化的建设和发展方向。

三、发展成就

党中央、国务院高度重视信息化工作。特别是党的十八大之后，成立了中央网络安全和信息化领导小组，通过完善顶层设计和决策体系，加强统筹协调，作出实施网络强国战略、大数据战略、"互联网+"行动等一系列重大决策，开启了信息化发展新征程。各地区、各部门扎实工作、开拓创新，我国信息化取得显著进步和成就。

信息基础设施建设实现跨越式发展，宽带网络建设明显加速。截至2015年年底，我国网民数达到6.88亿，互联网普及率达到50.3%，互联网用户、宽带接入用户规模位居全球第一。第三代移动通信网络（3G）覆盖全国所有乡镇，第四代移动通信网络（4G）商用全面铺开，第五代移动通信网络（5G）研发步入全球领先行列，网络提速降费行动加快推进。三网融合在更大范围推广，宽带广播电视和有线无线卫星融合一体化建设稳步推进。北斗卫星导航系统覆盖亚太地区。

信息产业生态体系初步形成，重点领域核心技术取得突破。集成电路实现28nm工艺规模量产，设计水平迈向16/14nm。"神威·太湖之光"超级计算机继"银河二号"后蝉联世界超级计算机500强榜首。高世代液晶面板生产线建设取得重大进展，迈向10.5代线。2015年，信息产业收入规模达到17.1万亿元，智能终端、通信设备等多个领域的电子信息产品产量居全球第一，涌现出一批世界级的网信企业。

网络经济异军突起，基于互联网的新业态新模式竞相涌现。2015年，电子商务交易额达到21.79万亿元，跃居全球第一。"互联网+"蓬勃发展，信息消费大幅增长，产业互联网快速兴起，从零售、物流等领域逐步向一二三产业全面渗透。网络预约出租汽车、大规模在线开放课程（慕课）等新业态新商业模式层出不穷。

电子政务应用进一步深化，网络互联、信息互通、业务协同稳步推进。统一完整的国家电子政务网络基本形成，基础信息资源共享体系初步建立，电子政务服务不断向基层政府延伸，政务公开、网上办事和政民互动水平显著提高，有效促进政府管理创新。

社会信息化水平持续提升，网络富民、信息惠民、服务便民深入发展。信息进村入户工程取得积极成效，互联网助推脱贫攻坚作用明显。大中小学各级教育机构初步实现网络覆盖。国家、省、市、县四级人口健康信息平台建设加快推进，电子病历普及率大幅提升，远程会诊系统初具规模。医保、社保即时结算和跨区统筹取得新进展，截至 2015 年年底，社会保障卡持卡人数达到 8.84 亿人。

网络安全保障能力显著增强，网上生态持续向好。网络安全审查制度初步建立，信息安全等级保护制度基本落实，网络安全体制机制逐步完善。国家关键信息基础设施安全防护水平明显提升，国民网络安全意识显著提高。发展了中国特色社会主义治网之道，网络文化建设持续加强，互联网成为弘扬社会主义核心价值观和中华优秀传统文化的重要阵地，网络空间日益清朗。

网信军民融合体系初步建立，技术融合、产业融合、信息融合不断深化。网信军民融合顶层设计、战略统筹和宏观指导得到加强，实现了集中统一领导和决策，一批重大任务和重大工程落地实施。军民融合式网信产业基础进一步夯实，初步实现网络安全联防联控、网络舆情军地联合管控，信息基础设施共建合用步伐加快。

网络空间国际交流合作不断深化，网信企业走出去步伐明显加快。成功举办世界互联网大会、中美互联网论坛、中英互联网圆桌会议、中国—东盟信息港论坛、中国—阿拉伯国家网上丝绸之路论坛、中国—新加坡互联网论坛。数字经济合作成为多边、双边合作新亮点。一批网信企业加快走出去，积极参与"一带一路"沿线国家信息基础设施建设。跨境电子商务蓬勃发展，年增速持续保持在 30% 以上。

当前，全球信息化发展面临的环境、条件和内涵正发生深刻变化。从国际看，世界经济在深度调整中曲折复苏、增长乏力，全球贸易持续低迷，劳动人口数量增长放缓，资源环境约束日益趋紧，局部地区地缘博弈更加激烈，全球性问题和挑战不断增加，人类社会对信息化发展的迫切需求达到前所未有的程度。同时，全球信息化进入全面渗透、跨界融合、加速创新、引领发展的新阶段。信息技术创新代际周期大幅缩短，创新活力、集聚效应和应用潜能裂变式释放，更快、更广、更深地引发新一轮科技革命和产业变革。物联网、云计算、大数据、人工智能、机器深度学习、区块链、生物基因工程等新技术驱动网络空间从人人互联向万物互联演进，数字化、网络化、智能化服务将无处不在。现实世界和数字世界日益交汇融合，全球治理体系面临深刻变革。全球经济体普遍把加快信息技术创新、最大程度释放数字红利作为应对"后金融危机"时代增长不稳定性和不确定性、深化结构性改革和推动可持续发展的关键引擎。

从国内看，我国经济发展进入新常态，正处于速度换挡、结构优化、动力转换的关键节点，面临传统要素优势减弱和国际竞争加剧双重压力，面临稳增长、促改革、调结构、惠民生、防风险等多重挑战，面临全球新一轮科技产业革命与我国经济转型、产业升级的历史交汇，亟需发挥信息化覆盖面广、渗透性强、带动作用明显的优势，推进供给侧结构性改革，培育发展新动能，构筑国际竞争新优势。从供给侧看，推动信息化与实体经济深度融合，有利于提高全要素生产率，提高供给质量和效率，更好地满足人民群众日益增长、不断升级和个性化的需求；从需求侧看，推动互联网与经济社会深度融合，创新数据驱动型的生产和消费模式，有利于促进消费者深度参与，不断激发新的需求。

同时，我国信息化发展还存在一些突出短板，主要是：技术产业生态系统不完善，自主创新能力不强，核心技术受制于人成为最大软肋和隐患；互联网普及速度放缓，贫困地区和农村地区信息基础设施建设滞后，针对留守儿童、残障人士等特殊人群的信息服务供给薄弱，数字鸿沟有扩大风险；信息资源开发利用和公共数据开放共享水平不高，政务服务创新不能满足国家治理体系和治理能力现代化的需求；制约数字红利释放的体制机制障碍仍然存在，与先进信息生产力相适应的法律法规和监管制度还不健全；网络安全技术、产业发展滞后，网络安全制度有待进一步完善，一些地方和部门网络安全风险意识淡薄，网络空间安全面临严峻挑战。

信息化建设是一个全新的事业，信息化也是一个渐进的历史发展过程，新的情况、新的问题、新的矛盾层出不穷。作为信息化主要推动力的信息技术，更新快，渗透力强，涉及面宽，不断推动着应用向更深更广的方向发展，应用的发展也对技术提出更高更新的需求，技术与应用的互动，不断创造出新兴技术及产业，使之成为经济发展的新增长点

我国是一个发展中的国家，是在工业化尚未完成的情况下进行信息化建设，而信息化建设是一个宏大的社会系统工程，具有战略性、长期性、整体性的特点，没有现成的经验可资借鉴，可谓任重而道远。我们要在实践中不断地探索、调整发展战略、政策措施，完善信息化建设的目标，保证我国的信息化建设始终沿着健康的道路前进。

第三节　检察系统信息化建设情况

习近平总书记在十九大报告中强调"明确全面深化改革总目标是完善和发展中国特色社会主义制度、推进国家治理体系和治理能力现代化""提高社会治理社会化、法治化、智能化、专业化水平"。在司法改革背景下，信息化建设对于检察工作更具有时代意义和特殊价值。司法改革和检察信息化建设对于检察工作就如同船之帆与桨，司法改革是船帆引领检察工作方向，检察信息化为桨推动检察工作前行。

一、发展历程

检察系统信息化建设是与我国信息化建设紧密相关的。电子检务工作是国家电子政务工程的重要组成部分，更是实施科技强检、推动检察工作科学发展的重大基础性工程，是一场影响深远的检察工作方式和管理方式的革命。2017 年由中国检察出版社出版的《智慧检务初论》（赵志刚、金鸿浩著），回顾总结了检察系统信息化建设历程，概括出检察信息化建设"以点为基、串点成线、连线成面、由面到体"的发展演变规律，主要历

经四个发展阶段。

第一阶段：检察机关"数字检务"阶段

"数字检务"是检察信息化1.0版的简称，这一阶段时间界定从1991年至1999年，基本对应"八五"、"九五"时期。主要任务是实现检察数字化，购置计算机设备和办公自动化应用，初步完成信息由纸质手写向数字化录入的重要转变。主要工作重心是设置检察信息化机构和对检察办公自动化进行探索，也是检察信息化建设的原点。

20世纪80年代，新技术浪潮对我国形成了巨大影响和冲击，特别是计算机汉字信息处理技术的突破性进展，为办公自动化系统在我国的实用化应用铺平了道路。1985年，国务院电子振兴领导小组成立了办公自动化专用组。1992年，由国务院办公厅牵头时"全国行政首脑机关办公决策服务系统"启动，主要理念是将现代化办公和计算机网络功能结合起来，利用先进的科学技术，实现办公自动化。

检察机关紧跟国家发展战略，全力推动检察机关信息化建设。1991年，最高人民检察院办公厅成立自动化办公室，负责最高人民检察院信息化工作。随着信息化工作实践，领导机构几次调整，2000年5月，最高人民检察院成立直属事业单位检察技术信息研究中心，负责指导全国检察技术和信息化工作。

这一时期，为便于规范管理全国检察信息化建设，最高人民检察院相继出台了一系列早期管理规范性文件，印发《最高人民检察院检察信息系统标准体系》《国家检察信息系统总体规划》《检察系统计算机应用软件开发管理规定》等，成立了编码工程组，牵头制定有关分类代码。为实现办公自动化目标，1992、1993年检察机关先后在山东青岛和江苏无锡举办了全国检察机关计算机专业知识培训班，全力提高检察机关全系统信息化技术力量。

这一阶段的检察机关信息化建设，重点围绕检察办公自动化进行探索，主要包括采购计算机设备、搭建局域网与应用OA办公自动化系统三部分。截至1999年，全国共有137家检察机关建立了局域网络，其中包括最高人民检察院、5个省级检察机关、33个地市检察机关、98个基层检察机关，四级检察机关均尝试探索建立符合自身办公办案需求的局域网络。这期间，检察技术局组织研发了分州市级检察信息系统和最高人民检察院机关管理信息系统等。经过 10 余年的发展，检察机关"数字检务 1.0"的雏形基本形成，信息化基础设施、通信网络、应用软件等均开始了早期探索并形成了应用性的成果。检察人员的办公办案方式也在潜移默化中开始发生转变。这一阶段，检察信息化从无到有，早期检察信息化的探索所积累的经验、制度、设备为后期检察机关信息化发展奠定了坚实基础。

第二阶段：检察机关"网络检务"阶段

"网络检务"是检察信息化 2.0 版本的简称。这一阶段时间界定从 2000 年至 2008 年，基本对应"十五"时期和"十一五"前期。主要任务是实现检察网络化，建设全国检察机关专线网、局域网，基本实现全国四级检察机关互联互通。主要工作重心是完成检察网络建设的"四大工程"和落实"五年计划"。

（一）"四大工程"

2000 年 1 月，《最高人民检察院关于在大中城市加快科技强检步伐的决定》中明确了 2000—2002 年的工作目标，要求大中城市检察院要紧密结合检察工作实际，以运用计算机为核心，加大现代科学技术在检察工作中的含量，提高办案水平和工作效率，初步实现办案现代化和办公自动化。在具体工作推进中，检察机关相继启动了 2001 年的一级专线网数字改造工程、2002 年的"213 工程"、2003 年的"151 工程"和 2004 年的"1521 工程"。

1. 2001 年一级专线网数字改造工程

2001 年检察机关一级专线网数字改造工程完成，最高人民检察院和 32 个省级检察机关（包含各省、自治区、直辖市人民检察院，新疆生产建设兵团人民检察院）建成了基于 512K 帧中继线路资源的检察一级专线网，实现了专线电话、视频会议和数据传输功能。

2. 2002 年"213 工程"

"2"即"200"，在全国 200 个大中城市完成检察专线网、计算机局域网的建设；"1"即"1 000"，在全国 1 000 个以上检察机关建成三级专线网络或局域网;"3"即"3万",超过3万名检察人员通过国家计算机等级一级考试。

3. 2003年"151工程"

"151工程"中的第一个"1"是指积极推动专线网建设,年内全国联入检察机关专线网的检察院,要在2002年完成"213工程"建设任务的基础上增加100个;"151工程"的"5"是指努力完成局域网建设,年内全国各级检察机关的局域网建设总数,要在2002年完成"213工程"建设任务的基础上增加500个;"151工程"最后一个"1"是指继续加强检察干警的计算机技术培训,年内全国各级检察机关通过国家计算机等级考试的人员数量要在2002年基础上增加1万名。

4. 2004年"1521工程"

2004年全国检察机关信息化工作会议决定,之后3年,全国检察机关信息化建设将重点抓好"一网五库两类应用和一个门户",简称为"1521工程"。"一网"是指加强基础网路建设;"五库"是指要建成检察机关的职务犯罪信息库、诉讼监督信息库、队伍管理信息库、电子学习数据库、综合信息数据库;"两类应用"是指检察专线网和计算机数据的应用;"一个门户"是指建设检察机关的互联网门户网站。

(二)"五年计划"

2004年下半年,《2003—2007年检察信息化建设与发展规划(纲要)》正式下发,明确了检察信息化建设的基本原则与指导思想,即"统一规划、分步实施;应用主导,务求实效;统一标准,资源共享;规范管理,保障安全;立足当前,适度前瞻"。同时明确了这五年检察信息化建设的主要任务是:建设检察信息基础设施;加强标准规范、安全保障体制建设和人员培训;围绕重点业务,开展网络应用。

落实"五年计划"中,检察信息化建设除了注重"从无到有"的联网数量要求外,更加注重"从慢到快"的网络质量要求,将最高人民检察院和省级检察机关之间信息传输专网的带宽由512K升级到2兆,实现了"三网合一""四级互通"等功能。在建设检察信息化基础设施的同时,检察信息化也得到快速发展。绝大多数省份的检察机关选用最高人民检察院评测的检察业务网络应用软件，在本省内实现了软件统一。

这一阶段，随着检察信息化基础设施建设的快速推进，检察信息工作规范化管理已成为迫切要求。结合建设工作的实践，检察信息化管理机制建设初具成效，形成了"领导抓、制度管、培训推"的工作模式。

领导抓，即加强检察信息化组织领导。最高人民检察院成立信息化领导小组，各省级检察院也成立相应领导机构，并把信息化工作当作"一把手"工程来抓。

制度管，即加强检察信息化管理规范。组织本系统内专家，将检察信息化工作相关的各类规章制度和规范进行梳理，编制了包括18个规范和14个制度在内的《检察机关信息化建设规范及工作制度汇编》。最高人民检察院先后印发《全国检察机关信息网络系统域名规范》《全国检察机关专线电话编号规则（试行）》《检察信息应用系统技术规范》《全国检察机关信息网络系统IP地域规范》《最高人民检察院机关通信、计算机网络管理规定》《全国检察机关一级专线网电视电话会议系统管理规定》等系列规范性文件。

培训推，即加强检察信息化教育培训。检察信息化教育培训形成了政工部门培训督导、全员共同参与、人人争学、人人会用、人人得益的良好局面。一方面，检察机关积极开展信息化技术人员的专业性培训，组织师资力量开设培训项目。另一方面，积极开展对全体检察人员信息化的适应性培训，提高检察人员的科技素质，切实提高工作效率和质量。另外，最高人民检察院加大对省级检察机关信息化人才的培养力度，建立了"全国检察机关信息技术人才库"，组建了由检察机关自身专业技术人才组成的"全国检察机关信息技术讲师队伍"，推动了检察系统技术培训工作。

经过近9年的共同奋斗，检察信息化进入了互联互通的"网络检务2.0"阶段。截止至2009年年末，全国91.1%的检察机关联入专线网，93.2%的检察机关建成计算机局域网，全国检察机关基本实现了硬件层面的相互连接。一条连接32个省、3500多个检察机关的检察信息高速公路已经初步形成，为检察干警在办公办案中节省了大量时间、成本，为下一阶段的统一应用系统的研发部署打造了坚实的网络基础平台。

第三阶段：检察机关"信息检务"阶段

"信息检务"是检察信息化3.0版本的简称，这一阶段时间界定从2009年至2014年。主要任务是实现检察信息化，依托电子检察工程，实现司法办案、检察办公、队伍管理、检务保障等领域的信息化全覆盖，形成检察机关网上办公办案新模式。主要工作重心是组织统一业务系统和案件信息公开系统等研发工作。有的专家也把这一阶段称为"应用检务"阶段，时间跨度界定为2009年到2017年初。

2006年，中共中央办公厅、国务院办公厅发布《2006—2020年国家信息化发展战略》，将推行电子政务列为九大战略重点之一，同步推进国民经济信息化、社会信息化，提高信息资源开发利用，要求到2020年实现我国电子政务应用和服务体系日臻完善，政府网络化公共服务能力显著增强。

2012年，国家发展改革委印发了《"十二五"国家政务信息化工程建设规划》，突出强调了"统筹协调、协同共享、创新发展、安全保障"的指导思想，要求到2015年，通过实施国家政务信息化工程，满足政务应用需要，提高政务信息的公开程度，形成统一国家电子政务网络，深化国家基础信息资源利用，完善国家网络与信息安全基础设施，推进国家重要信息系统建设。

根据国家信息化发展规划，最高人民检察院认真总结检察系统信息化建设的经验，结合检察业务需求，2009年，最高人民检察院检察长曹建明提出了检察信息化"坚持建用并举、更加突出应用"的发展方向，标志着"信息检务3.0"时代的开始。同时，提出了检察信息化"四统一"的指导原则，既：统一规划、统一标准、统一设计、统一实施。

2009年8月，最高人民检察院正式印发了《2009—2013年全国检察信息化发展规划纲要》，明确了这一时期检察信息化发展的总体目标，构建了"信息检务3.0"时代的发展蓝图，强调"大力加强检察信息化建设，全面推进信息化应用，到2013年建成以网络为基础、以需求为主导、以业务为主线、以应用为核心、以安全为保障、以信息资源为中心的检察信息化综合体系"，明确了四项主要任务：一是进一步加强和完善检察信息化基础网络平台建设，提高网络系统支撑能力；二是加快网络安全保密建设，提高抵御安全风险的水平；三是全力推进检察信息化应用；四是统一检察信息资源规划，加大信息资源开发力度，提高信息共享程度。

2010 年 7 月，最高人民检察院印发《全国检察机关信息化应用软件统一实施方案》，计划将 10 个业务条线的信息化应用软件分两批进入统一进程。

2012 年 8 月，最高人民检察院根据修改后刑事诉讼法、民事诉讼法的新要求和案件集中管理工作需要，决定集中研发适用于全国检察机关的统一业务系统，融合业务办理、管理、监督、统计、查询于一体，覆盖各项检察业务，在检察全系统实现互联互通。同时，最高人民检察院信息领导小组决定成立统一业务软件开发小组，采用全脱产、全封闭的方式集中攻关。2013 年 1 月，通过系统需求报告。2013 年 9 月，统一业务软件完成测试。2013 年 10 月，全国检察机关统一业务应用系统部署工作会议在山东省济南市召开，对统一业务应用系统进行全国部署。截止到 2014 年底，全国各级检察机关除绝密级案件外，各检察机关业务部门的案件受理、办理、文书制作、审批程序等办案环节都在系统内实现。

2014 年，最高人民检察院根据中央司法体制改革有关文件精神，全面推进检务公开，决定由检察技术信息研究中心会同软件研发单位启动案件信息公开系统开发工作，并于 2014 年上半年完成系统开发任务，下半年初开始安装部署、网络策略配置。该系统满足案件流程信息互联网查询、终结性法律文书网上公开、重大案件信息网上发布、辩护与代理网上预约申请等检务公开核心需求，在倒逼检察机关规范司法、提高司法公信力方面发挥了重要作用。

为充分发挥法律监督职能作用，服务经济社会科学发展，这一阶段，最高人民检察院一并部署了行贿犯罪档案查询系统。同时，高度重视与其他执法司法信息资源的对接，积极推进职务犯罪侦查与预防信息平台建设，融合建设和完善全国检察机关电子数据云平台，逐步扩大信息源单位数量和信息类别实现大数据在侦查办案和检察技术中的广泛应用。积极参与政法机关信息网络设施共建和信息资源共享平台建设，推动行政执法与刑事司法衔接平台、减刑假释暂予监外执行网上协同办案平台、社区矫正检察信息管理平台的建设，加强派驻检察室与监管场所信息联网、监控联网的建设和应用，初步实现执法司法信息资源共享和交换。

这一阶段，随着检察信息化的全面发展，检察工作机制建设也由点到面，从最初的工作制度向纵向、横向、信息技术、人力资源多维度转变。一是建立"纵向"信息化工作机制，落实全国一盘棋，推动检察信息化工作一体化建设；二是建立"横向"工作机制，加强协同配合，完善检察信息化工作管理协同机制；三是建立"信息技术"管理制度建设，完善全国检察机关信息化标准体系；四是加强"人力资源"培育和保障力度，畅通检察信息化技术队伍良性发展路径。

经过近7年的共同奋斗，检察信息进入了互联互通、全面应用的"信息检务3.0"阶段。截至2015年，全国99.52%的检察机关建成局域网并联入检察专线网，所有检察机关均接入统一业务应用系统，98.21%的检察机关建设了专网电子邮件系统，87.16%的检察机关建设有专网法律法规查询功能，83.58%的检察机关实现了网上办公和公文流转，68.21%的检察机关建设了审讯监控与指挥系统，67.80%的检察机关建设了行贿档案查询系统，54.48%的检察机关建设了队伍信息管理系统，38.61%的检察机关建设有装备资产管理信息系统。检察机关各条线的工作领域都实现了信息化覆盖，全国检察机关、全体检察干警实现了硬件—软件双重层面的相互连接，跨入网上办案阶段。

第四阶段：检察机关"智慧检务"阶段

"智慧检务"是检察信息化4.0版本的简称，这一阶段时间界定为2015年以后（依据"应用阶段"划分，有的专家界定为2017年初以后）。主要任务是深化检察智能化，打造新时代智慧检务生态。主要工作重心是贯彻"互联网+检察工作"理念，全面推进以"智慧检务"为重点的电子检务工程。目前仍处于这一阶段。

检察系统电子检务工作对比国家实施的"金盾""金税""金关""金安""金土""金保"等一批"金字工程"来说，起步较晚，一直没有纳入国家信息化发展规划，没有持续的经费来源，发展受到一定程度的制约。2005年，最高人民检察院着手电子检务申报工作，争取将检察机关信息化建设纳入国家电子政务规划，并在国家发展改革委立项。2006 年初次申报后，历经几次专家评审和修订，2013 年 8 月，国家发展改革委正式批复。至此，全国检察机关网络安全和信息化建设正式纳入国家电子政务的大盘子。

随着网络强国战略的提出与实施，2015 年，国务院印发《关于积极推进"互联网+"行动的指导意见》（以下简称《指导意见》），明确提出两步走的发展目标。到 2025 年，网络化、智能化、服务化、协同化的"互联网+"产业生态体系基本完善，"互联网+"新经济形态初步形成，"互联网+"成为经济创新发展的重要驱动力量。《指导意见》同时部署了"互联网+"创业创新、"互联网+"益民服务、"互联网+"电子商务等 11 项重点行动。其中，在"互联网+"益民服务行动中，明确指出要"加快互联网与政府公共服务体系的深度融合，构建面向公众的一体化在线公共服务体系"，鼓励政府和互联网企业合作建立信用信息共享平台，探索开展一批社会治理互联网应用试点，打通政府部门、企事业单位之间的数据壁垒，利用大数据分析手段，提升各级政府的社会治理能力。

2015 年 9 月，《国务院关于印发促进大数据发展行动纲要的通知》正式发布，要求将大数据作为提升政府治理的重要手段，通过高效采集、有效整合、深化应用政府数据和社会数据，提升政府决策和风险防范水平，提高社会治理的精准性和有效性。2017 年年底前形成跨部门数据资源共享共用格局，2018 年年底前建成国家政府数据统一开放平台。其中，与检察机关相关的包括打造精准治理、多方协作的社会治理新模式；加快法规制度建设；推动政府数据资源共享开放工程、国家大数据资源统筹发展工程、政府治理大数据工程等内容。

紧跟国家"互联网+"发展大势和智慧城市建设步伐，检察机关认真审视信息化建设工作。2015 年 7 月，最高人民检察院召开"互联网+检察工作"座谈会，曹建明检察长强调，各级检察机关要积极贯彻党中央关于"互联网+"的重要战略部署，努力探索构建"互联网+检察工作"的工作模式，与互联网主动融入、主动互动、相向而行，做好互联多时代检察工作的"+"法。同时，曹建明检察长提出了"智慧检务"概念，要求把全国检察机关的电子检务工程打造成"智慧检务工程"，要高度重视大数据在行政执法和刑事司法衔接、职务犯罪侦查、强化诉讼监督中的作用，探索研发"检察机关电子证据云平台和智慧侦查平台"，推动侦查指挥、远程取证、智能鉴定、行贿犯罪档案查询等检察业务流程再造，不断提高发现犯罪、惩治犯罪和法律监督的能力和水平。

2016年9月，最高人民检察院印发《"十三五"时期科技强检规划纲要》，明确提出依托大数据、人工智能等前沿科技，按照"智慧、融合、创新"的总体思路，通过全面规范的检察信息感知体系，安全高效的多网传输交换体系，数据驱动的智能知识服务体系，业务融合、需求主导的智能应用体系，健全完善的智能管理体系，逐步构建"感、传、知、用、管"五位一体的智慧检务应用体系，实现科技强检工作向"智慧检务"的跃升。

在智慧检务建设中重点突出六个平台建设，全面覆盖检察机关各个条线工作，即执法办案信息平台、检察办公信息平台、队伍管理信息平台、检务保障信息平台、检务决策支持平台、检务公开服务平台，并集中力量重点推进其中三个大平台建设。一是坚持以统一业务应用系统为基础和核心，完善司法办案信息平台；二是完善队伍教育管理信息平台，推动过硬检察队伍建设；三是完善检务公开和"一站式"办事服务信息平台，满足人民群众多样化司法需求。

与此同时，检察机关积极推动人工智能重点领域的试点应用，陆续启动"1101试点工程"，每项试点工作选定若干家具有代表性的省、市、县三级检察院，在最高人民检察院的统一指导下，探索"人工智能+检察工作"的融合模式。

"1101试点工程"中的第一个1是试点探索维汉等双语智能语音技术应用，发挥人工智能在维护少数民族地区法治建设中的作用。目前，已在维吾尔自治区人民检察院、乌鲁木齐市检察院、喀什分院等试点单位部署相关智能语音双语输入法、智能会议双语系统、讯（询）问笔录系统、维汉翻译App和手持翻译终端、双语教学培训平台等。下一步，将逐项进行难点攻关，同时逐步扩展至藏汉、蒙汉、英汉等双语智能系统。

"1101试点工程"中的10是试点推进检察机关首批10个领域检察机关人工智能工作。首批10个领域主要包括推进人工智能在"智慧侦监"

"智慧公诉""智慧执检""智慧未检""智慧民行""智慧控申""智慧案管""智慧会议""智慧培训""智慧支撑"的应用。

"1101试点工程"中的第三个1是试点建设开放式智慧检务联合创新中心，重点打造智能语音和人工智能联合创新实验室。与技术过硬、安全可靠的高新技术企业合作，建立人工智能、大数据、云计算等重点方向联合实验室，在特定技术方向进行战略合作。

适应新时代发展要求，电子检务应当同步增强"硬实力"与"软实力"，必须把信息技术发展规律和检察工作规律紧密结合起来，把握好顶层设计和突破创新、立足当前和着眼长远、整体推进和重点突破、加快进度和安全保密这四对关系，建立和完善电子检务工程责任落实、内部协作、支持保障、人才支撑等"四大体系"，不断提高电子检务工程的牵引力、向心力、推动力和支撑力，形成制度合力，以"严实"精神全力以赴推进电子检务工程建设。

2017年9月，最高人民检察院在苏州召开全国检察机关关于智慧检务工作会议。主要任务是建设智能辅助办案系统、升级统一业务应用系统，申报立项和实施智慧检务工程。这一会议被检察系统业界专家认定为智慧检务的正式起点。

2018年，最高人民检察院检察长张军在考察调研智慧检务时强调："关键是要形成强化、优化检务工作信息化建设的动力。知不足而后有方向，要努力做到后来居上，实现后发优势，抓紧拿出智慧检务顶层设计方案，考虑连接政法系统打通信息孤岛的运用方案"。随后，最高人民检察院制定《全国检察机关智慧检务行动指南（2018—2020年）》，要求智慧检务工作要坚持科学化、智能化、人性化原则，到2020年底，全面构建应用层、支撑层、数据层有机结合的新时代智慧检务生态，助力提升检察机关司法办案的法律效果、政治效果和社会效果。以办案为中心的智慧检务应用生态进一步完善，智能辅助办案系统更好应用于检察工作实战，跨部门大数据办案平台正式投入运行，各类检察应用全面整合升级；以安全可靠为基础的智慧检务支撑生态进一步强化，检察工作网全面建成，标准规范体系基本健全，自主安全可控程度大幅提升；以开放共享为导向的智慧检务数据生态进一步优化，国家检察大数据中心（分中心）全面建成，检务大数据资源库基本成型，检察机关内外部信息资源共享机制和数据资源管理机制初步建立。

《全国检察机关智慧检务行动指南（2018—2020年）》按照"创新、协调、绿色、开放、共享"的发展理念和"高起点规划、高水平建设、高共享发展"的政法智能化建设思路，紧密围绕服务检察办案和满足新时代人民群众新需求，从原则、任务、保障等方面为智慧检务规划了路线图和时间表，成为智慧检务建设新的行动指南。

未来，检察信息化经过长期探索实践，建设和运营模式势必发生新的改变，必将实现从独立建设、自成体系向融合综合、资源共享转变，从注重硬件装备、粗放离散模式向注重应用系统、集约整合模式转变，从基础建设、注重业务流程电子化向注重支撑履行检察职能的全面发展阶段转变，信息化成果也将由量变发生质变，彻底解构和改变传统检察工作模式，真正实现"互联网+检察工作"的智慧跨越式发展，更好地转化为能力的现代化，实现检察工作的创新发展，全面提升法律监督能力和体系现代化。

二、检察系统信息化建设痛点与难点分析

习近平总书记指出："要遵循司法规律，把深化司法体制改革和现代科技应用结合起来，不断完善和发展中国特色社会主义司法制度。"最高人民检察院张军检察长也强调："以办案为中心就是要求信息化技术工作要与办案融为一体、为办案服务""要继续打破信息孤岛，让办案插上科技的翅膀"。

近年来，根据最高人民检察院关于检察系统信息化建设的顶层设计，各级检察机关的智慧检务建设步入了快车道。12309检察服务中心平台、"三远一网"系统、电子卷宗系统、视频远程接访系统等一批网络系统和应用软件接连上线，有力地推动了检察工作的高效发展。尤其是智慧检务建设的展开，在检察系统信息化建设进程中发挥了巨大作用。一方面，有力支持了以

办案为中心的检察业务。尤其是在信息汇聚、数据交互、线索挖掘、智能辅助、规范流程、绩效考核等方面为"四大检察"提供了网络信息化的强力支撑。智慧检务与办案相互融合、相互促进顺应大势所趋和业务所求。另一方面，智慧检务回应了人民群众的期盼。新时代，人民群众对民主、法治、公平、正义、安全、环境等方面有更高的要求。智慧检务进一步规范办案过程、公开办案结果、还原事实真相、解决群众关切的新问题，让人民群众"看得到正义""感受到公正""体会到安全"。

然而，检察系统信息化建设在思想意识、技术支持、财力保障等方面也存在一些难点和痛点问题，信息化发展进入瓶颈期。如何创造性地解决新时代背景下智慧检务的建设运维模式是当前迫切需要关注的课题。

（一）观念滞后是检察系统信息化建设的思想阻力

对检察系统信息化建设的重要性认识不准、重视程度不够的情况依然存在，对检察系统信息化建设方向、路线还不够清晰。

从顶层设计层面分析。最高人民检察院先后对检察系统信息化建设下发了各类建设规划、指导意见、行动指南，对检察系统信息化的建设原则、建设目标、建设任务等从宏观角度对检察系统信息化的发展进行了前瞻性的顶层设计，为检察系统信息化的发展具有很强的指导意义。但在实操方面缺少具体的、操作性强的实现路径。在检察系统信息化建设实施过程中，严重出现"等""靠"思想，缺少创新性开展工作的理念和主动作为的思路，更缺少从建设模式、运营管理、技术创新等方面进行创新研究和突破的实践工作。"等"主要体现在等上级工作推动、等上级统一部署、等地方财政支持。"靠"主要体现在，软件部署上靠上级统一部署；技术应用上靠参照其他司法部门；运维保障上依靠地方公司，财政宽裕的依靠技术力量强的大企业，财政紧张的依靠小公司，发展很不平衡。

从思想认识层面分析。当前对检察系统信息化建设理论认识不深、理解不透，不重视检察系统信息化建设的情况时有发生。有的领导对检察系统信息化建设说起来重要、做起来次要、忙起来不要；有的认为可有可无，不是检察主业；有的政绩观有问题，不愿意做打基础、利长远的事，不愿投入人、财、物；有的认为多上几个网络系统和软件应用就代表了检察系统信息化；有的认为当前技术水平已经很好，已经满足了办案需求，没有真正意识到检察系统信息化建设对检察工作能动发展的几何级推动作用。在新时代，随着检察机关的转型发展，检察业务也应当与时俱进，充分借助信息网络等技术手段，开展、扩大"互联网+"应用，对检察工作进行全面、深刻的智慧化改造，提升办案水平和质效。加之信息技术依然在不停地进步之中，量子通信技术、人工智能、5G、大数据的开发应用等先进技术远远不够成熟，先进的信息技术与检察工作相结合、"互联网+检察工作"模式的宝藏还远远没有真正开发殆尽，检察系统信息化的路还很远、很长。

从基层应用层面分析。调研发现，在现实中一些检察工作人员受传统办案模式的影响，对新事物的接受能力不强，对检察系统信息化一些应用软件持有抵触情绪。尤其是年龄稍大的检察官办案经验丰富、业务精湛，他们对软件应用阶段的有效意见是检察系统信息化能不能高质量发展的前提，但是这部分人员对检察系统信息化建设的重要性和紧迫性重视不够，觉得自己操作起来不灵活，对检察系统信息化应用的积极性不高，制约了检察系统信息化发展的速度和质量。另一方面，在客观上有些软件因为在设计、编写等方面存在瑕疵，比如，统一业务系统经常会出现一系列问题，而且一些卷宗材料在纸面上完成后还要再录入电脑，这些繁杂的程序让他们没有真正感受到现代化的方式为他们带来的高效快捷，这些错误的观念成为检察系统信息化建设的思想阻力。有些检察机关虽然上线了"三远一网"、视频接访系统等基础硬件，但在系统投入运行后，存在着不愿意、不善于使用的情况，使得硬件的利用率不高，大部分时间成了摆设。

（二）专业技术人才缺乏是检察系统信息化建设的内在短板

指导、推动和支撑检察系统信息化的专业人才匮乏成为较为严重的问题。从新时代检察架构看，《人民检察院组织法》规定："人民检察院根据检察工作需要，可以设立检察技术人员，负责与检察工作有关的事项"。随着司法体制改革，检察人员实施分类管理改革和公务员制度改革，明确了技术人员的检察辅助定位和技术类公务员的特殊身份。这是保留检察系统技术人才的有力举措。

然而，检察系统信息化建设是一个长期宏大的工程，专业性、前瞻性、技术性要求高，仅凭检察系统的技术人才是远远不能实现的。实践过程中，从最高人民检察院到基层院，在检察系统信息化建设中基本采取与地方高科技公司合作、外包社会公司的形式组织实施。但是与互联网产品需要不断优化、不断提升用户体验一样，检察系统信息化项目也需要不断根据检察工作发展实际而不断优化、调整。任何一个网络系统的建设都需要有足够的专业人才监督系统搭建、系统运行状况、及时反馈系统故障和问题，这里面任何一个环节都离不开信息技术专门人才的参与。同时，在各种系统成功上线后，还需要有信息技术专业人才对操作使用的检察业务办案人员进行相应专业应用培训，并且及时解决使用过程中出现的故障、疑问，不断提高系统运行效率和决策效率，这样才能更好地提高系统利用率，从而达到提高办案质效的终极目的。另外，与地方企业合作可以有利推动检察系统信息化建设的同时，也渐渐滋生了一些错误思想，认为检察系统信息化可以花钱购买，没必要培养专业团队，更加弱化了本系统内的技术力量和技术支撑。调研中发现，有的基层检察机关在新应用项目建成后，由于缺乏专业信息技术人才，使得先进的系统得不到利用或者不能充分地发挥作用，这不能不说非常可惜。

以某省检察系统为例，2019 年全省共有检察技术人员 448 名，其中专职 340 人，兼职 108 人，这些还包含各种专职法医、文检和司法会计鉴定等专业人员，从事检察系统信息化建设的专业技术人员数量非常有限。很多基层检察院往往只有 1 名甚至没有专业人员，并且技术人员要面对全院干警的技术维护、会议保障，还要完成属于本科室的检察技术、检察信息及技术研究等工作，应接不暇的工作加之缺乏更深层次的专业技术学习培训进一步影响了检察系统信息化建设的进程。

（三）财力支持不够是基层检察系统信息化建设的现实难题

检察系统信息化建设是高技术、高投入、高效能的系统建设，检察业务相关的系统研发、软硬件的购置、后期的维护都需要大量资金，必须要有足够的建设保障经费。根据最高人民检察院关于信息化建设经费应由财政分级负担的原则，建设经费应当由各级地方政府财政专项划拨。然而地方财政或者专门人民检察院所依赖的经费划拨部门，因为财政困难、沟通不畅等多种原因，导致不能有效地支持和保障检察机关特别是基层检察机关的信息化建设，使得基层检察机关在检察系统信息化建设上显得有心乏力。

从调研看，受地区经济发展的制约，各地检察机关的检察系统信息化建设水平严重失衡，带有明显的地域特征，如何能用有限的资金创造最大的价值是制约部分基层院检察系统信息化建设的因素之一。自检察系统智慧检务建设全面铺开以来，为节省资金保证其他基础建设，多数基层院只完成上级硬性要求的项目，开发基层院特色项目受到制约。

第二章

泰山检察工作网
的探索与实践

随着科学技术的不断进步，检察机关智慧检务水平大大提高，同时，科技强检工作也面临着机遇和挑战。大数据、云计算、物联网、移动互联网新一代信息技术和电子数据、DNA、生物工程等科学的迅猛发展，成为经济社会发展的重要驱动力，深刻影响着人们的社会关系网络、交流沟通方式、信息获取途径、工作生产生活模式等各个方面，也为检察机关运用最新科技成果服务检察工作提供了更多方式。

尤其是随着司法制度的改革深化，按照"谁办案谁负责、谁决定谁负责"的原则，司法责任制改革进入"精装修"阶段。在司法责任制度背景下，以案件为中心的检察业务协同彰显了检察官专业化、职业化、精英化的业务要求。从以案件为中心的检察业务需求出发，结合全国检察机关统一业务系统部署应用，泰安市检察院依托泰山检察信息技术研究所，着眼员额检察官实际业务需求，采取集约化管理运营模式，前瞻性以政法大数据中心的发展布局设计，着力打破行业信息壁垒，破解移动办案难题，突出安全防护，开创性地建设了泰山检察工作网，大大促进了以案件为中心的检察业务协同，有力推动了检察机关信息化建设。

泰山检察工作网是遵循着"实现从独立建设、自成体系向融合综合、资源共享转变，从注重硬件装备、粗放离散模式向注重应用系统、集约整合模式转变"的原则，利用现代经济发展模式，基于检察系统现有的工作网络，采取"云桌面、云安全"技术，为检察官量身打造的一个方便快捷、统一规范、开放包容、算法先进、运维科学、可复制推广的检察业务工作网。

第一节　泰山检察工作网概述

泰山检察工作网由山东省泰安市检察院依托泰山检察信息技术研究所建设。

泰山检察信息技术研究所系山东省泰安市人民检察院专职研究检察业务和信息化融合的事业单位，是全国检察系统唯一一家具备独立法人资格、能够独立预算的研究机构，由泰安市财政局和泰安市检察院共同管理，以泰安市检察院管理为主。泰山检察信息研究所由资深检察官和技术人员组成，具有强大的实务经验和研发能力。一直以来，研究所秉承"激情、极致、创新"理念和新时代泰山"挑山工"精神，坚持以信息化为核心，以政法大数据立身，以服务"智慧检务"建设战略目标为己任，以建设科研开发、人才培养、规划设计和产业化于一体的专业化平台为发展定位，承担智慧检务理论、规划、应用研究，引进培养相关技术人员，着力整合最前沿科技，全力打造全国检察系统的"创新高地、信息化建设高地、创收高地"。

2015 年至 2021 年，泰山检察信息技术研究所先后参与了"职务犯罪智能评估、预防关键技术研究"、"改革背景下法律监督实体化相关技术研究"和"以案件为中心的检务协同关键技术综合应用示范课题研究"等多项国家课题研究，在业界引起重大反响。研究所研发的"职务犯罪侦查智能平台"、"数据加工管理平台"、"检察官业绩考评系统"等多项信息化建设成果受到最高人民检察院肯定。2020 年，泰山检察信息技术研究所牵头，在泰安市启动泰山政法大数据产业园项目，成为泰安市乃至山东省新旧动能转换的新名片。

泰山检察信息技术研究所通过对新时代检察业务进行深入细致调研，全过程跟踪各类、各条线的基层检察官日常办案全过程，广泛听取一线检

察官意见建议，搜集汇总了大量日常检察业务需求，为研发工作解决了
"到底要建什么"的问题，为开发泰山检察工作网奠定了坚实基础。在实
践过程中，建设团队始终坚持问题导向和科技引领，坚持贯彻集约化管理
理念和持续发展的原则，积极整合当前先进的信息化技术手段，为检察官
打造成一个全面覆盖、方便好用、安全可靠的检察业务工作网。

一、检察工作网建设历程

检察工作网是检察机关为适应非涉密应用数据交换和共享需要而建设
的内部专用工作网络。

全国检察机关网络经过多年建设，根据各部门的数据交换需求，基本
形成了"检察内网、检察工作网、互联网"的三网格局，其中，检察内网
为涉密网。检察工作网和检察内网均为内部网络，采用"三级+分支"的
网络结构，最高人民检察院统一制定全国网络和主要应用的规划、设计，
统一制定 IP 地址规划域名规范等标准规范，组织实施一级骨干网建设。检
察内网一级网带宽为中国电信、中国联通双线各 100M，其中数据网为双线
各 80M，视频网为双线各 20M。检察工作网为中国电信 10M。数据网、视
频网、检察工作网带宽可根据检察业务应用发展需要进行动态调整。

检察工作网的建设始于 2014 年。当时，最高人民检察院为进一步加强
侦查信息化工作，指导各地推进侦查信息平台建设，印发了《关于做好全
国检察机关侦查信息网络建设工作的通知》（高检技［2014］77 号），明
确要求各地开展检察工作网建设，研发部署职务犯罪侦查信息平台。

2016 年 9 月，最高人民检察院印发《"十三五"时期科技强检规划纲
要》（高检发技字［2016］5 号），提出加快检察工作网建设，明确检察工
作网承担非涉密应用业务，与政法机关等部门进行数据共享。

2018 年初，中央政法工作会议要求加快推进政法网建设，在年底前实
现政法各部门设施联通、网络畅通、平台贯通、数据融通。2018 年 5 月，
中央政法委在苏州召开跨部门大数据办案平台（政法网）建设座谈会，提
出了进一步的工作要求。最高人民检察院高度重视中央政法委的工作部署

和要求，决定加快检察工作网建设步伐，先后印发系列文件，对检察工作网建设做出顶层设计和总体规划。

2020年，根据最高人民检察院部署要求，全国检察机关统一业务应用系统2.0将在全国四级检察机关全部部署应用，系统将部署在检察工作网，所有非涉密案件全部通过统一软件2.0系统进行办理，进一步推动了检察工作网建设。目前，检察工作网一级网已全部建成，最高人民检察院和32个省级院全部实现工作网的互联互通。

为全面落实最高人民检察院部署要求，适应司法责任制改革形势，泰安市人民检察院依托泰山检察信息技术研究所基于等保2.0建立网络信息系统，利用5G、云计算等前沿技术，建设泰安市集中统一的泰山检察工作网数据云中心，并研发配备云桌面终端和移动办案终端，为启动以全国检察机关统一业务应用系统2.0、开展以案件为中心的检察业务提供强有力的基础支持。泰山检察工作网在建设中，积极响应国家国产化替代的方针策略，坚持以"知识产权自主可控、能力自主可控、发展自主可控"和满足"国产"资质的原则，强力推进项目中设备自主可控，采用安全可信的核心基础软硬件，解决受制于人的问题，切实提高检察工作网建设项目的整体安全防护水平。

二、泰山检察工作网的命名

一是以泰山命名工作网体现泰山地域特点。泰山，又名岱山、岱宗、岱岳、东岳、泰岳，为五岳之首，位于山东省中部，绵亘于泰安、济南、淄博三市之间，主峰位于泰安市，是第一批国家级风景名胜区、世界文化与自然双重遗产和国家AAAAA级旅游景区。泰山是山东省"一山一水一圣人"旅游文化的重要组成部分，更是泰安市最著名、最亮丽的名片。以"泰山"命名新的检察工作网，代表着这一新的建设模式发端于泰安、起始于泰安，凸显了泰安检察机关的努力和创新，也代表着泰安检察人的成绩和荣耀。

二是以泰山命名工作网体现泰山标志属性。"中华泰山，国泰民安"、

"泰山安，四海皆安"。泰山代表着稳重，万古不老，稳坐东方；泰山代表着气势，雄伟壮丽，五岳独尊；泰山代表着平安，安国安邦，倾其所有；泰山代表着担当，勇于承担，敢为天下先；泰山代表着和谐，雄而不斥，和而不同。从古至今，中华民族对泰山赋予了太多寓意和象征。用"泰山"命名工作网，体现着"稳如泰山"的美好寓意和"重于泰山"的责任担当，更能凸显检察工作在实现中华民族伟大复兴进程中"定海神针"和"压舱石"的重要作用。

三是以泰山命名工作网体现广泛应用特征。泰山崛起于华北平原之东，凌驾于齐鲁平原之上，东临烟波浩渺的大海，西靠源远流长的黄河。泰山不仅仅是山东省和泰安市的地域符合，更是中华民族的象征，是东方文化的缩影，是"天人合一"思想的寄托之地，是中华民族精神的家园。"泰山"这一词汇更多地体现了广泛的文化符号，具有对特定事物的广泛代表性。随着检察工作新模式的推广普及，用"泰山"命名可有效区别于其他信息手段，实现全国名称的统一。

三、泰山检察工作网与智慧检务的关系

智慧检务是对检察系统信息化建设以及电子检务工程的简称和泛指。主要是依托大数据、云计算、移动互联网、人工智能等信息技术，提高检察机关的办公、办案、服务、决策的智能化水平，内部服务检察干警办案办公，外部服务人民群众，促进司法为民、司法便民、维护司法公正、提升司法能力、规范司法行为、深化司法公开、强化法律监督、提升司法公信力，推进检察工作现代化的一种全新检务运营模式。智慧检务是检察信息化建设发展到更高阶段的必然产物，是大数据时代电子检务发展的新方向，代表着电子检务未来的发展方向。

在2021年召开的第十次全国检察工作会议上，最高人民检察院检察长张军提出，务实推动检察工作高质量发展，要把科技强检作为重要支撑。适应新形势发展要求，实施科技强检，打造智慧检务，是检察机关创新办案方式，提升履职能力，推动检察工作创新发展，更好服务国家治理体系

和治理能力现代化的应有之义。为适应以办案为中心的检察业务需要，智慧检务建设不仅要有更高目标引领、助推检察工作高质量发展，更需要遵循科学化、智能化、人性化原则，更加贴近基层检察办案的有力抓手来实现。

泰山检察工作网是智慧检务重要组成部分。它是一线检察官开展以案件为中心的检察业务的日常工具和手段，检察官办案全过程都依托泰山检察工作网开展。同时，它也是让智慧检务成果服务检察官、服务检察业务具有标志性的示范项目，能够让一线检察人员得到切切实实的获得感，享受到先进技术带给检察业务的福利和美好体验。

四、泰山检察工作网与检察机关内网（分保网）的关系

全国检察机关内网（分保网）建设于 2000 年开始启动，2008 年已建设成为覆盖全国四级检察院的广域网。2009 年国家保密局等部门发布有关文件，要求各地区各部门开展网络系统定密工作，推进涉密信息系统分级保护工作。检察机关办公、办案等部分业务涉及国家秘密，检察专线网承载的相应系统具有涉密性，依据定密规则等规定检察专线网定密为机密级，据此开展分级保护建设工作。2015 年随着统一业务应用系统在全国部署上线，检察机关形成了较为完备的检察涉密网。

截至 2019 年，全国共有 3 561 个检察院接入检察内网，包括最高人民检察院、32 个省级院、386 个地市院和 3 142 个县区级院。全国检察机关驻监狱检察室、驻看守所检察室共 2 833 个节点开通检察内网。检察机关内网一般采用分层结构，核心层一般由若干台核心交换机构成，确保形成硬件的冗余，消除单点故障。核心层下联接入层交换机。安全体系建设与网络体系建设同步开展、同步实施。检察内网通过国家电子政务内网对接其他政府部门等，实现涉密信息的互联互通。

泰山检察工作网未建设之前，检察业务内网承载了大多数的检察信息化系统，如检察办案、办公、队伍管理、检务保障、检察决策支持等，是检察机关承载业务最多、使用最频繁、覆盖面最广的一张网。随着司法制

度的改革深化以及治国能力现代化的要求，检察业务内网在组织司法办案、司法公开等方面暴露出一些问题，比如政法部门之间信息壁垒的问题、无法移动办案办公的问题、信息公开难的问题，严重影响了检察业务的正常开展和司法公开、公正的水平。显然，这些无法适应新时代依法治国、数据治国的要求。

2018 年，最高人民检察院下发《全国检察机关智慧检务行动指南（2018—2020 年）》，要求要坚持智能化原则，加快推进检察机关智能化建设，促进云计算、大数据、人工智能、物联网、区块链、虚拟现实等新兴科技与检察工作的深度融合。牢固树立前瞻性设计理念，加大信息系统开放共享力度。推进检察机关数据资源体系建设，加强与公安、法院、司法行政等其他部门的互联互通和数据共享。

泰山检察工作网是顺应时代发展趋势，解决检察业务办案需求，适应非涉密应用数据交换和共享需要而建设的内部专用工作网络，也是全面融入政法网络互联互通新格局的"敲门砖"。泰山检察工作网采取信息安全等级保护模式，对各类检察数据信息和储存、传输、处理这些检察数据信息的信息系统分等级实行安全保护，对系统中使用的信息安全产品实行按等级管理，对信息系统中发生的信息安全事件分等级响应、处置。按照内部检察数据信息、政法其他部门数据信息、需公开信息、互联网信息等，将等级保护由低到高区分 5 个级别：一级（自主保护级）、二级（指导保护级）、三级（监督保护级）、四级（强制保护级）、五级（专控保护级），妥善划定替代和改迁的应用范围、数据边界，最小化涉密内容，最大化信息共享和移动办公，同时保证敏感数据不外泄。

泰山检察工作网建成之后，将检察业务内网（分保网）中非涉密应用和各类数据相继完成"改造迁"等工作，同步完成检察系统涉密领域自主国产化替代。泰山检察工作网将替代检察业务内网（分保网）承载大多数的检察信息化系统，成为检察官长期倚重、使用最频繁的网络运行载体。

五、泰山检察工作网与检察互联网的关系

检察互联网是全国检察机关利用通信运营商的互联网基础设施分别接入和使用互联网，现已基本覆盖各级院，主要为检务公开服务平台和各类事务性移动应用，为检务公开和为民服务搭建高效平台。检务公开和服务平台主要有人民检察院案件信息公开网、12309检察服务中心平台、检察门户网站及检务公开子系统、民生检察服务热线、网络舆情监测系统等。移动应用主要是两微一端、新媒体矩阵，随着各类移动应用的深化部署，多地已初步建立公众号集群、智慧后勤、机关党建、教育培训以及移动安全传输等系统。

泰山检察工作网以云桌面部署方式，实现内网和互联网"两网合一"终端显示，节省硬件配置，简洁办公方式，为开展检察业务提供了更加快捷、方便、实用的办公模式。

六、泰山检察工作网与其他政法部门网络的关系

在"互联网＋"的时代背景下，检察业务与其他政法部门进一步深化应用对接、深化资源共享的诉求越来越强烈。一直以来，检察业务网的涉密属性是一道难以忽视、难以逾越的高墙。中央政法委郭声琨书记强调，要坚持把智能化建设作为重要支撑，提高政法工作现代化水平。新一届高检院党组明确提出"讲政治、顾大局、谋发展、重自强"的新时代检察工作要求，张军检察长强调要把司法改革和现代科技应用深度结合，"关键是要形成强化、优化检务工作信息化建设的动力。知不足而后有方向，要努力做到后来居上，实现后发优势，抓紧拿出智慧检务顶层设计方案，考虑连接政法系统打通信息孤岛的运用方案"，为做好检察信息化工作和泰山检察工作网建设指明了发展方向，明确了工作重点。

泰山检察工作网秉承时代发展和政法工作要求应运而生。工作网的建成，与政法、公安、检察、法院、司法等政法其他单位网络进行数据接口

对接，统筹研发运用各种智能辅助办案系统，积极参与和推进跨部门大数据办案平台建设，充分体现了"高起点规划、高水平建设、高共享发展"的政法智能化建设思路，渠道更畅通、资源更丰富，与政法部门之间不断深化共享互通，为政法网络互通、社会公共资源实时共享提供了一条通途，打通了原先的数据壁垒和技术桎梏，有力推动了新时代智慧检务再上新层次，提升检察机关法律监督能力，为新时代检察工作创新发展提供有力支撑和强大动力。

第二节 泰山检察工作网主要特点、建设思维及任务

一、泰山检察工作网的特点

泰山检察工作网是一线检察官日常办案、办公最常用的工具和手段。可用四个关键词概括其特点。

第一个关键词：云部署。以往的办公室设置通常按照传统的 PC（personal computer）模式布局，三台显示屏、三台电脑主机和三个鼠标键盘成为检察官办公室的标配。各类应用软件需要安装在检察官个人的办公电脑内，随着各类应用程序的增多、数据的累积，对个人计算机的配置提出了更高要求。加之，电脑本身的故障率、损坏率客观存在。总之，存在投入成本高、安全隐患大、桌面终端管理繁杂、运维工作量大等问题，对检察官开展业务带来诸多不便。泰山检察工作网改变传统 PC 模式布局，以"云桌面、云存储"模式，采取单网卡云桌面解决方案部署，检察官办公室只需配置一台显示屏和一个鼠标键盘，就能全流程开展业务。

第二个关键词：便捷灵活。泰山检察工作网区分 PC 端、笔记本端、平板端和手机端 4 种办案终端和智能文印室终端，随时对接智能机器人等

各类定制辅助终端。PC 端和笔记本端主要应用于室内办案办公场景，平板端和手机端主要应用于乘坐交通工具、出差入住宾馆及无有线网络的工作场景，确保检察官随时随地开展移动办公。在云桌面显示上，泰山检察工作网结合检察业务实际，优化终端桌面显示，独创了"检察官办公室、行政助理、数据立方、队伍管理、图书资料馆、实战法学院、个人云空间、互联网、软件超市"九大模块，为检察官量身打造一个专门的业务平台，检察官开机即进入办案办公桌面，实现了云办案、云办公、云学习，检察官办案体验达到"开机登录、一键实现"的效果。

第三个关键词：自主可控。自主可控是保障网络安全、信息安全和数据安全的前提。在泰山检察工作网建设过程中，泰山检察信息技术研究所与国内最大的国有 IT 中央企业中国电子集团（CEC）合作进行建设研发。中国电子集团是中国最大的国有综合性 IT 企业集团，拥有中国电子、长城计算机等 4 个国家级企业技术中心，6 个国家工程研究中心，同时拥有完整的集成电路产业链，已形成了从设计工具软件开发、芯片设计和加工、产品封装与测试、系统集成到产业化应用的产业发展格局，具备国内位居前列的芯片设计和制造能力，集成电路（IC）设计和生产工艺水平居国内领先水平。泰山检察工作网基本实现了信息系统从硬件到软件的自主研发、生产、升级、维护的全程可控，核心技术、关键零部件、各类软件基本实现国产化，实现自己开发、自己制造，不受制于人。

第四个关键词：安全可靠。保障网络安全也就是保障国家主权。尤其是检察工作网存储、处理的是各类政法数据，具有很强的政治性，安全方面尤其重要。合作企业中国电子集团是中国电子信息安全业务的核心企业之一，一方面检察工作网采取以国产化软硬件等支撑整个项目的研发上线运行，从软硬件底层和数据方面保障项目运行安全。另一方面，由中国电子集团组成专门技术力量组织技术攻关，积极对接保密部门，同步开展安全保障体系等基础设施建设，合理圈定数据范围、厘清数据边界、做好数据防护、开展网络安全应急演练，切实提升了网络安全防护保障能力。

泰山检察信息技术研究所依托全国最大的中国电子集团优势资源，采取央企投资建设、专业技术团队运维保障、检察系统购买服务的方式建设泰山检察工作网，着力打破行业信息壁垒，破解移动办案难题，突出安全防护，为检察官量身打造一个方便快捷、统一规范、开放包容、算法先进、运维科学、可复制推广的检察业务工作网，实现了云部署、全信创、移动办案"三个第一"。

二、泰山检察工作网建设思维

《中共中央关于制定国民经济和社会发展第十四个五年规划和二〇三五年远景目标的建议》中强调：发展是解决我国一切问题的基础和关键，发展必须坚持新发展理念；要加强数字社会、数字政府建设，提升公共服务、社会治理等数字化智能化水平。扩大基础公共信息数据有序开放，建设国家数据统一共享开放平台；要在质量效益明显提升的基础上实现经济持续健康发展，创新能力显著提升，产业基础高级化、产业链现代化水平明显提高。

当前，中国处于近代以来最好的发展时期，世界处于百年未有之大变局。检察系统信息化建设面临重要战略机遇期，泰山检察工作网建设模式，有利于检察系统集中精力于专职业务，有利于节约资金避免浪费，有利于整合先进人才队伍和先进技术，有利于开发市场潜力促进国民经济发展，有利于支撑国家大数据战略一体化体系建设，指导性、实践性、操作性强，必将为检察机关信息化建设带来飞跃式发展。

在泰山检察工作网建设实践中，紧紧把握时代需求和发展走向，前瞻设计、高点定位，坚决贯彻落实《全国检察机关智慧检务行动指南》（2018—2020 年）"科学化、智能化、人性化"的原则要求，始终坚持政治思维、系统思维、整体思维、创新思维，不断拓展智慧检务发展空间。

一是坚持政治思维。党的十九大制定了决胜全面建成小康社会、夺取新时代中国特色社会主义伟大胜利的宏伟蓝图，对加强共建共治共享社会治理格局建设做出全面部署。十九届五中全会提出了国民经济和社会发展第十四个五年规划，我国社会主义进入新发展阶段。党中央、国务院先后出台加强信息化建设、实施大数据战略的意见和决议，最高人民检察院也出台了检察大数据指南等一系列关于加强智慧检务建设的意见。检察机关作为国家法律监督机关、司法机关，肩负着保障法律统一正确实施的重要职责，是全面依法治国不可或缺的重要力量。

信息化建设对于检察工作更具有其时代和特殊价值，其战略性和基础性地位更加突出。随着检察机关司法改革和信息化探索进入攻坚期，智慧检务发展面临着制度限制、技术不足、人才缺失等各类难题。应以习近平新时代中国特色社会主义思想为指导，深入贯彻党的十九大五中全会精神，积极落实依法治国理念，坚持大视野、大格局、大作为，科学规划、前瞻设计，自觉融入国家发展战略体系，积极探索检察系统信息化建设新路子，充分应用大数据等现代科学技术手段，服务检察核心工作，进一步规范司法行为，提高司法办案质效，提升司法公信力，推动检察工作在改革中发展、在探索中加强、在创新中前进，谱写新发展阶段检察事业新篇章。

二是坚持整体思维。泰山检察网建设模式，充分适应智慧检务建设需要，立足构建全国一体化大数据中心协同创新体系建设的整体高度，是深化数据要素配置、主动拥抱数字改革、打造智慧法治平台，实现政法工作数字化转型发展的实际举措。

一方面，检察机关应当始终坚持在党委的坚强领导下，充分树牢全局观念和战略思维，全面落实习近平总书记关于建设全国一体化大数据中心的重要讲话精神，以加强建设数据强国为目标，强化数据中心、数据资源的顶层统筹，抓住机遇，主动作为，加快培育智慧检务新的建设和发展模式，创新性引领数字治国新业态。另一方面，检察机关要充分践行双赢多赢共赢的理念，建立完善检务大数据资源库的同时，加强与公安、法院、司法等相关政法部门沟通协调，充分利用和有效调动政法各部门在整个建设中的职能作用，打通部门与部门之间的信息壁垒，汇集各类政法数据，实现信息资源的互通共享，形成政法大数据一体化，逐步向政法行业数据大脑升级，助力国家治理体系和治理能力现代化。

三是坚持系统思维。顶层设计是实现检察机关信息化建设跨越式发展的关键。泰山检察工作网模式设计，立足满足信息化在检察机关的长远需要，坚持系统思维，前瞻性对建设内容、建设方式、运营移交等进行统筹规划，做到融合资源、系统部署、协同推进、产业优化。

一方面，坚持检察系统的主导地位，确保智慧检务在检察系统纵向贯通，助推检察机关向集约化、现代化发展，实现检察机关由人力密集型向知识密集型、技术密集型转变，由粗放管理向科学化、精细化管理转变，全面激活检察队伍活力，全面提升检察机关工作效能。另一方面，联合大型国企建设可以充分利用先进技术团队，前瞻规划设计智慧检务各个体系，充分利用大数据、云计算、物联网、移动互联网等新兴技术与检察业务、检察办公、队伍管理、检务保障等高度融合，最大限度发挥信息资源优势。再一方面，智慧检务建设不是一成不变的，需要各类硬件、软件支撑，并随着新技术突破不断完善。形成自主可控的新产业生态，可以从宏观设计上着眼加大自主国产化力度，立足新技术的研发、转化、迭代、集成和生产经营，为研发、生产等一体化建设打造平台，形成一条自主创新、自主可控、内部循环、辐射周边的产业生态链，切实提供产业和技术支撑。

四是坚持创新思维。进入新时代，深化改革才能激发新发展活力，科技创新才能催生新发展动能。在泰山检察工作网建设中，检察机关深入落实创新驱动发展战略，科学判断经济社会发展新形势，准确把握科技发展新趋势，着眼检察事业长远发展，着眼解决检察工作中的难点问题，求真务实、开拓创新、充分依托现代科技，积极探索实践云计算、大数据、人工智能、量子通信等新技术在检察工作中的应用，以科技创新驱动检察工作创新发展。

坚持开放式创新思维，不能简单理解为检察机关的创新主体只是检察机关，所有参与检察机关的科学研究、技术、发明、创新、推广、应用的主体都应属于检察系统创新主体，包括企业、高校、科研机构、政府、个人，等等。《国务院办公厅关于强化企业技术创新主体地位全面提升企业创新能力的意见》指出，要形成以企业为主体、市场为导向、产学研相结合的技术创新体系，检察机关应该明确战略合作企业，在检察技术信息化建设、课题攻关、项目研发中共同合作，充分发挥其技术优势，互利共赢，打造检察科学技术创新生态新体系，为在新发展阶段充分履行检察系统职能使命贡献新智慧、提供新手段。

三、泰山检察工作网建设任务

（一）通用任务

《关于加快推进全国检察机关工作网建设的通知》（高检发技字〔2018〕13号）中对检察工作网2018年及今后一个时期的主要建设任务进行了明确，主要有以下八个方面：

1. 建成全覆盖的检察工作网。加快推进全国四级检察机关检察工作网建设。

2. 完成分支网建设。

3. 完成局域网建设。要加快推进并完成本地局域网建设，根据业务需要配备终端设备，全面满足司法办案需求。

4. 完善基础设施建设。按照信息安全等级保护三级要求，同步完成检察工作网网络安全、边界防护、访问控制以及身份认证基础设施等网络安全防护体系建设，及时开展等级保护测评工作。

5. 完成IP地址规范工作。各省级院要按照《全国检察机关信息网络系统域名管理规范》（高检信办〔2014〕2号）有关要求，于2018年年底前完成检察工作网IP地址规范设置和迁移工作。

6. 完成域名解析工作。各省级院要按照《全国检察机关信息网络系统域名管理规范》（高检信办〔2018〕3号）有关要求，进一步规范检察工作网域名管理。

7. 实现与政法网的联通。各省级院要按照地方政法委的部署安排，主动联系，完成检察工作网在省级层面与政法网的互联互通。

8. 积极开展业务应用。各省级院要做好统筹规划，统一安排部署，积极推进检察工作网应用系统建设，逐步将目前在涉密网运行的非涉密应用迁移或改造部署到检察工作网，不断拓展检察工作网应用系统。同时，各省级院要及早谋划检察工作网基础运行软硬件环境，为下步统一业务应用系统等在工作网适时部署做好准备。

（二）拓展任务

紧紧围绕以案件为中心的检察业务，泰山检察工作网主要完成五项拓展任务：

一是全面落实全国检察机关统一业务应用系统 2.0 部署。将非涉密办案业务从涉密网内迁出，实现分保数据和等保数据分离，进一步适应以案件为中心的检察业务需要。

二是实现检察工作网软、硬件国产化的自主可控。以开展信息技术应用创新产业（简称"信创"）为核心，实现检察工作网 IT 基础设置、基础软件、应用软件、信息安全等国产化。

三是做好检察业务手段智能化大集成。综合吸收服务于检察业务的各类厂家，集成全面覆盖所有检察业务、全方位服务整个检察机关的各类软件产品，统一进行调研、适配和试运行，为检察机关提供全方位、一体化服务。

四是打造一套检察工作网全新的建设运维模式。探索出以央企为底座进行建设、以检察系统购买服务为基础的建设运维新模式，把泰山检察工作网做成先进实用、功能完备、建设运营科学的示范网。

五是实现整个检察数据的全网共享。对检察业务全过程、全链条实施全面覆盖和全方位抓取，形成海量数据池，建立安全边界，安全管理各类检察数据，实现检察数据的全网共享，保证后续开发应用。

第三节　泰山检察工作网建设运维新模式

信息化建设是一项技术要求高、迭代升级快、财力消耗大的工程。智慧检务是现代科技与检察工作的融合，智慧检务建设想要高质量良性发展，必须顺应信息化发展的时代潮流。传统的需求、研发、购买，再需求、再研发、再购买的信息化建设模式，必将是昙花一现、过眼云烟，最终将受制于人，受制于研发企业。在以往检察系统信息化建设中，往往采取检察系统投资并提出需求、由地方科技公司组织研发建设的模式。这种模式一方面解决了检察系统技术力量薄弱的问题，大大加快了检察系统信息化建设进程。但同时，随着司法制度改革引起的检察系统一些任务变化，加之限于地方科技公司技术力量水平差异、需求调研是否详尽详细、财力支持是否充足到位等原因，这种建设模式也带来各种问题，诸如更新迭代升级慢、运维保障不力、检察官使用体验不好、重复投资等各种情况层出不穷，极易造成重复建设和资金浪费，甚至形成投资——使用效果差——继续投资的恶性循环，成为制约检察系统信息化建设进程的藩篱，必须着眼时代变化和检察系统实际需求，积极探索开辟"检察机关主导＋市场化运行"发展新路径，着力解决智慧检务建设痛点难点问题。

在《中共中央关于制定国民经济和社会发展第十四个五年规划和二〇三五年远景目标的建议》中强调：坚定不移推进改革，坚定不移扩大开放，加强国家治理体系和治理能力现代化建设，破除制约高质量发展、高品质生活的体制机制障碍，强化有利于提高资源配置效率、有利于调动全社会积极性的重大改革开放举措，持续增强发展动力和活力。这一"十四五"时期经济社会发展必须遵循的原则为泰山检察工作信息化建设打破原有建设模式提供了方向和思路。

一、建设运维新模式

传统的自建模式投入大、更新升级缓慢，已不能适应检察信息化快速发展的要求，需要寻求新的路径和建设模式。泰山检察工作网采用"检察机关主导＋社会投资＋购买服务"的建设模式，按照政府引导、以核心企业为主体开展市场化运作，依托央企投资建设、专业技术团队运维保障、检察系统购买服务的方式实施。在检察系统的大力支持下，引入全国最大的国有IT中央企业中国电子集团优势技术、资金等资源和行业影响力，募集广泛的社会资本，由检察系统背书，负责工作网的建设、运营及服务。检察系统采购服务，向核心企业支付运行维护费，授予核心企业利用系统形成的数据产权与相关共享信息数据开展增值服务的专营权，以弥补运维不足和投资回收。检察系统只需每年支出少量服务费，就可享受所有满足检察信息化要求的各种服务。这种建设运营模式打破了需求—研发—购买、再需求—再研发—再购买的传统信息化建设模式，探索出一条"平台+建设+服务+共享"的新路子。

以泰山检察工作网建设运维模式为起点，泰山检察信息技术研究所立足发挥大数据在推进国家治理现代化进程的重要战略作用，积极整合政法系统大数据资源，全力推动建设政法大数据产业园，主动纳入全国一体化大数据中心协同创新体系，对于强化数据中心、数据资源的顶层统筹和要素流通，加快培育新业态新模式，引领数字经济高质量发展，推动新旧动态转换，助力国家治理体系和治理能力现代化具有十分重要的现实意义。

二、建设运维新模式需把握的几个问题

采取新的建设运维模式，在泰山检察工作网建设实践中，需要重点把握以下四点：

一是重点突出检察系统主导地位。检察工作网的起始和发展，决定了必然以检察系统为主导，决定检察系统必须拥有其完全所有权。检察工作网是智慧检务重要的组成部分，是检察系统一项全局性、战略性、基础性工程，其发端于信息技术，核心是以案件为中心检察业务协同中的大数据应用，实现以机器换人力，以智能增效能，打造新型检察工作方式和管理方式。检察工作网是检察业务与先进技术相融合的必然产物，其使用管理者是检察机关的一线检察官，内容范围围绕检察业务，发展要求必须适应检察业务需要，从本质上决定了必须以检察机关为主导。其次，大数据的特点决定了检察工作网必须以检察系统为主导。数据是国家基础战略性资源和重要生产要素，数据管理已经成为核心竞争力。然而大数据"大量、

高速、多样、价值"的四大特点，决定了数据管理的重要性和难度。泰山检察工作网所提取的数据主要是以案件为中心的检察官办案全过程，政治性强、信息量大、覆盖面广、关注度高、社会影响大，既有个人隐私，又涉及国家安全，既有公开部分，又有保密内容，一旦滥用、乱用，极易造成泄密问题发生，势必危害国家安全。只有以检察系统为主导，明确划定区分界限，科学界定开放、内部、保密等内容，采取有效手段，才能确保安全。

二是科学定位国企（央企）投资建设的地位。国企（央企）作为政府弥补市场失灵的重要工具，是国民经济发展中坚力量，发挥着不可替代的宏观调控作用，大型国有企业更是我国国民经济的中流砥柱，是我国支柱产业的重要支撑。一方面，国有企业要执行国家计划经济政策，担负国家经济管理的职能，对于重要行业和产品，明知在一定时期内不能营利，也要或者说更需要国企投资。泰山检察工作网以及以其为牵引的政法大数据产业园建设是紧紧围绕国家重大战略布局，加快构建全国一体化大数据中心协同创新体系的重要部分，这是贯彻落实党中央、国务院决策部署的具体举措，对于深化部门协同、区域协同，全面支撑检察系统数字化升级具有重要意义，契合国有企业作用，符合国有企业投资取向和价值取向。另一方面，国有企业是国家对其资本拥有所有权或控制权，体现国家意志，政治性强，管理规范严格，对于数据安全、网络安全等方面是一个可靠保证。再一方面，泰山检察工作网以及后续的数据中心建设难点在于大量投资，国企有能力担负建设，而私企存在融资风险，资金链一旦断裂，势必造成建设中断。另外，适应自主国产化要求，必然是以国有企业为主力军谋求发展，以泰山检察工作网为发端的政法大数据产业园建设势必成为国有企业突围的良好机遇，为其提供了强有力的平台保障，符合国企业投资建设意向。

三是注重发挥泰山检察信息技术研究所的作用。随着司法体制改革的深入，检察队伍更加趋向专业化和精简化，受检察系统本身职责、编制等限制，尤其是在案件高发地区，很难组织强有力的技术人员专职从事智慧检务的研究和建设，即使建设完成移交检察机关后，也很难有一支专业的力量组织后续运维管理，这就迫切需要有一支专业的、稳定的团队来支撑和保障。在泰山检察工作网建设新模式中，作为国家检察机关，检察院不能充分利用资源进行市场化运作。同样，作为建设主力的央企缺少对检察系统需求的正确把握，这就需要一个既能向上对接检察机关需求，又能对下进行市场化运作，起到承上启下作用的关键环节。泰山检察信息技术研究所作为检察机关管理的事业单位，具有独立法人资格，经费处理实行企业化管理，在泰山检察工作网建设中起到了不可替代的重要作用。作为泰山检察工作网建设模式的探索者，泰山检察信息技术研究所背靠检察院，是检察系统自己的力量，有强大的检察官团队做支撑，掌握各类检察系统原始数据，同时又有自己专业的技术、运维团队，在泰山检察工作网建设中既承担着模式探索、需求调研、顶层设计、主导建设等任务，又是移交后的具体管理者。既节省了检察系统大量人力、物力、财力，又适应经济发展规律，开创了新的建设模式，推动了智慧检务向更高方向发展，充分体现了"让专业的人干专业的事"的思路，做到各司其职、人尽其才、各得其所。

三、建设运维新模式的重大意义

泰山检察工作网的成功尝试，大大提高了以案件为中心的检察业务信息化建设水平，同时节省了人力、财力，整合了社会资本、先进技术，对于适应检察系统司法制度改革、引领智慧检务发展方向、构建国家一体化大数据中心等方面具有很强的现实意义。

一是有利于实现检察业务职责简优精专。最高人民检察院在《2018—2022年检察改革工作规划》中明确，要切实聚焦法律监督主业，提升检察公信力，推动新时代检察制度在继承中发展，在发展中创新，在改革中完善；提高检察机关维护国家政治安全能力、服务大局能力和法律监督能力，努力让人民群众在每一个司法案件中感受到公平正义。这对新时代检察机关的职业化、专业化、精英化提出了具体要求。泰山检察工作网建设运维新模式的开创，针对以案件为中心的检察业务实践中存在的痛点、难点问题拿出了具体有效的解决方案，由专业团队根据需求利用先进的信息手段进行研发、试测、推广，有利于适应司法体制改革和检察改革要求。检察机关专职于履行检察监督主责主业，集中精力专职于以案件为中心的检察业务，不需为信息化建设过多地分神分力，契合司法制度改革本意，对助力检察机关更好地履行法定职责、提高国家现代化治理能力切实发挥了重要作用。

二是有利于实现智慧检务的根本性跃升。在最高人民检察院发布的《全国检察机关智慧检务行动指南（2018—2020 年）》中要求，要坚持科学化原则，坚持"有所为、有所不为"，加强统筹规划，防止重复建设、资源浪费；统筹管理智慧检务创新，注重地方典型经验和成熟软件推广；坚持标准先行，加强标准应用刚性。泰山检察工作网建设运营模式的探索，打破了制约智慧检务发展中的技术和财力最坚固的屏障，移走了最重的"两座大山"，探索出一条新的有力、管用、实用的新路子，并能在整个检察系统进行广泛的推广复制，对于加快检察系统智慧检务建设进程、提高智慧检务效率和质量具有重大的突破，进一步明晰了智慧检务实现途径和发展方向。以泰山检察工作网为牵引进行政法大数据产业园建设，能够形成自主可控的新的产业生态，拓展了检察系统智慧检务新的内容和领域，对于检察系统信息化水平、检察装备建设以及参与国家数据治理等方面作出了具有前瞻性、方向性和指引性的探索研究。

三是有利于有效构成全国一体化大数据中心协同创新体系。在 2020 年12 月国家发展改革委员会发布的《关于加快构建全国一体化大数据中心协同创新体系的指导意见》（发改高技〔2020〕1922 号）中明确，到 2025年，全国范围内数据中心形成布局合理、绿色集约的基础设施一体化格局。政法大数据产业园建设超前布局、先立先行，能够作为体系建设中的重要一环支撑国家战略需求，更是智慧检务难得的发展契机。充分利用政法大数据产业园建设，打造集成基础算力资源和公共数据开发利用环境的公共算力平台，面向政府、企业和公众提供可靠安全的算力服务，检务工作智能化水平得重大突破。纵向上，依托智慧检务数据园建设，形成全国点状布局，构成全国检察业务大数据网络，辐射全国。横向上，打通公安、法院、司法等部门壁垒，实现信息共享。随着智慧检务能力提升，检察监督更加及时准确，司法办案更加快捷高效，司法实践更加公正透明，服务管理决策更加客观准确，司法公信力显著增加。

四是有利于自主国产化的发展突破。中国发展国产化自主可控堪称波澜壮阔的最伟大历程。从早期"863"、"核高基"时代科技界先驱筚路蓝缕的从 0 到 1 的突破，再到一代代芯片、基础软硬件研发人员、企业家的长期坚持，再到国家半导体产业大基金用资本方式聚集力量，驱动产业加速发展。到 2019 年，中国自主可控已经走过了"实验室可用—勉强能用不好用—能用可用"多个阶段，正在步入"产业化发展—使用体验提升到好用愿用"阶段。自主可控国产化的路径是历史的必然，信息产业是一个巨大市场。结合国家战略发展要求，发展自主可控国产化，先期目标市场就是基于党政军等为主体的特种市场，后续将以争夺产业链话语权为最终目标。云计算、大数据正是中国自主可控基础软硬件弯道超车的历史性机遇。智慧检务政法大数据产业园建设恰逢其时，可以有效吸引发展自主国产化企业主动注入资金和技术力量共同搭建发展平台，为持续发展提供有力支撑。

第四节　泰山检察工作网部署方式及办公模块

一、泰山检察工作网的部署方式

云桌面又称桌面虚拟化、云电脑，是替代传统电脑的一种新模式。采用云桌面后，用户无须再购买电脑主机，主机所包含的 CPU、内存、硬盘等组件全部在后端的服务器中虚拟出来，单台高性能服务器可以虚拟 1~50 台不等的虚拟主机；前端设备主流的是采用瘦客户机（与电视机顶盒类似的设备）连接显示器和鼠标，用户安装客户端后通过特有的通信协议访问后端服务器上的虚拟机主机来实现交互式操作，达到与电脑一致的体验效果；同时，云桌面不仅支持用于替换传统电脑，还支持手机、平板等其他智能设备在互联网上访问，也是移动办公的最新解决方案。

虚拟云桌面主要有四类典型架构，一是虚拟桌面基础架构（virtual desktop infrastructure，VDI），该架构为集中存储、集中运算的虚拟桌面架构，是把所有的客户机数据运算都集中在服务器端管理，客户桌面接收的只是操作系统环境；二是远程桌面服务（remote desktop services，RDS），该架构仅限于 Windows 操作系统桌面的连接，是很流行的云桌面技术，其应用场景众多（如：教学、办公、阅览室、展示厅等），其所连接 Windows 系统桌面的体验效果、稳定性、安全性总体效果较好；三是智能桌面虚拟化架构（IDV），该架构为集中存储、分布运算的构架。其服务器端存放系统镜像，客户机通过本地虚拟机运行虚拟桌面，不需要大量的图像传输，支持系统离线运行。相对 VDI 有了很大改善，但是该模式对客户机的要求比较高：配置必须一致及支持虚拟终端。由于硬件虚拟化层在客户机运行，性能和兼容性还是没有办法和传统的 PC 机相比；四是虚拟操作系统基础架构（virtual operating system infrastructure，VOI），VOI 为集中存储、分布运算的构架，无任何硬件虚拟化层，在 IDV 的基础上做了进一步改进。该模式是在服务器端存储系统数据，在客户机上运行桌面。客户机只需在启动时从服务器端将操作系统和应用加载到本地缓存即可使本地计算机正常使用。该模式支持离线运行、支持桌面系统集中安全管理，而且桌面性能完全保持传统 PC 的体验，不存在兼容性问题，同时支持本地机器无硬盘启动。对数据的安全性、硬件的精简做了进一步改善。

泰山检察工作网云桌面，采取以 VDI 与 IDV 混合智能桌面虚拟化架构，虚拟桌面基础架构，泰山检察工作网实行全市数据集中模式，市院建立服务器集群，统一为全市检察机关提供应用及数据支持，各基层院、市院机关各部门报批使用，做到了集中全市资源，解放基层院信息化建设和运维压力。

泰山检察工作网开发建设过程中，在对以案件为中心的检察业务深入调查研究的基础上，根据工作网的"工作"属性和业务要求，综合考量检察院各部门职责分工，并充分考虑一线检察官办案习惯和个人风格，本着全面、方便、快捷、安全的原则，泰山检察工作网采取"云+端"方式，从数据、案全、标准、规范等方面进行统一管理，从应用层面实现个性化定制和服务。

二、泰山检察工作网九大工作模块

根据职责任务不同，市级（含）以下检察院主要包括控告申诉部门（控申科、控申处）、反贪污贿赂部门（反贪局）、反渎职侵权部门（反渎局）、审查逮捕部门（侦监科、侦监处）、审查起诉部门（公诉科、公诉处）、监所检察部门（监所科、监所处）、民事行政检察部门（民行科、民行处）、政工科和办公室等科室。不同条线、不同科室人员所应用的软件和功能是不同的，泰山检察工作网针对不同需求，按照"形式统一、内容定制、灵活配置"的标准要求，独创了"检察官办公室、行政助理、数据立方、队伍管理、数字图书馆、实战法学院、互联网应用、个人云空间、软件超市"九大模块，实现检察官办案办公"开机登录、一键实现"。泰山检察工作网络架构实现了跨越式飞跃，信息化应用及运维模式发生了重大改变，在全国检察体系内率先实现了技术层面上的创新发展。

（一）检察官办公室

检察官办公室是检察官日常办案应用软件模块，泰山检察工作网主要部署全国统一业务应用系统2.0，安装通用功能软件和业务功能软件，并可以根据不同条线检察业务进行相应配置。

1. 全国检察机关统一业务应用系统2.0

全国检察机关统一业务应用系统2.0是检察机关智慧办案的最新实践，是智慧检务的基础和核心。全面部署全国检察机关统一业务应用系统2.0是最高人民检察院党组落实全面依法治国要求，立足新时代检察工作全局、顺应信息化发展趋势作出的一项战略性、全局性的重大决策。

全国检察机关统一业务应用系统 2.0 涵盖刑事、民事、行政、公益诉讼、未检、控告申诉以及案管、法律政策研究、国际合作、检务督察、检察技术等检察机关各个条线的业务，全部功能包含 330 余个案件流程、1 400 余个案卡表、4 100 余份文书，具有 250 余项系统功能和 80 余个个案功能，实现了对检察办案刑事、民事、行政、公益诉讼"四大检察"和普通刑事犯罪、重大刑事犯罪、职务犯罪、经济犯罪、刑事执行、民事、行政、公益诉讼、未成年人、控告申诉"十大业务"的全系统覆盖和全方位支撑。

2. 通用功能软件

检察官办公室通用功能软件主要包含案卡回填、辅助阅卷、类案推送、智能编目、智能文书等 5 个应用场景。

（1）案卡回填系统

案卡回填系统是全国检察机关统一业务应用系统 2.0 的一项重要智能辅助办案工具。该系统支持刑事检察、民事检察、行政检察、公益诉讼检察案件受理环节、办理环节的卷宗文件、检察文书、外来文书中关键信息的智能提取，并将提取的案卡项信息回填流程办案系统，在流程办案系统中展示案卡回填结果，有效提高办案人员案卡填录工作效率与准确率，提升案卡填录工作质效。案卡回填主要有智能文书识别、智能文书提取、案卡填录三大功能。

（2）辅助阅卷系统

辅助阅卷系统为办案人员提供一辅助阅卷、文书制作、知识聚合的阅卷新模式。通过构建规范、多样化的阅卷模式来协助检察官理清案件思路，以事实证据等数据的智能提取来减轻检察官手动摘录、伏案阅卷的工作压力，以专业的知识支撑检察官突破办案的疑难点，文书的智能生成在规范文书的同时避免案件信息的重复归纳，全面做到便捷、智能办案。辅助阅卷主要功能为卷宗智能分析、智能阅卷审查、知识内容关联推送。

（3）类案推送系统

类案推送系统是一款基于最高人民法院指导性案例、典型案例、各省高级人民法院参考性案例，以及中国裁判文书网上网公开案例的类案检索及类案报告自动生成系统。系统融合法律大数据和人工智能技术，结合检察院办案人员的类案参考业务需求及个案办理经验，通过关键词检索、案例关联检索、法条关联检索的方式，快速、精准获取相同案例或类似案例，并根据检索结果自动统计分析，生成类案报告，一方面可供业务人员发现办案尺度不统一的情况，同时对类似案例的办案思路及说理论证过程进行分析，结合案件实际情况形成个案倾向性意见及说理论证。另一方面可供管理人员对拟办案结果进行审查以及质量评查。主要功能有类案检索、类案结果展示、类案报告生成。

（4）智能编目系统

智能编目系统是面向检察机关的电子卷宗辅助编目信息化工具，结合了最前沿的人工智能技术，旨在有效提升办案人员编写电子目录的效率。电子卷宗辅助编目系统共有两大特色。其一，跟统一业务的完美融合。本系统的定位是辅助办案编目系统，能够实时地同步统一业务系统的案件数据，实现无缝对接，并且在编目完成后将电子卷宗数据推送至统一业务系统，此外，本系统还支持双层 pdf，推送至统一业务系统的电子卷宗能够实现复制文本，而且准确率极高；其二，本系统的核心技术是人工智能技术，使用了最前沿的机器学习去识别扫描的卷宗，使机器能够独立完成对电子卷宗的编目工作，节省了大部分办案人员的时间，大大提高了办案人员的编目效率。人工智能技术的亮点在于学习，我们针对检察业务对机器进行了大量的训练，并且在使用过程中，系统还能够不断地去学习和改进，不断提升编目的准确性。让机器去电子卷宗"看""辨""学"，并且完成大部分编目工作，是我们这个软件的最终目的。

（5）智能文书系统

智能文书系统主要服务于办案检察官，基于历史案件的大数据分析，通过人工智能、语义识别的技术自动分析案情，从源头上减少错误发生，保障了文书写作的质量，提升了文书制作的效率。智能文书包含了文书制作系统、文书纠错系统、文书智能排版系统、文书比对系统、文书信息屏蔽系统、文书解析服务。主要使用卷宗识别、图像识别、实体识别技术对文书进行版面分析、干扰处理、文字识别、结果输出、机器学习多项核心能力，版面分析对卷宗中标题、表头、段落、表格等结构进行分析处理，便于对不同结构信息处理利用；干扰处理对卷宗中噪声、扭曲、倾斜、模糊等情况进行自适应处理，降低干扰因素对识别准确率的影响；文字识别将卷宗印刷、手写图像文字转换为数据文本、结果输出将识别的数据文本转换为业务所需文件格式；机器学习通过数据训练对不同数据样本进行针对性训练，保障识别准确率一致性。通过事件识别、关系抽取、关联分析、语义理解等方式，提取文书中案情相关的实体信息，对实体识别结果按照应用实际需求进行分类，支持其他应用系统直接调用。

3. 其他业务功能软件

主要包含业务办案智能辅助系统、刑事执行检察监督智能视频分析系统、虚假诉讼智能识别平台、涉案财物管理系统、移动办案 App（检 e 通）等应用软件。

（1）业务办案智能辅助系统

业务办案智能辅助系统是以实战、实用、实效为目标，全方位涵盖检察业务，为检察官打造包容、开放、便捷、高效的办案智能辅助平台。本系统坚持以实为本、以用为先，以人为主、智能辅助，创新技术、自主研发的开发理念，科学设置"数据中心、智慧控申、智慧公诉、智慧侦监、智慧案管、智慧民行、智慧检察室、智慧执检、智慧未检、智慧自侦"等十大模块，实现对接全国检察机关统一业务应用系统 2.0，自动获取各类检察数据。支持应用语音语义识别、图像智能分析等先进技术，解放人力资源，减少事务性工作。同时，联通司法、行政机关数据端口，实现部门信息互联互通，办案信息高度共享，并能自动抓取卷宗关键信息，智能生成规范司法文书，为辅助检察官对检察业务准确定性构建了智能数据中心。

（2）刑事执行检察监督智能视频分析系统

刑事执行检察监督智能视频分析系统是采取先进计算机技术，辅助检察官对监狱、看守所等监管场所实施法律监督的智能视频分析系统。刑事执行检察监督智能视频分析系统采取人脸识别、人员甄别、行为分析、场景比对等算法程序，实现三大功能：一是视频录像功能，对 AB 门、值班室、监舍等重点部位全时录像，回放追溯；二是行为分析功能，对监控信息流进行实时分析，及时准确发现异常行为；三是异常行为报警，对监管场所自动记录违法违规场景，并发出报警信息。系统具备五大优势：一是事后监督变实时监督；二是片段审查变全程审查；三是人工审查变计算机智能自动筛查；四是自动生成法律文书；五是自动生成统计报表。该系统在泰安市辖区 5 所看守所部署应用以来，共发现违法违规线索 152 条，向看守所发出检察建议、纠正违法通知书 12 起，有效解决了监督实践过程中的发现难、预防难、报警难、搜集证据难等问题，提升了检察部门法律监督实效。

（3）虚假诉讼智能识别平台

虚假诉讼智能识别平台是通过构建科学的数据模型及智能化分析算法，实现对虚假诉讼风险行为的精准识别、可视化分析，为检察机关搭建涉虚假诉讼案件进行高效的监督甄别的智能平台。虚假诉讼智能识别平台汇集检察院、法院、公安、司法行政机关、市场监管等部门的有关数据，能够更客观、更全面地揭示双方当事人之间诉讼关系的实质，为平台预警分析提供了有力的基础数据支撑。主要针对虚假诉讼频发的案由进行监督，内容包括：民间借贷纠纷、企业破产或清算案件、债权转让纠纷、股权转让纠纷、网络购物合同纠纷、房屋买卖合同纠纷、房屋租赁合同纠纷、融资租赁合同纠纷、保理合同纠纷、追索劳动报酬纠纷、职工破产债权确认纠纷、工伤保险待遇纠纷等。

虚假诉讼智能识别平台的优势在于解构文书数据形成风险标签体系：根据虚假诉讼案件的法律特征，将当事人信息、案件信息、证据信息、裁判文书信息，联同公、检、法、司各单位数据；进行清洗、解构、分析，并基于自然语言处理技术，形成虚假诉讼风险特征标签，将每个标签进行科学的权重赋值，构建虚假诉讼风险模型。

虚假诉讼智能识别平台实现了九大功能：一是大数据人员画像，精准识别人员风险：基于大数据分析，实现对涉及虚假诉讼案件的当事人的可视化画像分析，清晰展现风险对象的风险构成、民事案件、涉外单位案件情况等信息，锁定风险人员，识别人员的风险等级。二是大数据案件画像，全息解构案件风险：将案件数据与系统内嵌的预警模型进行比对，自动生成案件风险评估报告。并进行分析展示，内容包括案件基本信息、风险概率、风险构成、关联案件、关联关系信息等。三是针对性行业分析，深化法律服务监管：对诉代理人进行针对性分析，直观展示其代理案件的风险等级、委托人风险、民事检察监督案件信息直观展示，并提供多维度数据分析，辅助甄别案件风险。四是智能化语意解析，标注文书关键信息：裁判文书中的风险信息（例如：裁判文书中提及暴力、胁迫、讨债、现金支付等）会被自动标注为红色，提高办案人员甄别效率。五是智慧化检索引擎，全域查找关注信息：系统从人和案件两个维度，设置"风险人检索""案件检索"等快速搜索模块，支持简易查询、高级查询两种模式，办案人员可以精准定位其所需的人员和案件信息。六是跟踪事后处置，强化工作治理成效：对于各级检察机关认定确为虚假诉讼案件的，包括已经依职权监督处理，以及预警系统提示为虚假诉讼案件等情形，将在工作成果模块汇集，便于办案人员集中甄别、提取虚假诉讼的重点线索。七是建立人群画像，研判群体性风险特征：基于预警数据对风险人群、诉讼代理人群进行群体画像分析，实现对风险人员群体性特征的精准掌握，全面描绘风险人群类型、户籍等基础信息特征，涉诉案件风险分布、人均出庭情况、代理案件情况等案件特征，辅助大数据预警模型建设及业务管理工作。八是深挖异常关系，体现数据关联价值：预警平台对于高频次出现的疑似虚假诉讼"单一原告+诉讼代理人""单一原告+律师事务所"等固定组合，将予以自动识别、提示，有效加强监督管理，辅助发现虚假诉讼案件线索。九是多维态势分析，实现宏观预测预警：从宏观层面展示预警工作成效，包括：综合分析、人员分析、案件分析等内容，可直观展现各地风险案件数、提起抗诉案件数、提出检察建议案件数、涉案金额分布等情况，全面支撑管理决策。

通过虚假诉讼智能识别平台建立大数据画像，实现对虚假诉讼风险行为的精准识别和可视化分析，进一步提高涉虚假诉讼案件监督甄别效率，有效维护人民群众的合法权益，有力捍卫司法权威公正。

（4）涉案财物管理系统

涉案财物管理系统是对仓储端物品和任务按照多维度进行图形分析和展示，对财物保管中心进行电子标签射频监控管理，对未经审核财物出库进行自动报警，对经过审核的财物，自动记录，形成详细的流转轨迹。管理流程便捷，统计清晰。主要功能有信息化管理、出入库管理、远程示证、监督管理、安全门管理、智能柜管理、统计分析。

（5）移动办案 App（检 e 通）

移动办案 App（检 e 通）是结合全国检察机关统一业务应用系统 2.0 移动版研发建设，落实从传统办案工作模式向现代化移动网络工作模式变革的要求，采用微服务技术框架，集成移动安全解决方案、移动通信方案、定制应用解决方案及国产化适配方案，为检察官打造移动办案信息平台。由顶级安全公司提供移动安全解决方案，覆盖移动办公各种场景，支持国产化适配和个性化部署，主要实现移动办公、移动办案和移动学习三大功能，满足检察官移动办案所需，提高检察业务工作效率。

（二）行政助理

行政助理是检察官日常管理、参加会议、组织党建等各类行政管理事宜的模块。泰山检察工作网主要安装检察机关政务系统、检视通、智慧党建平台、档案管理平台等应用软件。

1. 检察机关政务系统

检察机关政务系统是为检察机关日常政务提供创新性个性化服务，实现无纸化、社交化、移动化办公新模式，构建前端界面多样化、后端功能按需定制、PC 端移动端"多平台协同一体化"的政务办公新平台。泰山检察工作网配置的政务系统，具有安全性、稳定性、一体化、个性化的四个优势，具备终端身份识别、传输通道加密等安全防护能力，受到其他干扰时，可自行恢复其正常状态，信息管理、云盘、软件管理、邮箱、办文管理等实现应用一体，后端功能实现按需定制，并提供创新性的个性定制服务。实现了内网系统以电子化办文为核心，融合信息管理、检务云盘、软件管理、邮箱、办文管理等应用于一体，外网系统融合通告通知、个人办公、会议管理、餐厅管理、用车管理、检务云盘、请休假等应用于一体，移动平台实时获取公示信息、会议信息、公务审批信息等功能，全面涵盖了检察机关内部所需要的公文管理、信息报送等典型行政业务，会议通知、会议纪要等会务处理和领导日程、督查督办、业务审批等检察机关日常行政办事应用，将人、组织、资源、任务等全方位互联，有效推动建立了全面、协同、高效的新型检察机关行政工作模式。

2. 检视通

检视通即检察机关视频会议系统，是整合 PC 机、笔记本、手机等硬件设施，利用云技术手段搭建高清检务视讯云，为检察官打造随时同步参加会议的电视电话会议系统。检视通系统兼容检察机关现有视频会议设备，全面支持信创国产化终端和服务器，并开放 API 接口，具备灵活、高效、稳定、安全等四个特点，支持远程提讯、远程庭审、大型互动直播和各种电视会议，实现与原有视频会议无缝对接，同步参会，全高清实时互通。检视通系统打通了公、检、法、司之间的部门限制，随时可以组织跨部门进行会议沟通、会议协调，也可邀请律师或群众随时参会，进一步提高了司法效率和司法透明度。

3. 智慧党建平台

智慧党建平台是贯彻打造"数字化政府"、构建"智慧党建"精神，实现党建智能化管理，"全景式"展示和推进党建工作的信息化平台。平台涵盖党员教育、党员管理、党员培养、党员考核等 4 大板块和若干小项，实现党建工作全覆盖。重点打造党建工作的宣传平台、学习平台和管理平台，成为互联网宣传新媒体、党员一站式学习中心和可视化管理平台，实现党建信息及时共享、学习方式灵活多样、党员管理实时可见，有效丰富了党组织建设的新手段，创新展现党政文化建设成果，是党的民主建设的新途径，有效提高了党建工作效能。

4. 档案管理平台

档案管理平台是对档案存入、统计、借阅等业务实施标准化、规范化管理的信息化管理平台。主要实现三大功能：一是纸质档案电子化存储，实现纸质档案电子化、数字化、规范化管理；二是档案借阅流程化管理，实现档案数据跨空间、跨时间的有效共享；三是档案检索与统计功能，实现标准统一的文档入库管理及维护管理。档案管理平台是一套能满足各个地方检察机关单位的档案管理工具，根据上级文件规定的档案标准设计开发，满足纸质档案转电子档案存储，完成纸质档案数字化规范化要求，实现档案电子管理，档案借阅流程电子化管理，方便档案信息查询及统计。平台注重规范的系统安全设计，按照文书类型、档案种类进行标准化、规范化管理，增加相应的安全防护模块。采取先进的技术架构平台，根据需求提供个性化定制，功能随时进行迭代升级。同时，平台注重实用性和简便性，操作简单易懂，流程高效、便捷，有效减轻档案管理人员的工作负荷。

（三）数据立方

数据立方主要是适应"数字检察"走向"智慧检察"需要，将信息技术与检察业务充分融合，对各类检察信息进行数据应用开发。泰山检察工作网主要安装中国检察文书数据治理平台、线索大数据智能分析应用系统等应用软件。

1. 中国检察文书数据治理平台

中国检察文书数据治理平台提供数据采集、数据加工、数据标注和模型训练等全流程服务，为检察业务提供司法文书结构化处理服务，构建一站式数据治理服务平台。平台重点解决的三大难题：一是人工作业成本高，非结构化数据标注耗时长；二是缺少规范的数据、模型开发管理工具；三是数据获取途径单一，结构化数据少。具有文书标注快捷、智能标注准确、动态脱敏安全、文书清洗高效的四大产品优势，能够智能化读取各类检察文书样本，准确、高效、快速标注生成。同时，通过科学数据处理，高效筛选模糊、异常数据，准确识别敏感数据项，同步实现调用预制信息生成安全脚本，实现了标注方式优化、标注模板创新、数据建模快速的效果。

2. 线索大数据智能分析应用系统

线索大数据智能分析应用系统是针对海量非结构化数据特征进行解

析、识别和深入应用，通过技术分析手段及时展现可视化的数据特征，采用技术手段实现关键信息提取和特征展现，搭建快速定位热点信息和潜在线索，并对线索进行跟踪管理的智能分析系统。

线索大数据智能分析应用系统主要针对检察业务公益诉讼领域智慧办案提供辅助决策支撑。系统本着让海量非结构化数据在检察业务办案中发挥应有的价值的目的，具备智能、高效、准确三大特点，支持多种数据格式上传，对原始数据进行清洗和管理，确保数据的准确性、安全性；支持通过数据治理形成各类专题数据库，为业务应用提供高质量的数据支撑；支持自然语言治理，通过语义识别、联想分析等技术，解析关键词以及关键词的近义词，为非结构化数据搜索分析提供更广的维度；支持实现潜在关系计算与图谱展现。通过对自然语言治理与分析，基于各类分析模型对关键数据进行机器解读和融合分析，并对其进行关系碰撞和计算，对相关实体及其量性数据和实体属性进行可视化的图布局，展现其内容特征，快速发现潜在价值；支持有关线索管理，基于数据特征及潜在价值，对重要信息进行线索关联，为案件侦办提供辅助决策。

线索大数据分析系统能够针对公益诉讼线索发现难的问题，对各类文书海量非结构化数据特征进行解析、识别和深入应用，通过技术分析手段及时展现可视化的数据特征，基于各类分析模型帮助检察官挖掘、发现可疑信息，提升检察办案的工作质效。

数据立方分析平台基于海量数据，探索检察新模式，实现了数据图像化处理、办案效率指标分析、司法质量实时动态监控监督、大屏展示系统等数据应用，共完成 193 个指标的分析与核心数据应用，并实现常规分析、专题分析、业务监督 30 余项业务分析，是"智慧型"基层院的亮点体现。

（四）队伍管理

队伍管理是以人员考核为核心，对个人素养、业务数量、业务质量、司法能力评价等多维度评价模块。泰山检察工作网主要安装检察官业绩考评系统。

检察官业绩考评系统是注重突出检察官主体地位，利用技术手段激活各类检察数据，贯彻检察官办案全程，自动描绘检察官形象，实现自动化计分、智能化建档和可视化评价，对检察官业绩实施准确考评的一款智能化平台。本系统独创核心算法：办案效率＝办案强度×案件类型系数×个人贡献度，算法各系数由使用单位根据本单位实际情况自行设置，有效解决了绩效考核最关键的指标问题，受到最高人民检察院推荐。检察官业绩考评系统能够对接全国检察机关统一业务应用系统、案件质量评查系统、检察队伍管理系统等，实现平台贯通、数据共享，采取静默式运行，自动追踪办案信息，有效实现自行评价、智慧评价。

检察官业绩考评系统贯彻落实"谁办案谁负责，谁决定谁负责"的原则，依据职责分设操作权限，依据岗位科学设置考核分值。科学设置省级管理员、市级管理员、部门负责人、检察官等四级管理权限，设置指标库、计算公式配置、考核模板配置、考核方案配置、得分排名查询、个人得分查询、人工填报、岗位职责、业绩档案、统计分析等10大项78小项功能模块，覆盖刑事、执检、直接受理侦查、民事、行政、公益诉讼、未检、控申、政策研究、案管、检务督察共十一项业务，已应用于山东省人民检察院和山东省16地市级人民检察院、铁路检察院，二级覆盖160余个基层院、员额检察官4 100余人，检察辅助人员3 000余人。山东省检察系统上线以来，共完成4轮业绩考评活动，生成业绩考评档案4 100份，完成指标梳理238大项、924小项，计分规则4 255条，受到各级检察院好评。

（五）数字图书馆

数字图书馆是为检察官提供海量的数字法学图书资源，支持电子书阅读、快速检索等功能的自主学习模块。泰山检察工作网主要安装北大法宝系统。

北大法宝是北京大学法律人工智能实验室与北京英华科技有限公司联合推出的一款智能法律信息检索系统，数据内容涵盖法律信息的方方面面，主要包括10大通用数据库和18大专项数据库，总数据量达3亿以上。10 大通用数据库：法律法规库、司法案例库、法学期刊库、律所实务库、专题参考库、英文译本库、检察文书库、行政处罚库、法定视频库、企业信用库。18 大专项数据库：题数据库 9 个（民法典专题、两会专题、疫情专题、营商环境、电商精释、劳动法宝、刑事法宝、银行专题、IP 法宝）、行业数据库 3 个（教育行业法律法规平台、海洋信息资源数据库、基金行业法律合规检索平台）、地域数据库 6 个（东盟司法法律信息数据库、中央法规库、党内法规库、广西法规库、天津法规库、内蒙古法规库）。

此模块支持全库、高级、定位、标题、全文等多方式检索功能，实时梳理法规历次修订全貌，展示新旧法对比，为检察官提供移动随身知识库。

（六）实战法学院

实战法学院是对检察官开展模拟培训和实战培训模块。确保检察官在以实战练兵，在实战中成长。泰山检察工作网主要安装务实 App 软件。

务实 App 致力于推进司法实务人才的培养和司法实务经验的交流传承，打造一套给所有年轻法律人"活"的司法实务经验教材，构建起一个法律人学习司法实务经验的共同体。是国内第一款实务经验在线教育培训服务平台，切实打通从法学院到司法一线的最后一公里。

务实 App 注重采取在线视频方式实现庭审的录播或直播，深挖传导式培训。突出以大检察官上讲台、检察官教检察官等多种形式展现实战类案例培训，通过一线检察官、法官、律师在线直播，开展面对面授课和在线互动与答疑解惑，确保司法从业者直接学习司法实务干货技能和最精准、最有效的实务经验。务实 App 对不同人员可定向的强制或推荐不同学习课程，多维度统计出每个人的学习效果、时长、专业成长度、学习主动性等，通过移动终端可以不限时间、地点最大范围将精彩的实战培训第一时间传递到每一位检察官手中，检察官充分利用自身的碎片化时间，提升专业能力。

务实 App 开创一线检察官、法官、律师共同在线学习交流的业务平台，同时可提供资源丰富的文献资源和大量实务类图书，对提高检察官办案质量，铺平员额检察官职业化、专业化、精英化道路具有重大的现实意义。同时，打破部门、行业壁垒，突破时空、人员、行业限制，实现资源共享，通过线上互动、经验交流、免费培训，形成中国法律职业共同体，有效推动法律职业化进程。

（七）互联网应用

互联网应用是为检察官进入互联网或使用相关互联网软件产品所设置的模块。

此模块第一个功能是通过此模块，可以根据后台所授予的权限登录互联网。（权限说明）

此模块另一个功能是使用相关互联网软件产品。泰山检察工作网安装的相关互联网软件产品主要有企业帮小程序和公益诉讼小程序。

1. 企业帮小程序

企业帮小程序是立足民营企业发展过程中的重大法务风险问题，为民营企业提供法务问题受理、协调、解决的应用平台。

企业帮小程序是泰安市检察院认真贯彻检察业务要服务保障企业发展的精神要求和省院服务保障企业发展的意见，结合自身实际，聚焦影响民营企业及经营者重大权益的难点、堵点问题，倾力打造的一款应用软件。配合此软件的应用，泰安市检察机关专门成立民营企业重大法务风险防控服务中心，统筹负责受理协调、解决民营企业经营发展过程中出现的重大法务问题，专人专项处理涉企重大法务风险，积极营造新商、安商、护商的发展氛围，切实为民营经济提供有力法治保障和优质法律服务。

企业帮小程序主要实现"一键求助、一键联通、一键追踪"三大功能，社会企业能够通过企业帮小程序随时发布企业诉求，随时与工作人员在线交流，针对重大法务问题进行咨询、求助等，全景展现办案过程。通过此程序，检察机关及时有效地帮助企业解决现实难题，进一步树立了检察机关良好形象，有利推动了依法治国进程。

2. 公益诉讼小程序

公益诉讼小程序是借助微信平台，面向广大人民群众，征集公益诉讼方面的线索、汇总分析线索情况、发布公益诉讼内容宣传的应用小程序。公益诉讼小程序开发主要是围绕高效发现各类危害国家和社会公共利益受到侵害的案件，及时提出民事或行政公益诉讼，更好地维护国家和人民利益，鼓励广大社会公众积极参与公益诉讼和生态环境司法保护工作，共同维护公共利益。

公益诉讼小程序主要有四个功能：一是公益诉讼"随手拍"，实现广大公众随时图片或视频取证上传；二是线索热点分析功能，智能分析敏感热点线索，进行类案推送；三是在线互动功能，检察官可以实时对"随手拍"内容进行回复和核实；四是公益诉讼宣传功能，利用小程序及时向人民群众发布公益诉讼新闻信息、公益宣传等。

公益诉讼小程序集成了公益诉讼线索社会化采集和智能化取证功能，引导社会公众"随手拍"，通过平台实时举报有关线索，初步解决了公益诉讼线索不足和现场取证困难的问题。公益诉讼小程序整合微信平台，可以借助公众号平台实现一键进入，并对公益诉讼的线索领域进行科学分类，各类线索自动按照类别分流，后台自动进行属性登记，实现自动定位和锁定线索位置，便于后续调查取证，有效助力公益诉讼发展，有力地提高治国能力现代化水平。

（八）个人云空间

个人云空间是为检察官设置的个性化定制模块，主要区分为个人配置、个人云盘、笔记本、通讯录、自我评查、个人功勋、个人保险箱、个人事项日志和收藏等功能模块，为检察官打造提供便利的个人工作空间。

（九）软件超市

软件超市是集成检察业务各类应用软件的平台，供检察机关自行选择使用的模块。

软件超市即检察系统软件自选商店，实行敞开式售货，采取由顾客自我服务形式零售各种功能软件。软件超市共收录了全国为检察系统服务的多数企业各类应用软件，包含最高人民检察要求的全部必装和选装的所有软件功能，高涵盖检察业务各个领域。每个软件均经过充分的需求论证，进行严格的国产化适配验收，并由一线检察官试用，都是确定为"精品"的软件，确保为检察机关提供多方向、全方位的服务。检察机关可以结合本院实际，自行组织对软件功能进行测试和先行试用，减少了检察机关提出需求—寻找厂商—组织谈判—组织研发—适配验收—试用调试等各个环节，最大限度为检察机关节省时间、精力和财力，提供了最佳优先方案。

第五节 泰山检察工作网建设方案

一、建设依据

（一）政策法规

1.《促进大数据发展行动纲要》（国发〔2015〕50号）

2.《国务院关于积极推进"互联网+"行动的指导意见》（国发〔2015〕40号）

3.《国家信息化发展战略纲要》（中办发〔2016〕48号）

4.《政务信息资源共享管理暂行办法》（国发〔2016〕51号）

5.《"互联网+政务服务"技术体系建设指南》（国办函〔2016〕108号）

6.《"十三五"国家信息化规划》（国发〔2016〕73号）

7.《"十三五"国家政务信息化工程建设规划》（发改高技〔2017〕1449号）

8.《国务院关于印发新一代人工智能发展规划的通知》（国发〔2017〕35号）

9.《国家电子政务外网网络与信息安全管理暂行办法》

10.《关于印发<最高人民检察院关于深化智慧检务建设的意见>的通知》（高检发〔2017〕15号）

11.《智慧检务工程建设指导方案（2018—2020年）（征求意见稿）》

12.《"十三五"时期检察工作发展规划纲要》（2016年9月1日发布）

13.《"十三五"时期科技强检规划纲要》（高检发技字〔2016〕5号）

14.《检察大数据行动指南（2017~2020年）》（高检发技字〔2017〕2号）

15.《2018年检察技术和信息化工作要点》（高检技〔2018〕1号）

16.《检察人工智能创新指南（2017—2022年）》

17.《国家电子政务总体方案》（厅字〔2017〕7号）

18.《国家电子政务工程建设项目管理暂行办法》（发展改革委令〔2007〕55号）

19.《国务院办公厅关于促进电子政务协调发展的指导意见》（国办发〔2014〕66号）

20.《关于我国电子政务建设的指导意见》（中办发〔2002〕17号）和附件《电子政务一期工程建设任务》

21.中共中央办公厅、国务院办公厅《关于加强信息资源开发利用工作的若干意见》（中办发〔2004〕34号）

22.《政务信息系统整合共享实施方案》（国办发〔2017〕39号）

23.《推进"互联网+政务服务"开展信息惠民试点实施方案》（国办发〔2016〕23号）

24.《政务信息资源目录编制指南（试行）》的通知（发改高技〔2017〕1272号）

25.《关于进一步加强电子政务网络建设和应用工作的通知》（发改高技〔2012〕1986号）

26.《国家发展改革委关于进一步加强国家电子政务工程建设项目管

理工作的通知》（发改高技〔2008〕2544 号）

27.《关于进一步加强政务部门信息共享建设管理的指导意见》（发改高技〔2013〕733 号）

27.《国家发展改革委关于加强和完善国家电子政务工程建设管理的意见》（发改高技〔2013〕266 号）

29.《中央预算内直接投资项目管理办法》（发展改革委令〔2014〕7 号）

30.《信息安全技术网络安全等级保护基本要求》（GBT 22239—2019）

31.《电子信息系统机房设计规范》（GB 50174—2008）

32.《信息系统灾难恢复规范》（GB/T 20988—2007）

33.《关键信息基础设施安全保护条例（征求意见稿）》

34.《信息安全技术 云计算服务安全指南》（GB/T 31167—2014）

35.《信息安全技术 云计算服务安全能力要求》（GB/T 31168—2014）

36.《互联网安全保护技术措施规定》（中华人民共和国公安部令第82 号）

（二）保密标准

《涉及国家秘密的信息系统分级保护技术要求》（国家保密标准BMB17—2006）

《涉及国家秘密的信息系统分级保护管理规范》（国家保密标准BMB20—2007）

《涉及国家秘密的信息系统分级保护方案设计指南》（国家保密标准BMB23—2008）

《使用现场的信息设备电磁泄漏发射检查测试方法和安全判据》（国家保密标准 BMB2—1998）

《电磁干扰器技术要求和测试方法》（国家保密标准 BMB4—2000）

《涉及国家秘密的计算机网络安全隔离设备的技术要求和测试方法》（国家保密标准 BMB10—2004）

《涉及国家秘密的计算机信息系统防火墙安全技术要求》（国家保密标

准 BMB11—2004）

《涉及国家秘密的计算机信息系统漏洞扫描产品安全技术要求》（国家保密标准 BMB12—2004）

《涉及国家秘密的计算机信息系统入侵检测产品安全技术要求》（国家保密标准 BMB13—2004）

《涉及国家秘密的信息安全审计产品技术要求》（国家保密标准 BMB15—2004）

《涉及国家秘密的信息系统安全隔离与信息交换产品技术要求》（国家保密标准 BMB16—2004）

（三）安全技术标准规范

《信息安全技术网络安全等级保护基本要求》（GB/T 22239—2019）

《信息安全技术网络安全等级保护安全设计技术要求》（GB/T 25070—2019）

《信息安全技术网络安全等级保护测评要求》（GB/T 28448—2019）

《信息安全技术网络安全等级保护测评过程指南》（GB/T 28449—2018）

《信息安全技术大数据服务安全能力要求》（GB/T 35274—2017）

《信息安全技术大数据安全管理指南》（GB/T 37973—2019）

《信息安全技术数据安全能力成熟度模型》（GB/T 37988—2019）

《信息安全技术保护轮廓和安全目标的产生指南》（GB/T 20283—2006）

《信息技术安全技术信息安全事件管理指南》（ISO/IEC TR 18044：2004，MOD）（GB/T 20985—2007）

《信息安全技术信息安全事件分类分级指南》（GB/T 20986—2007）

《信息安全技术信息安全风险管理指南》（GB/T 24364—2009）

《信息安全技术信息安全应急响应计划规范》（GB/T 24363—2009）

《信息安全技术信息安全风险评估规范》（GB/T 20984—2007）

《信息安全技术信息系统安全审计产品技术要求和测试评价方法》

（GB/T 20945—2007）

《信息安全技术安全漏洞等级划分指南》（GB/T 30279—2013）

（四）其他编制依据

泰保发〔2020〕2号关于转发《关于进一步加快推进涉密领域国产化替代工程的通知》的通知

山东省人民检察院关于印发《2020年全省检察机关机要保密密码工作要点》

《"十三五"时期检察工作发展规划纲要》（2016年9月1日发布）

《"十三五"时期科技强检规划纲要》（高检发技字〔2016〕5号）

《检察大数据行动指南（2017～2020年）》（高检发技字〔2017〕2号）

《2018年检察技术和信息化工作要点》（高检技〔2018〕1号）

《检察人工智能创新指南（2017—2022年）》

山东省人民检察院《关于加快推进全省检察工作网有关配套设施建设的通知》

《最高人民检察院、公安部关于做好看守所与驻所检察室监控联网建设工作的通知》

《关键信息基础设施安全保护条例（征求意见稿）》

二、建设内容

按照国家《信息安全技术网络安全等级保护基本要求》（GB/T22239—2019）的相关标准要求，建设检察工作网配套及业务系统国产适配运维服务。建设内容包括云桌面终端、移动办案终端、国产替代服务器、应用系统国产化适配（检察官业绩考评系统国产化应用适配、办公OA系统国产化适配、档案系统国产化适配）、全市检察机关信息化运维保障服务、同时实现看守所监控接入泰安市人民检察院。

三、项目需求分析

检察工作网建设项目整体采用云中心架构部署方案，数据中心部署在运营商数据中心，将全市（1个市院+7个基层院）检察机关，通过专线网络与运营商数据中心机房互联互通，为全市检察机关提供服务。

（一）业务需求分析

1. 办公终端不足

随着各级检察机关全面启用检察工作网，以往检察工作网建设着重于网络基础设施、终端较少的情况显然不能满足当前需要，即便在电子检务工程建设中已购置过若干终端，目前也处于老化和待报废的状况。本项目首要目标即保障检察工作网办公人员工作终端设备覆盖率达到100%。

2. 技术人才缺乏

一方面，当前国产化 PC 的硬件与软件适配仍在不断优化阶段，国产化 PC 是传统 PC 的运维工作量的十倍，维护工作网正常运行，IT 人员需要逐个终端去维护、安装和调试，各级检察机关的桌面部署及管理工作量非常大。同时，国产化终端基于 linux 内核开发，相关运维工作技术要求极高，随意操作可能引发一系列连锁反应，需要专业的技术人才。另一方面，检察机关系统内部技术人员有限，当前市场上相关技术人才也较为缺少，难以做到每个检察院都有充足的人力资源来保障网内设备正常运转，影响工作效率，为建设稳定的工作环境带来了更大的挑战。

3. 仅有的国产化系统难以满足日常办公需求

国产化浪潮不可阻挡，但是当前国产化发展时间较短，无法支撑检察院办公人员正常开展相关工作。从信创的视角来看，当前检察工作网业务可分为两大类：第一类是支持信创版的统一业务应用2.0；第二类是不支持信创的其他业务，当前仅能够通过 Windows 操作系统进行访问。

检察干警在检察工作网的办公所需环境如下表所示。

访问业务	近期所需操作系统	中长期所需操作系统
统一业务应用 2.0（信创版）	信创操作系统、Win 7/10 均可	信创操作系统、Win 7/10 均可
其他业务（非信创）	Win 7/10 等	信创操作系统（部分适配信创较慢的软件可能会长期使用 Win 7/10）
综合（同时满足以上两类业务）	Win 7/10 或：Win 7/10 与信创同时共存	信创操作系统或：Win 7 共存

无论当下阶段还是长期的发展规划，在每位检察干警工作过程中，两类操作系统并行使用的情况都将长期存在。单一的国产化操作系统终端难以满足正常使用需求，难以落实"真买真用"。

（二）网络建设和部署需求分析

1. 局域网建设

检察工作网建设项目整体采用云中心架构部署方案，将全市（1 个市院+7 个基层院）检察机关，通过专线网络与运营商机房互联互通，全市检察机关建立云桌面服务集群。

2. 网络带宽需求

根据泰安市人民检察院及各基层院上报终端数量峰值计算得出以下带宽需求：

市院：800M；

基层院：600M（泰山区院、岱岳区院、新泰市院、肥城市院、宁阳县院、东平县院、高新区院）。

3. 终端建设需求分析

基于大数据中心建设和云部署、云存储的总体思想，本项目拟采用云桌面的方式进行全市统一部署检察官办案终端。按照山东省人民检察院要求云桌面采用信创服务器 CPU ≥2.2GHZ，单个云桌面（虚拟桌面）≥4 *

CPU、8G 内存配置。

根据检察业务保障部统计，市院及各县市区院台式机终端需求数量共计 899 台，其中：

泰安市人民检察院市院（168 台）、泰山区院（85 台）、岱岳区院（120 台）、新泰市院（145 台）、肥城市院（120 台）、宁阳县院（91 台）、东平县院（120 台）、高新区院（50 台）。

（四）安全需求分析

1. 网络安全技术需求

泰山检察工作网建设项目，依据《泰安市人民检察院检察工作网边界及等级保护项目采购》提供安全防护措施。

信息安全技术，主要包括安全物理环境、安全通信网络、安全区域边界、安全计算环境、安全管理中心。结合工作网建设需求，以安全管理中心为平台，通过防御、监测、响应、预测等手段实现对物理环境、通信网络、区域边界、计算环境以及各类应用、流程、操作的安全管控。实现环境感知、脆弱性管理、威胁管理、运维响应、合规审计、威胁情报、全景态势、统计报表等内容。形成安全运维响应闭环，支撑安全运营体系建设。

2. 网络安全管理需求

泰山检察工作网建设项目，安全体系建设架构涉及的信息安全管理主要包括安全管理制度、安全管理机构、安全管理人员、安全建设管理、安全运维管理几部分。

3. 网络安全服务需求

泰山检察工作网建设项目安全服务需求，主要包括定期组织安全检查、攻防演练、等保测评、排查风险，落实常态化、实战化、体系化的工作要求，以攻促防，提升实战能力，形成常态化网络安全保护机制。加强人才培养、队伍建设，开展训练和对抗演练，大力提升对抗能力，以此加强动态防御能力。

四、项目建设方案

（一）总体建设方案

泰山检察工作网建设项目，总体规划以统一业务 2.0 系统建设规划为基础，充分借鉴国内外建设经验，针对泰安市检察机关检察工作网的发展方向和空间布局进行总体规划，做好统一基础设计，采用开放灵活架构方式，充分考虑到未来的技术发展方向和需求变化方向，借助具有前瞻性的人工智能技术，面向全省检察机关用户和社会公众、人大代表、政协委员、人民监督员、律师、当事人等提供服务。通过积极探索，大胆创新，推动泰安市检务工作与信息化技术深度融合、创新发展。

检察机关检察干警的终端不允许访问检察工作网以外的网络，检察工作网建设项目组网采用"4+4"互通模式。

（1）4 条裸光纤

对于泰安市市区辖区内市院、泰山区、高新区、岱岳区，因距离较短拟采用裸光纤与移动（电信）机房连通。

（2）4 条专线

新泰市院、肥城市院、宁阳县院、东平县院因距离较远拟采用 1G 数据专线或基于互联网的城域网专线。

（二）建设目标

根据最高人民检察院检务系统的整体工作部署，泰山检察工作网建设目标是按照国家信息化建设的总体规划，结合新时代检察工作的总体任务和要求，全面建成基于等级保护 2.0 的检察业务保障网络，拥有安全及边界防护能力，能够与政法网络、互联网通过边界访问的网络安全体系。

基本完成国产化信创产品替代工作，为办案人员提供具备办案软件的台式机、便携终端和云桌面安全终端。

1. 有物可用，办公好用

本项目首要目标即保障泰安市检察机关办公人员的终端覆盖率达到100%。同时，办公人员将能够在配发的国产化设备上同时启用 Windows 操作系统，以满足当前日常工作所需，待主要办公应用全部适配国产化后再将整体办公环境迁移，实现"真买真用"。

2. 工作解耦，专人专用

以"资源服务化"为理念，将日常办公与信息化运维工作分离，彻底解决检察机关技术人才缺少的困扰。前端只负责使用，相关的运维管理工作全部交付后端技术人员，让专业的人做专业的事，解决国产化相关技术人才匮乏、运维工作繁重等突出问题。

3. 平滑迁移，拒绝重复建设

本项目云桌面解决方案采用服务器集群技术，不仅满足泰安检察机关检察干警当前办公需求，还能做到后续的平滑迁移，无须重复建设，有效规避重复投资。

4. 一人一屏，有效降低"人机比"

在原有涉密网和互联网的环境下，一般干警的办公桌具备 1~2 台终端主机，分别是涉密网 PC 和互联网 PC。本项目建成后涉密网并未停用，本项目终端建设方案实现互联网与工作网"两网合一"，有效控制"人机比"，为办公办案带来便捷。

（三）设计原则

泰山检察工作网建设项目在满足国家网络安全和信息化相关法律法规的基础上，坚持以下原则：

1. 坚持自主可控的原则

检察工作网运行环境建设运用自主可控、安全可靠的信创产品，结合基础软硬件环境和应用支撑软件适配情况，在满足业务需求的条件下，应选取成熟的信创技术产品和相关技术服务，兼顾先进性，以适应未来的信息化发展要求。

2. 坚持统筹规划的原则

检察工作网运行环境建设应立足于智慧检务工程整体规划设计，不仅要满足当前需要，还应适应未来的发展要求，充分把握好技术发展方向，选择符合发展趋势、应用广泛的先进技术。在保障检察工作网在本区域各级检察院正常使用的基础上，确保业务数据在省级院与独立部署的地市级院之间正常交换。

3. 坚持安全保密的原则

泰山检察工作网运行环境建设按照等级保护 2.0 第三级安全要求，通过安全物理环境、安全通信网络、安全区域边界、安全计算环境、安全管理中心、安全管理制度、安全管理机构、安全管理人员、安全建设管理、安全运维管理的合理配置，综合提高信息安全保障能力和网络安全防护能力，保证业务平稳运行和安全保密。

4. 坚持方便维护的原则

泰山检察工作网运行环境要易于维护管理，在运行环境的规划设计和建设实施过程中，同步充分考虑和规划后期运维管理工作。

5. 坚持预留空间的原则

泰山检察工作网具备良好的扩展能力，满足检察工作网长期发展的要求。根据业务的发展预测，平台按照适度预留的理念进行建设，能在规定时间内快速响应新用户和新业务的新增要求。

（四）技术路线

2020 年 12 月 18 日，中央经济工作会议对经济发展做出了重要分析和部署，其中提出强化国家战略科技力量、增强产业链供应链自主可控能力、大力发展数字经济、新基建等科技领域的重要工作任务，会议指出"针对产业薄弱环节，实施好关键核心技术攻关工程，尽快解决一批'卡脖子'问题"。自主可控成为科技产业重要议题，信创+软件成为发展趋势。

泰山检察工作网在建设中依据国产信创替代规划为技术路线，适应全国检察机关统一业务应用系统 2.0 信创环境需要。

（五）整体框架

数据中心端：底层的物理硬件，主要是服务器和交换机；中间层的虚拟化软件，将底层的硬件虚拟化成一个统一的资源池；上层主要是管理运维层，管理资源与用户，运维桌面和日志报表。

网络接入端：各院通过运营商专线，连接本地终端和运营商机房内检务桌面云平台。桌面数据在网络中传输，通过为国产自研传输协议，实现数据高效稳定传输，并通过 VPN 加密技术，实现数据在网络中安全传输。

用户端：通过部署桌面云终端，通过多种登录验证方式，实现与检务桌面云平台连接，从而获得桌面资源。

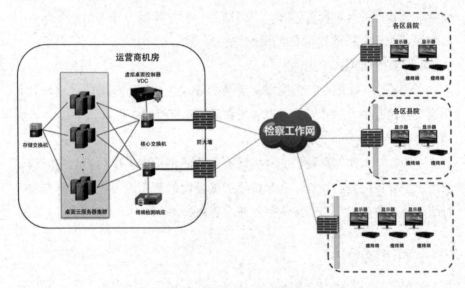

图 2-1　检务工作网整体框架

五、工作网配套服务方案

利用 5G 等前沿技术建立泰安市集中统一的泰山检察工作网，并配备云桌面终端和移动办案终端，为以案件为中心的检察业务提供有力保障。

（一）网络建设

泰山检查工作网整体采用中心架构部署方案，将全市检察机关通过专线网络与中心机房互联互通。

本项目整合泰安市检察机关数据（包括：智能安防系统监控数据、办案卷宗数据、电子检务相关数据、政务系统数据、公文流转相关数据、党建相关音视频资料、检察官培训暨泰山实战法学院数据等），建立全市检察机关数据服务中心。

泰山检察工作网核心业务区域部署于运营商机房，市检察院与运营商机房的数据中心通过两条 1G 带宽的裸光纤互联互通。市检察院和运营商机房各自由双核心设备组成骨干交换网络。

基层院部署双核心交换机，采用虚拟化技术提高可靠性。主备线路分别接在两台交换机上。其中位于泰安市内的泰山区院、岱岳区院和高新区院通过裸光纤的方式接入到运营商机房。新泰市院、肥城市院、宁阳县院和东平县院通过 MSTP 专线接入到运营商机房，其中主线路带宽 1G，备线路带宽 500M。

采用层次化星型网络拓扑结构具有以下特点：

一是符合大网建设要求

分层的模块化设计使得网络成长更加方便。升级的费用和复杂度限制在整个网络的小范围内，当局部网络环境发生变化时不影响其他无关的层次。便于发现和隔离故障，有助于故障点的识别。

二是可靠性高

可以保证在任何一个链路出现故障时，都不会中断全局通信，因此，网络具有很高的可靠性。

三是升级和维护成本合理

从升级和维护成本上来分析，网络分层次升级，不同层次的带宽选择可以分别考虑。根据流量需求，主干层采用比较高的带宽，而接入层采用相对低一些的带宽，可以极大地提高网络主干层的性能、网络的可实施性，同时又增加了带宽分配的合理性，避免带宽资源的浪费，节约了升级和维护成本。

四是路由效率高

模块化、层次化拓扑结构便于路由协议分层设计，减少了路由选择协议在网络链路上的开销，以及路由器的处理时间，这样，提高了路由效率。

1. 网络互通方式

政法数据服务中心建设项目整体规划采用数据专线的方式构建整体网络架构。数据专线既符合与其他网络物理隔离，又在符合相关保密要求的同时提供稳定的数据传输。

运营商专线可提供基于 SDH/MSTP/OTN 等技术平台的专线，各运营商依据其使用的技术不同提供相应的专线服务，各类专线技术均可以支持本项目实施。

2. 总体架构

本项目网络总体架构采用"4+4"互通模式实现。

4 条裸光纤：对于泰安市区内检察机关（市院、泰山区院、高新区院、岱岳区院），因距离较短拟采用裸光纤与中心机房连通。

4 条专线：对于泰安市区外检察机关（新泰市院、肥城市院、宁阳县院、东平县院）因距离较远拟采用 1G 数据专线。

基于稳定性考虑，本项目采用冗余链路设计，对泰安市区内检察机关（市院、泰山区院、高新区院、岱岳区院）冗余建设不同运营商的裸光纤与中心机房连通实现链路冗余，对泰安市区外检察机关（新泰市院、肥城市院、宁阳县院、东平县院）冗余建设 4 条 500M 数据专线实现链路冗余。

（二）云桌面建设方案

本项目通过建设云桌面及其相关设施，通过云桌面访问检察工作网，保障数据安全。

基础架构设计

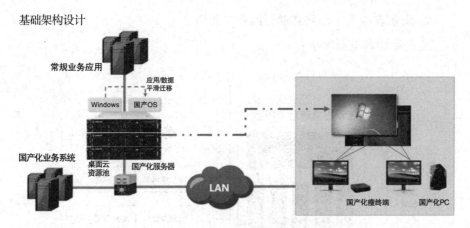

图 2-2　云桌面基础架构

本项目中对于实际负责计算处理和存储数据的数据中心服务器，采用了满足信创要求的服务器，满足合规性要求。而对于只负责接收后端桌面图像，并做桌面显示的前端终端，可基于用户需求，支持多种类型接入终端：国产化终端、国产化 PC，以及利用现有的 PC。

本项目能够在国产化服务器上，同时提供 Windows 系统和信创操作系统的 VDI 桌面云服务，可按需为检察机关用户提供不同操作系统的虚拟机。随着软件与国产操作系统的兼容性不断提升，后续可逐步将 Windows 云桌面上的应用平滑迁移到国产操作系统的云桌面，从而实现在保证业务不受影响的情况下，最终实现硬件、操作系统、业务软件的全方位国产化。

本项目还可实现对云桌面上操作系统及业务软件的批量部署、升级，提升管理效率。同时，通过 USB 外设黑白名单及管控策略、虚拟桌面数据卷全盘加密等技术实现数据的立体式防护，有效防范信息泄密。

（三）移动终端建设方案

1. 移动终端类型：移动终端主要含信创便携式笔记本、Pad 等设备。

国产信创笔记本采用信创操作系统，安装支持统一业务 2.0 的配套工具软件，配合加密传输通道接入检察工作网实现移动办案。

PAD 通过各类检务 App 工具实现移动办公、办案。

2. 山东省检察工作网移动专网业务架构

业务架构如下图所示：

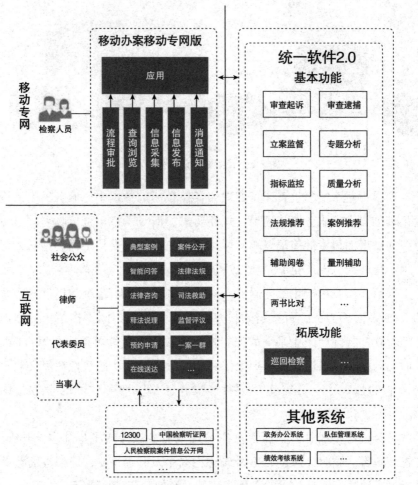

图 2-3 业务架构图

从业务上来看，系统主体上可以分为三部分：

一是面向社会公众、律师、当事人以及人大代表、政协委员、人民监督员的公众服务类应用。此类应用通过微信小程序的形式整合检察机关对外服务资源，打造优质检察产品，面向各类社会群体，提供智能化、便捷化、综合性、一体化服务。提供的服务应用包括：案件信息公开、智能问答、法律法规查询、法律咨询、监督评议等。

二是面向检察干警，围绕办案工作和检察社会服务类工作的移动办案类应用。此类应用以基于基础开发平台，通过流程审批、查询浏览、信息采集、信息发布、消息通知等功能支持案件的移动化办工需要。

三是以统一业务 2.0 为基础，基于移动化案件办理的新增业务，在 PC端扩展出来的相关功能。例如：巡回检察案件的案卡填录及文书制作、公益诉讼线索筛查与分析等等。

其中，检察干警通过移动专网接入访问移动办案移动专网版，通过工作网访问统一业务 2.0 拓展功能；社会公众通过互联网接入访问相关小程序。

三类业务之间，基于网络边界安全设备进行数据交互，实现数据与信息的即时传递，满足各类用户综合性移动化、即时性工作和服务体验。

3. 移动专网部署架构

移动专网部署架构如图 2-4 所示。

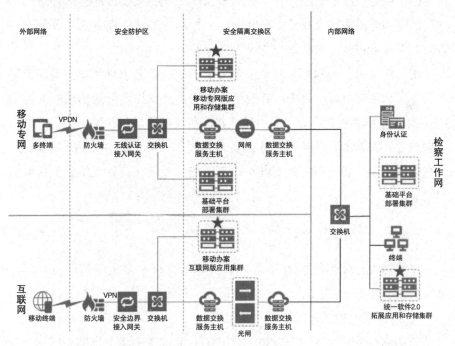

图 2-4　业务架构图

系统分为两种接入方式，分别是面向社会公众的互联网接入和面向检察干警的移动专网接入。其中，互联网接入访问对象主要是服务于面向社会公众的移动办案互联网版，而通过移动专网接入访问对象主要服务于检察干警的移动办案移动专网版。

请求通过两种方式接入以后，首先都是进入安全防护区、安全检测区和安全隔离交换区。在安全隔离交换区，针对不同的应用场景，采取了两种不同的部署方式。其中：

针对面向社会公众的移动办案互联网版，系统将应用和存储集群直接部署在安全隔离交换区，访问请求经过安全检测以后，直接到达应用集群服务器。服务器通过光闸直接与部署于工作网内的统一业务软件2.0系统进行业务和数据交互。

针对面向检察干警的移动办案移动专网版，在安全隔离交换区，部署移动办案应用集群和基础平台部署集群。外部请求首先到达跨网交换区的移动办案应用或政务基础平台部署应用，然后跨网交换区的移动办案应用和蓝信应用通过数据交换设备和网闸与工作网内的统一业务2.0系统和政务微信系统进行业务与数据交互。

在工作网内，分别部署基础平台集群，统一业务软件2.0拓展功能集群、身份认证集群等。其中，基础平台集群负责支撑政务蓝信核心业务应用（IM）运行和数据存储；身份认证集群负责部署身份认证应用，此应用分别与CA系统和基础平台衔接，实现访问用户的身份确认和权限赋予；统一业务2.0扩展应用集群负责支撑基于统一业务2.0开发的各类扩展应用功能。

（四）终端接入方式

终端分为云桌面终端及移动终端，移动终端主要含信创便携式笔记本、Pad等设备。

1. 云桌面终端接入

云桌面终端通过工作网专线，直接接入山东省检察工作网访问统一业务2.0系统。

2. 移动终端接入

信创笔记本通过加密传输通道，接入检察工作网移动专网。

平板电脑及手机有 4 种方式接入检察工作网移动专网：

（1）APN+VPN 功能接入：采取加密传输方式，数据在移动终端混合存储，接入需手动切换 APN 后登陆 VPN，操作较为复杂。

（2）云手机：可以自动切换网络（自动切换 APN 登陆 VPN），操作简便，数据存储在云端，对手机有特定要求，且需额外建设云手机系统。

（3）双系统手机：互联网系统和移动专网系统可同时在线，能够快速切换，数据加密传输，存储在移动终端内。

（4）量子通信技术：数据传输通过量子加密，无法被破解，可以通过互联网环境接入，数据在移动终端混合存储。

（五）智慧文印系统

随着检察机关信息化建设步伐的加快，在内网、工作网建设和统一业务系统等方面都得到了长足的发展。但在文件输出方面由于目前设备较多品牌复杂，既有大型输出设备、复印机，也有许多传统小型桌面激光打印机，在设备的日常维护管理和输出效率等方面存在很大问题，如不同品牌型号打印驱动、耗材不同，不同年限故障率不同，每台打印机相对独立，不能实现统一管理，给设备管理和运维工作带来很大很繁杂的工作。并且随着信创工作加速推进，解决各类卷宗、档案、文书打印全生命周期的高效管控迫在眉睫。

因此，本项目计划建设智慧文印系统，该系统通过构建一个安全打印管理平台，将打印设备、成本、用户、权限和打印行为等纳入统一平台管理，从而实现统一驱动、无障碍漫游打印，并实时记录打印输出日常使用情况，对打印输出记录按部门、用户统计、运行费用分摊等日常管理。

满足泰安市检察工作网建设的需求，实现所有智慧文印系统内打印设备和国产化系统的对接。同时，满足检察机关对国产化的基本要求。智慧文印系统在工作中无缝对接检察机关统一业务应用系统 2.0 平台，对接泰安市人民检察院工作网内现有应用的办公平台。支撑泰安市人民检察院各类卷宗、档案、文书的全流程安全保密建设，满足全院各类卷宗、档案、文书印刷过程中的全生命周期的管理，提升全院各类卷宗、档案、文书打印的统一性及安全性，完善文印相关的外围职责。

（六）国产化适配方案

最高人民检察院下发的全国检察机关统一业务 2.0 运行环境建设指导方案，提及根据国家关于信创工作的要求，要求检务系统尽量部署在国产信创环境中，于是检察官业绩考评系统、移动 OA 系统、档案系统要适配国产环境，方便后续部署在国产环境中使用。

1. 国产化服务器

依据业务需求分析仅有国产化系统，难以满足日常办公需求。目前来看无论当下阶段还是长期的发展规划，在每位检察干警工作过程中，两类操作系统并行使用的情况都将长期存在。单一的国产化操作系统终端难以满足正常使用需求，难以落实"真买真用"。

因此云桌面服务器需采用信创 X86 架构服务器，以满足同时提供信创操作系统及 Windows 系统需求。

2. 应用国产化适配

基于检察官业绩考评系统、办公 OA 系统和档案系统的国产化替代要求而提出。此次国产化替代项目建设的目标可以概括为：采用基于国产软硬件平台、外设及应用软件，替代基于国外 CPU、操作系统、数据库等关键核心组件和技术的信息化平台、外设和应用。

但是，由于信息化建设的历史和现状，要将现有的全部应用完全迁移到国产化平台上并且实现稳定运行，还有一定的技术难度和其他现实问题，需要一定的时间过程来解决。

本适配方案针对这一现实问题，通过终端适配平台，支持在现有应用到国产化平台迁移过程中，尽可能使那些国产终端支持的、又不影响存量应用工作的所有客户端功能都运行在国产终端上，满足"真替真用"目标。

（七）机柜租赁

政法数据服务中心建设项目计划部署在运营商数据中心，租赁运营商数据中心标准服务器机柜 10 个，运营商可对租赁机柜提供多项保障服务。

网络服务：支持多家运营商专线接入，大带宽出口直联骨干网。

供电保障：运营商数据中心具备 99.99% 的持续供电率，数据中心采用两个供电站分别供电，互为回路，提供双路保障。提供两路市电+UPS+油机供电系统，真正保证持续供电，并配有大功率 UPS 系统。

机房环境：机房内有精密度空调，采用"下送风+防静电地板"，地板下精确送风，并采用冷通道密闭系统，机房环境保持恒温恒湿，为设备提供良好运行环境。

监控运维：数据中心内外安装全方位实时监控系统，无视频监控死角，7×24 小时全程记录数据大厦内外情况，安防录像保存六个月，提供巡检服务，具有严格的机房进出人员和出入设备登记制度，并进行详细登记，非授权人员无法进入。

消防安全：配备感温、火灾探测报警器，机房分区灭火、气体灭火控制系统，防漏水感应系统，电视监控系统，多级智能认证保安系统，感应式门禁，掌纹识别，以及门禁语音通话系统，保证用户服务器和整个机房的绝对物理安全。

（八）全市检察机关信息化运维保障服务

泰安市检察机关的信息化应用和设施保障采取购买运维保障服务方式集中解决，有效避免技术人员缺失的困扰，并能提升专业化水平，保证信息化应用的正常开展。同时实现市看守所的监控接入服务。

1. 信息化应用和设施保障服务

（1）重要活动保障

服务要求

在重大活动期间（两会、国庆等）或重大网络安全事件期间提供现场安全值守服务，配备具有丰富的应急处理能力和安全服务技术经验的工程师。

服务内容

提供高级安全工程师、渗透工程师驻场安全值守，针对保障范围内的业务系统进行安全监测、安全漏洞监测、安全状态巡检、信息安全通告等服务；针对安全事件提供应急响应服务，通过远程和现场相结合的方式，为全市检察机关信息系统提供 7×24 小时的应急响应服务，包括为网络入侵、拒绝服务攻击、大规模病毒爆发、主机或网络异常事件等紧急安全问题提供技术支持，控制事态发展；保护或恢复主机、网络服务的正常工作，并且提供事后分析，找出信息系统的安全漏洞，根据出现的问题及时调整安全策略，根据现场保留情况尽可能对入侵者进行追查，帮助在以后的维护中正确解决问题。

■ 安全值守服务

➤ 系统安全监测

➤ 安全漏洞监测

➤ 安全状态巡检

➤ 信息安全通告

■ 事件应急处理服务

➤ 入侵检测调查

➤ 主机、网络异常响应

➤ 其他紧急事件

（2）应急预案及演练服务

服务要求

为提高全市检察机关信息系统处置网络安全突发事件的能力，形成科学、有效、反应迅速的应急工作机制，确保重要计算机信息系统的实体安全、运行安全和数据安全，最大限度地预防和减少网络安全突发事件及其造成的损害。制定信息系统的应急预案，定期举行应急演练、应急响应处置，及时发现安全问题，准确分析和查找产生问题的原因，针对问题制定整改工作方案，落实整改措施，并提供具体实施的技术服务，逐步建立一套完整的信息安全防护体系，可实现对未知威胁有检测能力、对非法攻击行为有分析阻断能力、对信息系统弱点有探测能力及对安全事件有持续监控能力。

服务内容

具体服务内容可参考的《全市检察机关信息系统网络与信息安全事件应急预案》。

● 分类分级

本服务内容所称重大安全事件，是指全市检察机关信息系统突然遭受不可预知外力的破坏、毁损、故障，发生对国家、社会造成或可能造成重大危害，危及公共安全的紧急事件。

1. 事件分类

根据网络与信息安全突发事件的性质、机理和发生过程，网络与信息安全突发事件主要分为以下三类：

（1）自然灾害。指地震、台风、雷电、火灾、洪水等引起的网络信息系统的故障。

（2）事故灾难。指电力中断、网络损坏或是软件、硬件设备故障等引起的网络信息系统的故障。

（3）人为破坏。指人为破坏网络线路、通信设施，黑客攻击、病毒攻击、恐怖袭击等引起的网络信息系统的故障。

2. 事件分级

根据网络与信息安全突发事件的可控性、严重程度和影响范围，一般分为四级：I级（特别重大）、II级（重大）、III级（较大）和IV级（一般）。

（1）I级（特别重大）、II级（重大）。重要网络信息系统发生全局大规模瘫痪，事态发展超出项目组的控制能力，需要由供应商信息网络安全应急小组协调解决，对国家安全、社会秩序、经济建设和公共利益造成特别严重损害的信息网络安全突发事件。

（2）III级（较大）。某一部分的重要网络信息系统瘫痪，对保障企业安全生产重要监测监控系统造成一定影响，有可能发生安全事故，但整体在控制范围之内的突发事件。

（3）IV级（一般）。某节点的网络或网络终端发生故障，影响部分用户使用的网络事件。

● 组织机构及职责分工

➢ 组织体系

成立泰安市人民检察院项目组领导小组，明确小组组长、副组长和小组成员。

➢ 工作职责

1. 研究提出信息网络安全应急机制建设规划，检查、指导和督促网络与信息安全应急机制建设。指导督促重要信息系统应急预案的修订和完善，检查落实预案执行情况。

2. 发生Ⅰ级、Ⅱ级、Ⅲ级信息网络安全突发事件后，决定启动本服务方案，组织应急处置工作。如信息网络安全突发事件属于Ⅰ级、Ⅱ级的，向服务公司有关部门通报并协调配合处理。

3. 指导应对信息网络安全突发事件的科学研究、预案演习、宣传培训，督促应急保障体系建设。

4. 及时收集信息网络安全突发事件相关信息，分析重要信息并提出处置建议。对可能演变为Ⅰ级、Ⅱ级、Ⅲ级的网络与信息安全突发事件，应及时向领导小组提出启动本预案的建议。

5. 负责提供技术咨询、技术支持，参与重要信息的研判，信息网络安全突发事件的调查和总结评估工作，进行应急处置工作。

● 监测、预警和先期处置

➢ 信息监测与报告

1. 要进一步完善信息网络安全突发事件监测、预测、预警制度。按照"早发现、早报告、早处置"的原则，加强对各类信息网络安全突发事件和可能引发信息网络安全突发事件的有关信息的收集、分析判断和持续监测。当发生信息网络安全突发事件时，在按规定向有关部门报告的同时，按紧急信息报送的规定及时向有关领导汇报，汇报内容主要包括信息来源、影响范围、事件性质、事件发展趋势和采取的措施等。

2. 建立24小时值班制度，避免因信息网络安全突发事件发生后，必要的信息通报与指挥协调通信渠道中断。

3. 每周应总结信息网络安全自查工作情况：

（1）恶意人士利用检察工作网络从事违法犯罪活动的情况。

（2）网络或信息系统通信和资源使用异常，网络和信息系统瘫痪、应用服务中断或数据篡改、丢失等情况。

（3）网络恐怖活动的嫌疑情况和预警信息。

（4）网络安全状况、安全形势分析预测等信息。

（5）其他影响网络与信息安全的信息。

➤ 预警处理与预警发布

1. 对于可能发生或已经发生的信息网络安全突发事件，系统管理员应立即采取措施控制事态，并在 2h 内进行风险评估，判定事件等级并发布预警。必要时应启动相应的预案，同时向信息安全领导小组汇报。

2. 领导小组接到汇报后应立即组织现场救援，查明事件状态及原因，技术人员应及时对信息进行技术分析、研判，根据问题的性质、危害程度，提出安全警报级别。

➤ 先期处置

1. 当发生信息网络安全突发事件时，及时做好先期应急处置工作并立即采取措施控制事态，必要时采用断网、关闭服务器等方式防止事态进一步扩大，同时向信息网络安全领导小组通报。

2. 信息网络安全领导小组在接到信息网络安全突发事件发生或可能发生的信息后，应加强与有关方面的联系，掌握最新发展态势。对有可能演变为Ⅲ级信息网络安全突发事件的，技术人员提出建议方案，并做好启动本预案的各项准备工作。信息安全领导小组根据网络与信息安全突发事件发展态势，视情况决定现场指导、组织设备厂商或系统集成商应急支援力量，做好应急处置工作。对有可能演变为Ⅱ级或Ⅰ级的信息网络安全突发事件，要根据公司的要求，上报公司有关部门，赶赴现场指挥，组织应急支援力量，积极做好应急处置工作。

● 应急处置

➤ 应急指挥

1. 本预案启动后，领导小组要迅速建立与现场通讯联系。抓紧收集相关信息，掌握现场处置工作状态，分析事件发展趋势，研究提出处置方案，调集和配置应急处置所需要的人、财、物等资源，统一指挥信息网络安全应急处置工作。

2. 需要成立现场指挥部的，立即在现场开设指挥部，并提供现场指挥运作的相关保障。现场指挥部要根据事件性质迅速组建各类应急工作组，开展应急处置工作。

➤ 应急处置

在信息安全事件发生时，技术人员应对事件进行动态监测、评估，及时将事件的性质、危害程度和损失情况及处置工作等情况及时报领导小组，属于 I 级、II 级信息安全事件的，同时报矿调度。

根据自然事件或人为破坏这两种情况把应急处置分为两个流程。

流程一：当发生的信息安全事件为自然安全事件时，应根据当时的实际情况，在保障人身安全的前提下，首先保障数据的安全，然后是设备安全。具体方法包括：硬盘的拔出与保存，设备的断电与拆卸、搬迁等。

流程二：当人为或病毒破坏的信息安全事件发生时，具体按以下顺序进行：判断破坏的来源与性质，断开影响安全与稳定的信息网络设备，断开与破坏来源的网络物理连接，跟踪并锁定破坏来源的 IP 或其他网络用户信息，修复被破坏的信息，恢复信息系统。按照信息安全事件发生的性质分别采用以下方案：

（1）病毒传播：针对这种现象，要及时断开传播源，判断病毒的性质、采用的端口，然后关闭相应的端口，公布病毒攻击信息以及防御方法。

（2）入侵：对于网络入侵，首先要判断入侵的来源，区分外网与内网。入侵来自外网的，定位入侵的 IP 地址，及时关闭入侵的端口，限制入侵地 IP 地址的访问，在无法制止的情况下可以采用断开网络连接的方法。入侵来自内网的，查清入侵来源，如 IP 地址、上网账号等信息，同时断开对应的交换机端口。然后针对入侵方法建设或更新入侵检测设备。

（3）信息被篡改：对这种情况，要求一经发现马上断开相应的信息上网链接，并尽快恢复。

（4）网络故障：一旦发现，可根据相应工作流程尽快排除。

（5）其他没有列出的不确定因素造成的网络安全事件，可根据总的安全原则，结合具体的情况，做出相应的处理。不能处理的可以请示相关的专业人员。

➤ 扩大应急

经应急处置后，事态难以控制或有扩大发展趋势时，应实施扩大应急行动。要迅速召开信息安全工作领导小组会议，根据事态情况，研究采取有利于控制事态的非常措施，并向公司信息网络安全应急小组请求支援。

➤ 应急结束

信息网络安全突发事件经应急处置后，得到有效控制，将各监测统计数据报信息安全工作领导小组，提出应急结束的建议，经领导批准后实施。

➤ 后期处置

在应急处置工作结束后，信息安全工作领导小组应立即组织有关人员和专家组成事件调查组，对事件发生及其处置过程进行全面的调查，查清事件发生的原因及财产损失状况和总结经验教训，写出调查评估报告。

● 应急保障

➤ 通信与信息保障

领导小组各成员应保证电话 24 小时开机，以确保发生信息安全事故时能及时联系到位。

➤ 应急装备保障

各重要信息系统在建设系统时应事先预留出一定的应急设备，做好信息网络硬件、软件、应急救援设备等应急物资储备工作。在网络与信息安全突发事件发生时，由领导小组负责统一调用。

➤ 数据保障

重要信息系统建立容灾备份系统和相关工作机制，保证重要数据在受到破坏后，可紧急恢复。

➤ 应急队伍保障

按照一专多能的要求建立网络与信息安全应急保障队伍。由服务商派出获得国家有关部门资质认可的与服务商有密切业务联系且服务能力较强的企业作为检察工作网网络与信息安全的社会应急支援单位，提供技术支持与服务。

➤ 交通运输保障

确定信息网络安全突发事件应急交通工具，确保应急期间人员、物资、信息传递的需要，并根据应急处置工作需要，由领导小组统一调配。

➤ 经费保障

网络信息系统突发公共事件应急处置资金，应列入年度工作经费预算，切实予以保障。

（3）安全事件处置服务

服务要求

针对全市检察机关信息系统提供应急响应及演练服务；对信息安全领域疑似非法攻击事件进行处置，包括突发安全事件远程技术支持；突发安全事件现场技术支持；安全事件溯源及调查取证；保障业务连续性；安全事态控制。事件处置过程对用户公开，并严格遵循信息安全突发事件处置流程（准备—检测—抑制—根除—恢复—总结）。

服务内容

通过人工现场服务方式提供重大安全事件应急响应服务。包括：编制应急响应预案服务，应急预案演练服务，安全事件分析服务，安全事件溯源服务，安全取证支持服务，安全事件处置服务，重要活动、会议保障服务，事件通告服务，安全预警服务，经验教训总结服务等。

建立应急响应体系，包括：编制应急响应工作预案和流程，并在重大信息安全事件发生时严格按照预案组织实施。分析信息安全事件的类型及产生的原因，进行应急处置，排除隐患，恢复系统正常操作，获取并保存相关证据。信息安全事件处置完毕后 3 个工作日内提交详细的应急工作报告，并提出整改方案和建议。建立应急响应组织，建立完善预防预警机制，建立安全事件分级管理体系，建立应急响应保障措施，进行应急预案的定期测试和演练。

提供远程应急处置协助，包括热线支持、远程支持、现场支持等服务手段。

2. 市看守所监控接入服务

泰安市人民检察院通过租用运营商专线，实现在市院实时查看看守所监控服务器视频画面。

第三章

泰山检察工作网新生态
——政法大数据
产业园建设

习近平总书记强调：我们要深刻认识互联网在国家管理和社会治理中的作用，以推行电子政务、建设新型智慧城市等为抓手，以数据集中和共享为途径，建设全国一体化的国家大数据中心，推进技术融合、业务融合、数据融合，实现跨层级、跨地域、跨系统、跨部门、跨业务的协同管理和服务。

《中共中央关于制定国民经济和社会发展第十四个五年规划和二〇三五年远景目标的建议》中要求：统筹推进基础设施建设。构建系统完备、高效实用、智能绿色、安全可靠的现代化基础设施体系。系统布局新型基础设施，加快第五代移动通信、工业互联网、大数据中心等建设；加快数字化发展。加强数字社会、数字政府建设，提升公共服务、社会治理等数字化智能化水平。扩大基础公共信息数据有序开放，建设国家数据统一共享开放平台。提升全民数字技能，实现信息服务全覆盖。

2020年，为全面落实习近平总书记关于建设全国一体化大数据中心的重要讲话精神，全面贯彻党的十九大和十九届二中、三中、四中、五中全会精神，国家发展改革委员会出台《关于构建全国一体化大数据中心协同创新体系的指导意见》，要求坚持"改革创新，完善生态"的原则，正确处理政府和市场关系，破除制约大数据中心协同创新体系发展的政策瓶颈，着力营造适应大数据发展的创新生态，发挥企业主体作用，引导市场有序发展。至此，以加快建设数据强国为目标，强化数据资源的顶层统筹和要素流通，加快培育新业态新模式，引领我国数字经济高质量发展为指导思想的一体化数据中心建设迅速提上议事日程。

泰山检察工作网建设运维新模式的探索，从微观角度为以案件为中心的检察业务提供了有效的信息化手段，更为重要的意义在于，泰山检察工作网建设运维新模式从宏观上把握了新时代条件下时代要求和信息化发展大势，突破传统建设模式，有效整合政府行政机关、社会资本、先进技术等各类资源，进一步规划和明晰了检察机关、政法系统信息化建设的有效途径和发展方向。立足国家宏观战略，打造泰山检察工作网的升级版——政法大数据产业园建设，确定以建设泰安高检数据中心项目为核心，打造支撑信息化全产业链的新生态为目标，对于开启检察系统智慧检务新的发展阶段，推动政法系统信息化新进程，实现社会经济新旧动态转换，加快国家治理体系和治理能力现代化起到强有力的推动作用。

第一节　政法大数据产业园发展定位

党中央、国务院高度重视大数据发展和应用。2015 年，党的十八届五中全会明确提出实施"国家大数据战略"，加快建设数据强国。国务院专门制定《促进大数据发展行动纲要》，全面推进大数据发展。为了贯彻落实中央精神，充分应用大数据等现代科技手段，服务检察机关法律监督工作，打造数据化、科学化、智能化的"智慧检务"，"十三五"期间，最高人民检察院编制了《"十三五"时期科技强检规划纲要》，制定下发了《检察大数据行动指南（2017—2020）》，对检察机关大数据工作进行总体部署，张军检察长在历年政府工作汇报、中央政法工作会的讲话都强调数据强基，坚决全面推进大数据和检察工作深入融合。

"十四五"开局，中国全面推进社会主义现代化建设，数据要素更是成为推进我国社会经济建设新的生产要素，万物互联时代海量的数据继续产生，如何做好数据服务、如何提升数据服务质量、如何保障数据安全是各个领域深入探索的新命题。2020 年出台的《关于加快构建全国一体化大数据中心协同创新体系的指导意见》强调，加快构建全国一体化大数据中心协同创新体系，是贯彻落实党中央、国务院决策部署的具体举措，要求要坚持加强全国一体化大数据中心顶层设计的总体思路，优化数据中心基础设施建设布局，加快实现数据中心集约化、规模化、绿色化发展，形成"数网"体系；加快建立完善云资源接入和一体化调度机制，降低算力使用成本和门槛，形成"数纽"体系；加强跨部门、跨区域、跨层级的数据流通与治理，打造数字供应链，形成"数链"体系；深化大数据在社会治理与公共服务、金融、能源、交通、商贸、工业制造、教育、医疗、文化旅游、农业、科研、空间、生物等领域协同创新，繁荣各行业数据智能应用，形成"数脑"体系；加快提升大数据安全水平，强化对算力和数据资源的安全防护，形成"数盾"体系。

《指导意见》的发布，对加快构建全国一体化数据中心协同创新体系明确了指导思想、基本原则、总体思路。政法数据是国家实施社会治理的刚性工具，数据的真实性、准确性、安全性、流通性、标准型、协同性尤为重要，需要进行统一的规划、统筹管理，并与社会其他领域进行对接开放、协同并进，所以数据的建设、数据的管理、数据的把控既要适合市场的需求、社会的需要，更要具有国家从属权。政法大数据产业园的建设就是站在国家数据管理的战略高度，从提高国家治理能力、加强数据社会应用、打通政法体系各个节点、标准对接社会各个领域、方便社会终端直接应用、形成自主可控产业链等多维度谋划整体结构，并以产业化的角度谋划项目的持久生命力。

政法大数据产业园应主动纳入全国一体化数据中心协调创新体系的"大盘子"，充分结合政法部门实际，根据国家战略发展要求，尊重产业和技术发展规律，着眼引领全球云计算、大数据、人工智能、区块链发展的长远目标，开展自主可控的国产化研究、开发和生产，统筹数据中心、云服务、数据流通与治理、数据应用、数据安全等关键环节，适度超前建设，预留发展空间，形成完整可靠、自主可控的信息化产业新生态、新布局。

一、数据中心产业现状及发展

（一）数据中心定义及发展阶段

数据中心（Data Center）是全球协作的特定设备网络，用来传递、加速、展示、计算、存储数据信息。维基百科给出的定义是"数据中心是一整套复杂的设施。它不仅仅包括计算机系统和其他与之配套的设备（例如通信和存储系统），还包含冗余的数据通信连接、环境控制设备、监控设备以及各种安全装置"。谷歌在其发布的《The Datacenter as a Computer》一书中，将数据中心解释为"多功能的建筑物，能容纳多个服务器以及通信设备。这些设备被放置在一起是因为它们具有相同的对环境的要求以及物理安全上的需求，并且这样放置便于维护。在今后的发展中，数据中心也将会成为企业竞争的资产，商业模式也会因此发生改变。

随着数据中心行业在全球的蓬勃发展，随着社会经济的快速增长，数据中心的发展建设将处于高速时期，再加上世界各国政府部门给予新兴产业的大力扶持，都为数据中心行业的发展带来了很大的优势。数据中心是与人力资源、自然资源一样重要的战略资源，在信息时代下的数据中心行业中，只有对数据进行大规模和灵活性的运用，才能更好地去理解数据，运用数据，才能促使我国数据中心行业快速高效发展，体现出国家发展的大智慧。海量数据的产生，也促使信息数据的收集与处理发生了重要的转变，企业也从实体服务走向了数据服务。产业界需求与关注点也发生了转变，企业关注的重点转向了数据，计算机行业从追求计算能力转变为数据处理能力，软件业也将从编程为主向数据为主转变，云计算的主导权也将从分析向服务转变。在信息时代下，数据中心的产生，更多的网络内容也将不再由专业网站或者特定人群所产生，而是由全体网民共同参与。随着数据中心行业的兴起，网民参与互联网也更加便捷，呈现出多元化。巨量网络数据都能够存储在数据中心，数据价值也会越来越高，可靠性能也在进一步加强。随着数据中心应用的广泛化，人工智能、网络安全等也相继出现，更多的用户都被带到了网络和手机的应用中。随着计算机和数据量的增多，人们也可以通过不断学习积累提升自身的能力，是迈向信息化时代的重要标志。

互联网数据中心英文为 Internet Data Center，可缩写为 IDC，是具备可靠性、安全性、可扩展性，并具备 Internet 接入能力的电信级数据机房的泛称。通过与互联网的高速连接，丰富的计算、存储、网络和应用资源，可以向服务提供商（SP）、内容提供商（CP）、各类集团客户等提供大规模、高质量、安全可靠的一整套信息服务。IDC 除了可以提供主机托管和网络接入等基础资源租用服务外，还可以提供网络安全、运行维护、应用辅助和综合配套等增值服务，为 IDC 业务范围提供一整套信息服务 IT 解决方案。

IDC 粗略分为三个阶段：第一阶段以托管、租用等硬件服务为主，提供场地、电源、网络、通信设备等基础电信资源、设施的托管和线路维护服务；第二阶段以硬件服务向增值服务转型为主，在基础资源的基础上，提供各类数据安全、数据管理等外围的增值服务；第三阶段进入提供整合式按需服务阶段，以客户为中心、以服务为导向、以云计算为核心技术，聚合内容资源的价值链运营，在高性能基础架构上提供各类随需要应变的整合服务。新一代 IDC 业务将从简单的资源型和服务型业务不断向以宽带和互联网为基础的价值型业务转变，是以宽带和互联网为基础的价值型业务，是未来互联网内容、应用服务的最大集散地。

（二）IDC 业务的跨越发展

IDC 业务市场始终保持较快增速。从市场总量来看，美国和欧洲地区占据了全球 IDC 市场规模的 50%。从增速来看，全球市场规模在云计算的带领下仍保持稳定增长，亚太地区继续在各区域市场中保持领先，其中中国、印度和东南亚国家增长最快。

目前我国 IDC 市场规模的绝对值仍然保持增长。我国 IDC 市场正在从高速发展期向成熟期过渡，客户需求更加明确清晰，在采购 IDC 业务时能够准确评估实际需求；同时，IDC 服务商也保持匀速扩张原则，稳步开拓市场。市场供给双方均能够理性处理采购需求与供给能力，这标志着中国 IDC 正逐步向专业、合规、良性的市场发展。电信运营商近年来加大了对带宽的投资力度，电信网、广电网和互联网的融合进一步加速。

"互联网+"推动传统行业信息化发展，带动 IDC 机房需求和网络需求持续增长。移动互联网和视频行业呈现爆发增长，游戏等行业增速稳定，这些领域客户需求的增长拉动了 IDC 市场整体规模。2019 年，中国 IDC 业务市场规模达到 1 562.5 亿元，同比增长 27.2%，增速放缓 2.6 个百分点，市场规模绝对值相比 2018 年增长超过 300 亿元。2020 年，中国 IDC 业务市场规模达到 1 958.2 亿元，同比增长 25.3%，增速放缓 1.9 个百分点，市场规模绝对值相比 2018 年增长超过 400 亿元。至 2022 年市场规模将达 3 200 亿元。比 2020 年增长 1 240 亿。增长速度将提升至 28.8%。从整体市场环境来看，国内大数据产业已经进入快速增长阶段，新兴技术需求进一步催生产业需求，存在很大的变革和突破的空间。

（三）大数据市场稳步增长

IDC 业务市场规模增长迅速，各地大力发展大数据使得行业应用得到快速推广，市场规模稳步增长，但对于海量的数据基数和广泛的应用，中国已处于需求的数字化爆发期，但国内大数据应用的基础建设仍处在初步发展阶段。从国家支持和整体市场环境来看，新兴技术需求进一步催生产业需求，存在变革和突破的空间，随着国家战略重视和技术的突破，国内大数据产业已经进入快速增长阶段，现阶段 IDC 良好的发展环境为大数据应用提供了良好的市场契机，以大数据应用为区域的产业竞争日趋激烈。

从市场格局来看，数据中心业务竞争异常激烈，以中国电信、中国联通和中国移动为代表的三大运营商占据网络优势，是数据中心建设的主导者，其所占市场份额在 60% 以上；互联网企业、IT 企业及其他民营企业的自建数据中心市场份额相对较小；随着三网融合方案的推进，广电运营商获得了进入这一领域的机会，近两年逐渐开始启动数据中心的建设。其中中国电信 IDC 市场占有率最高，战略布局为"2+31+X"，除了内蒙古、贵州两个超大规模云基地之外，将资源池部署到 31 个省（区、直辖市），再配合下沉到地市的私有云、CDN 等 X 节点，中国联通已经规划布局超大型的云数据中心 12 个，覆盖了 196 个地市，335 个地市数据中心，总面积超过 200 万 m²，总机架超过 32 万架，全国 IDC 市场占有率约 21%。中国移动从 2017 年开始 4+45+N 演进的架构，有 4 大集中化的数据中心、45 个省级集中化的大型数据中心，N 是边缘数据中心。

作为我国互联网企业三巨头，B（百度）、A（阿里巴巴）、T（腾讯）对数据中心资源的需求越来越强烈。一方面，B、A、T 三大公司继续加强与运营商或第三方数据中心服务提供商的紧密合作，租赁、托管及共建等多种模式并存；另一方面，为了满足自身特殊需求，拓展新的业务，B、A、T 三大公司不断加大自建数据中心投入力度。目前来看，B、A、T 三大公司自建数据中心数量不多，多以自用为主，其全国机房布局还是以租赁、托管及共建模式较多。与三大运营商相比，国内上市公司机柜体量明显不足，但与运营商相比，第三方数据中心位置优越，定制化服务能力强，能满足大型企业的定制化需求，上架率高，同时能够供应电信、联通等多个运营商网络。国内 IDC 上市企业不断通过自建或者收购的方式，扩大其市场规模。2020 年 5G 将率先在政府、医疗、制造、传媒、交通等行业实现商业落地，为行业提供数字化转型升级新驱动力，为用户带来前所未有的体验。随着 5G 时代和智能社会时代的到来，尤其是 2022 年之后，技术下沉至大范围生活生产层面，所有的行业无一例外将会受到巨大的信息流和信息处理能力的冲击。预测，到 2024 年，蜂窝物联网连接数量将增长到 137.6 亿，是增速最快的物联网连接技术。5G 作为未来连接的重要组成，将构筑起万物互联的基础设施，推动各行业深度变革。同时，在新基建的过程中 5G 也将处于非常重要的位置。

二、政法大数据产业园建设形势

党的十九大报告指出："经过长期努力，中国特色社会主义进入了新时代，这是我国发展新的历史方位。"站在历史新的起点，我们所面临的形势、所具备的条件、所拥有的基础、所处的环境、所追求的目标、所承担的任务、所提出的要求，都发生了明显的变化，面临着新的机遇和挑战。新时代，IDC良好的发展环境为政法大数据产业园项目的建设提供了良好的市场契机。

一是新一轮科技革命和要素变革对政法工作发展提出新挑战。

随着科技发展，新一轮科技革命和产业变革正扑面而来，以"互联网+"、5G通信、人工智能、量子技术、新能源、新材料、3D打印等为代表的一系列高新科技突破，新产业、新模式、新业态层出不穷。同时，全球化将促进全球性产业结构大调整和世界经济格局的深刻变化，带来生产力更大的突破，也必将对生产关系和制度变革产生更深刻的影响。2020年4月9日，《中共中央国务院关于构建更加完善的要素市场化配置体制机制的意见》正式发布，首次将"数据"与土地、劳动力、资本、技术等传统要素并列为生产要素之一，并且强烈提出要加快培育数据要素市场，这就意味着谁掌握了数据谁就掌握了生产力，未来的发展中，数据将是各个领域实现现代化建设的直接路径。政法系统要构建社会治理现代化体系，营造信息充分可控、安全运行的绿色生态环境，迫切需要以数据资源的创新转化作为发展的原动力。

二是十九大之后现代化国家建设要求对政法工作建设提出新目标。

新中国成立以来尤其是改革开放以来，中国的发展创造了举世瞩目的奇迹，而奇迹的密码与成就的根源很大程度上就在于中国特色社会主义制度的强大生命力和巨大优越性。从形成更加成熟更加定型的制度看，我国已经走过了建立和改革中国特色社会主义制度的前半程，而后半程的主要历史任务是完善和发展中国特色社会主义制度，实现国家治理体系和治理能力现代化。政法机关在党和国家治理体系中处于特殊重要位置，是国家治理能力现代化建设中的第一方阵，承担着社会治理职责，是保障国家治理的"最后一公里"。在2020年中央政法工作会议上，习近平总书记进一步强调政法现代化建设的时代使命，要求全面提升政法工作现代化水平，努力建设更高水平的平安中国、法治中国，为实现"两个一百年"奋斗目标创造安全的政治环境、稳定的社会环境、公正的法治环境、优质的服务环境。贯彻落实好习近平总书记这一要求，新时代的政法工作必须充分认清大势、抓住时代发展的大机遇，大力加强智能化建设水平，以智能化推进社会治理现代化为牵引，推动新时代政法工作创新发展，把政法工作现代化提高到新的水平。

三是新时代政法工作改革对信息化建设提出新要求。

"十三五"时期，各级检察机关高度重视科技强检工作，科技工作在检察工作中的战略性、基础性地位更加突出，核心战斗力作用得到充分发挥，科学技术在检察机关应用的深度和广度不断提高，现代科技逐步融入各项检察工作，检察人员运用科技的意识和能力逐步加强。但科技强检工作不平衡、科学技术与检察工作融合不充分、现有科技手段还不能完全适应检察改革发展需要、配套标准体系和工作机制不完善、资源共享和数据利用不充分等问题仍然比较突出，智慧政法有效路径仍在探索。随着推进国家治理体系和治理能力现代化帷幕拉开，大数据作为生产要素的战略地位的提升，以数据驱动生产力的发展趋势更加明显，政法数据是新时期政法改革的重要内容更加明晰，所以掌握数据、管理数据、保护数据、应用数据、最后实现数据的价值服务将是新时期智慧政法建设的核心任务。

中共中央印发的《法治中国建设规划（2020—2025年）》对信息化建设提出了新的要求：要加快推进"互联网+政务服务"，政务服务重点领域和高频事项基本实现"一网（互联网）、一门（只进一扇门）、一次（最多跑一次）"。2022年年底前建成全国一体化政务服务平台，除法律法规另有规定或涉及国家秘密等外，政务服务事项全部纳入平台办理，全面实现"一网通办"；要加强科技和信息化保障。充分运用大数据、云计算、人工智能等现代科技手段，全面建设"智慧法治"，推进法治中国建设的数据化、网络化、智能化。优化整合法治领域各类信息、数据、网络平台，推进全国法治信息化工程建设。加快公共法律服务实体平台、热线平台、网络平台有机融合，建设覆盖全业务、全时空的公共法律服务网络。

四是"新基建"部署为政法大数据产业园建设提供新动力。

新型基础设施建设简称新基建，是智慧经济时代贯彻新发展理念，吸收新科技革命成果，实现国家生态化、数字化、智能化、高速化、新旧动能转换与经济结构对称态，建立现代化经济体系的国家基本建设与基础设施建设。新基建主要包括 5G 基站建设、特高压、城际高速铁路和城市轨道交通、新能源汽车充电桩、大数据中心、人工智能、工业互联网七大领域，涉及诸多产业链，是以新发展理念为指引，以技术创新为驱动，以信息网络为基础，面向高质量发展需要，提供数字转型、智能升级、融合创新等服务的基础设施体系。

进入 2020 年，国家多次部署新基建工作。3 月，中共中央政治局常务委员会召开会议，强调"要加大公共卫生服务、应急物资保障领域投入，加快 5G 网络、数据中心等新型基础设施建设进度"。随后，工信部召开加快 5G 发展专题会，加快新型基础设施建设。4 月 20 日，国家发改委创新和高技术发展司在国家发改委新闻发布会上表示，新基建包括信息基础设施、融合基础设施和创新基础设施三方面。5 月 7 日，上海市政府制定《上海市推进新型基础设施建设行动方案（2020—2022 年）》，初步梳理排摸了这一领域未来三年实施的第一批 48 个重大项目和工程包，预计总投资约 2 700 亿元，各级政府投资约 600 亿元，其余 2 100 亿元是社会投资。5 月 22 日，《2020 年国务院政府工作报告》提出，重点支持"两新一重"（新型基础设施建设，新型城镇化建设，交通、水利等重大工程建设）建设。6 月，国家发改委明确新基建范围，提出"以新发展理念为前提、以技术创新为驱动、以信息网络为基础，面向高质量发展的需要，打造产业的升级、融合、创新的基础设施体系"的目标。

国家充分站在战略高度，贯彻落实新时代新发展理念，倾力进行新基建，在政策、人才、资金等方面加大支持力度，为政法大数据产业园建设提供了难得的发展机遇，为全面提升政法系统信息化建设水平提供了充分条件。

五是良好政策支持为政法大数据产业园建设提供新环境。

近年来，国家推出一系列鼓励发展数据中心政策措施，并将其作为信息基础设施予以肯定和保障支持。

2012 年 11 月，工业和信息化部发布《关于进一步规范因特网数据中心业务和因特网接入服务业务市场准入工作的通告》，进一步完善了 IDC

业务准入要求，在监管政策方面降低了 IDC 市场准入门槛，大大促进了 IDC 市场健康快速发展。

2013 年 1 月，工业和信息化部发布《关于数据中心建设布局的指导意见》，引导市场主体合理性、长远规划、按需设计、按标建设，逐渐形成技术先进、结构合理、协调发展的数据中心新格局。

2015 年 3 月，工业和信息化部、国家机关事务管理局、国家能源局三部门联合印发《关于国家绿色数据中心试点工作方案》，提出到 2017 年，围绕重点领域创建百个绿色数据中心试点，试点数据中心能效平均提高 85% 以上，制定绿色数据中心相关 4 项，推广绿色数据中心先进适用技术、产品和运维管理最佳实践，制定绿色数据中心建设指南。

2015 年 8 月，国务院印发《促进大数据发展行动纲要》，提出要完善组织实施机制、加快法规制度建设、健全市场发展机制、建立标准规范体系、加大财政金融支持、加强专业人才培养。

2016 年 6 月，工业和信息化部、财政部、国土资源部、环境保护部、商务部五部委联合下发《关于深入推进新型工业化产业示范基地建设的指导意见》，提出到十三五末，规模效益突出的产业示范基地保持在 400 家左右，大力发展一批专业细分领域竞争力强的特色产业示范基地。

2016 年 10 月，《山东省人民政府关于促进大数据发展的意见》，提出支持济南、青岛、潍坊、泰安、济宁、威海、临沂等市规划建设基础设施完备、配套要素齐全的区域性大数据产业基地。

2017 年 5 月，住房和城乡建设部发布《数据中心设计规范》，明确了数据中心设计规范国家标准（GB50174—2017），自 2018 年 1 月起实施。作为数据中心建设标准，将为数据中心的技术先进、节能环保、安全可靠保驾护航。

2017 年 8 月，工业和信息化部下发《关于组织申报 2017 年度国家新型工业化产业示范基地的通知》，将数据中心、云计算、大数据、工业互联网等新兴产业纳入国家新型工业化产业示范基地创建的范畴，并提出本年度优先支持新兴产业示范基地。

2018 年 7 月，工业和信息化部印发《推动企业上云实施指南（2018—

2020）》，要求各地工业和信息化主管部门要结合本地实际，以强化云计算平台服务和运营能力为基础，以加快推动重点行业领域企业上云为着力点，推动云平台服务商和行业企业加强供需对接，有序推进企业上云进程。

2019年2月，工业和信息化部、国家机关事务管理局、国家能源局三部门联合印发《关于加强绿色数据中心建设的指导意见》，明确提出要建立健全绿色数据中心标准评价体系和能源资源监管体系，打造一批绿色数据中心先进典型，形成一批具有创新性的绿色技术产品、解决方案，培训一批专业第三方绿色服务机构。

2019年3月，《山东省支持数字经济发展的意见》支持数据中心集约化、节能化建设，对符合规划布局，服务全省乃至全国的区域性、行业性数据中心，用电价格在每千瓦时0.65元的基础上减半，通过各级财政奖补等方式降至0.33元左右，根据实际用电量和产业带动作用，分级分挡给予支持。

2020年2月，中央全面深化改革委员会第十二次会议，提出统筹存量和增量、传统和新型基础设施发展，打造集约高效、经济适用、智能绿色、安全可靠的现代化基础设施体系。

2020年3月，中央政治常务委员会会议，提出加快5G网络、数据中心等新型基础设施建设进度。

2020年12月，国家发展改革委、中央网信办、工业和信息化部、国家能源局四部委联合印发《关于加快构建全国一体化大数据中心协同创新体系的指导意见》，以加快建设数据强国为目标，强化数据中心、数据资源的顶层统筹和要素流通，加快培育新业态新模式，引领我国数字经济高质量发展，助力国家治理体系和治理能力现代化。要求加强全国一体化大数据中心顶层设计，形成"数网"体系、"数纽"体系、"数链"体系、"数脑"体系和"数盾"体系。

三、政法大数据产业园建设基础

进入新时代，全国各级检察机关深入贯彻习近平总书记系列重要讲话精神，牢固树立"创新、协调、绿色、开放、共享"的发展理念，积极落实全面推进依法治国战略部署，充分应用大数据及智能化等相关现代科技手段服务检察业务，进一步规范司法行为，提高司法办案质效，提升司法公信力，推动检察工作在改革中发展、在探索中加强、在创新中前进。全国各级检察机关在利用现代科技手段服务检察业务过程中，总结积累了很多经验，为政法大数据产业园建设在各个方面奠定了坚实的务实基础。

一是大数据储量规模爆炸式增长，为大数据产业提供了数据基础。随着物联网、电子商务、社会化网络的快速发展，信息资源总量显著增加，全球大数据储量迅猛增长。根据国际数据公司（IDC）的监测数据显示，2018 年全球大数据储量达到 33.0ZB，预测未来几年，全球大数据储量规模也都会保持 40% 左右的增长率，我国产生的数据量将从 2018 年的约 7.6ZB 增至 2025 年的 48.6ZB，在数据储量不断增长和应用驱动创新的推动下，大数据产业将会不断丰富商业模式，构建出多层多样的市场格局，打造广阔的发展空间，奠定大数据产业发展的基础。

二是政法信息化建设成功实践，为推动政法数字化转型提供了先进经验。在最高人民检察院党组的高度重视下，近年来检察机关信息化建设得到了快速发展，科学技术在检察机关应用的深度和广度不断扩展，科技手段对强化司法办案、深化检务公开、提升司法公信力的作用日益凸显。特别是统一业务应用系统、电子卷宗系统等司法办案类应用陆续上线运行后，实现了对全国四级检察机关办理的各类案件数据的全面采集，成为了检察机关的核心数据资源。随着电子检务工程深入实施，新的应用系统陆续建成并投入使用，涵盖司法办案、检察办公、队伍管理、检务保障等各类检察数据资源将进一步充实。全国部分检察机关也逐步开始探索大数据技术在智能检索、类案推送、辅助定罪量刑、绩效管理中的作用，以贵州检察大数据应用中心、北京市检察院"检立方 C-139"大数据平台、浙江省检察院大数据云平台、上海市检察机关大数据中心为代表的大数据中心示范效应显著，检察大数据应用已初具规模。

三是国家层面对智慧检务加速推进，为数据中心建设提供了政策支持。2016 年最高人民检察院制定《"十三五"时期科技强检规划纲要》，确立了检察机关"感、传、知、用、管"五位一体的智慧检务应用体系总体目标，并明确了"逐步搭建大数据支撑环境，逐步开展大数据应用，为'智慧检务'奠定基础"的检察大数据建设任务。同年 6 月份，最高人民检察院印发了《检察大数据行动指南（2017—2020 年）》，《行动指南》是对《"十三五"时期科技强检规划纲要》相关规划的细化和完善，依托电子检务工程"六大平台"成果、"两高一部"科技专项课题、电子检务工程二期等，推动"十三五"时期科技强检规划落地实施和目标实现，并充分应用大数据等相关现代科技手段，进一步规范司法行为，破解司法不公、司法不规范、效能不足等问题，提高司法办案质效和检察机关公信力，谱写检察事业发展新篇章。

四、泰山政法大数据产业园发展定位

按照中央对社会治理现代化发展的战略指引，把握大数据和互联网技术发展的趋势，政法大数据产业园建设结合智慧政法的发展要求，构建数据采集、存储、管理、分析、展示、应用等全产业体系，与云计算、物联网、人工智能、区块链技术等未来核心技术伙伴结盟，进入风投、股权、金融等相关领域，建立云孵化、异地孵化、双创培育、产业化运营等核心机制，切实将泰山政法大数据产业园打造成"两区一高地一中心"。

"两区"：即政法大数据改革创新综合试验区、政法大数据产业集聚区。在打造政法大数据创新改革综合试验区方面，针对我国政法大数据产业发展中存在建设路径不够清晰、数据开放共享水平不足、技术创新对产业发展的引领作用不强、助推数字转型程度不够、产业统计和标准体系急需构建、数据安全和数据主权面临新挑战等问题，发掘数据治理潜能，推动基于大数据的政法工作数字化改革，研究建立政法数据行业标准和规范，探索新模式、新路径的运用和完善，加强产业新业态机制的生成和磨合，推动新技术在政法应用场景的开发、验证和推广，助力政法工作向智能化、数字化、产业化转型。在打造政法大数据产业集聚区方面：从人才引进、专项补贴、审批流程等各个方面加大政府政策支持力度，构建"政法+科技+金融+双创融合"的发展模式，积极引进国内顶级实力的科技企业研发线、生产线和社会资本，参与构建完善的大数据产业链，覆盖政法大数据产业的各个环节，在数据源、数据采集、数据处理、数据存储、数据分析、数据可视化、数据应用和数据案例等产业链的不同环节，引导相应的企业从事数据研究和市场开发，加速上下游科技和产业资源集聚，做到上有成链、下有市场、左右配套，打造国内极具影响力的大数据产业集聚区。

"一高地"：即政法大数据应用创新高地。聚焦发展驱动的数字政府要求，探索基于大数据的数字化改革，围绕数据存储、管理和服务，打牢"新基建"数字底座，支撑公共数据开放和基础数据资源跨部门、跨区域共享，激发数据要素活力，提高数据应用效率和使用价值，打造政法改革创新驱动发展前沿阵地。树立数据意识，实施信息化工程，整合数据资源，在规范大数据时代数据保护的同时，大力推动数据价值链战略，布局新基建工程，建设智慧园区，借助科技实现资源链接，强化大数据社会应用的创新研发，培育多元要素融合的"政法+数据+"复合应用创新生态，实现政法效率提高和公共服务能力提升，推动公共服务领域和政法管理领域的大数据应用更加广泛与成熟。

"一中心"：即政法大数据应用和检察装备研发中心。对标国创中心即国家技术创新中心，积极应对科技革命引发的产业变革，抢占全球产业技术创新制高点，突破涉及国家长远发展和产业安全的关键技术瓶颈，构建和完善国家现代产业技术体系，推动产业迈向价值链中高端的重要科技力量，对国家重点产业领域技术创新发挥战略支撑引领作用。根据功能定位、建设目标、重点任务等不同，国家技术创新中心分为综合类和领域类等两个类别进行布局建设。政法大数据产业园落实领域类国创中心要求，面向国家长远发展、影响产业安全、参与全球竞争的细分关键技术领域，由政法系统联合科研优势突出的高校院所、骨干企业等，集聚整合相关科研力量和创新资源，带动上下游优势企业、高校院所等共同参与建设，加强关键核心技术攻关，为行业内企业特别是科技型中小企业提供技术创新与成果转化服务，重点聚焦有望形成颠覆性创新，引领产业技术变革方向，影响产业未来发展态势，抢占未来产业制高点的领域，努力提升我国重点产业领域创新能力与核心竞争力，全面支撑国家发展战略。

五、政法大数据产业园发展目标

政法大数据产业园建成后，综合治理体系、大数据资源体系、融合体系和产业体系基本建成，形成从数据集聚共享、数据技术产品开发、数据融合应用到数据治理的科学管理、开放发展的新格局，大数据价值潜力大幅激发，社会治理现代化水平显著提高，自主国产化能力显著增强，带动数据产业百亿元以上产值和相关产业千亿元规模，解决数万人口就业问题，形成不用产业链各个环节自给自足的内循环和发挥国家不同行业的自然禀赋，积极参与国内、国际分工的外循环，成为支持高质量发展的关键要素、创新引擎和全国创新资源网络的重要枢纽、国际创新成果转化和产业化的汇聚中心。

一是治理体系科学规范。大数据法规制度和标准体系等基础环境建设不断完善，大数据自主可控保障体系基本建成，大数据安全技术达到国内先进水平，大数据分类分级管理体系基本建成和加速推广，形成科学规范的现代化治理机制，大数据治理在政法工作中的作用更加明显。

二是数据资源高效汇聚。大数据发展基础设施建设不断完善，实现大范围、深层次的大数据集成汇聚与互通共享，成为国家重要的数据资源集散地；科学、完备、可行的数据共享流通机制已经完善，基本建成政法主题大数据治理体系，政法大数据资源汇聚完备；建成成熟的云计算大数据服务中心、社会治理现代化大数据平台等数据资源平台。

三是融合应用繁荣发展。大数据在经济社会和社会治理全流程、全生命周期广泛应用，算法库、知识库、模型库、参数库、专家库等大数据分析工具库基本建成，产业互联网平台和大数据应用支撑体系逐步成熟，为广大中小企业提供便捷、优质、低成本的数据服务，培育多家达到国内先进水平的大数据解决方案供应商，数据驱动的新模式新业态全面发展。

四是技术产业创新突破。集聚一批具有行业影响力的领军人才和产业主体，大数据软硬件产品、服务和解决方案供给能力不断提升，政法领域应用不断深入，集大数据硬件、大数据软件、大数据支撑服务于一体的大数据产业生态体系基本建成；大数据采集、存储、管理、分析与应用等技术进入全国先进行列，形成一批技术先进、可满足国家和行业重大应用需求的大数据软硬件产品，数据服务类企业繁荣发展，产业支撑基础坚实，创建一批推动大数据集聚发展的国家级和省级新型智能化产业示范平台。

六、政法大数据产业园使命意义

政法大数据产业园以创新为动力，以需求为导向、以融合为路径，以应用为手段，以安全为保障，以助力数字政府建设、数字经济发展，支撑国家发展战略为目的，深化大数据在政法工作中的创新应用，深化大数据产业的深度研发和市场推广，对助力新旧动能转换推动数字经济发展、促进社会治理体系和治理能力现代化具有重大意义。

1. 政法大数据产业园是落实"数字中国、平安中国、智慧政法"的总体要求，是创新政法改革、发挥示范效应的重要载体。政法大数据产业园是在国家全力推动社会治理现代化这样大背景下，积极探索"数字中国、平安中国、智慧政法"践行使命的有效路径，是贯彻习近平总书记加快国家治理能力现代化建设指示精神，落实最高人民检察院提出的加快科技与政法融合的发展要求，是在新时期推动政法改革创新发展、加快智慧政法进程的生动实践，能够有效立足于国际发展环境的不确定性、国内信息化发展趋势、未来现代化国家建设的总体任务，履行行业安全防护保障职责，融合现代数据技术与发展理念，结合现代高效办公、远程办公等工作需求，树立以智慧政法支撑平安中国建设的使命目标，在机遇期掌握数据，占据优势，创新服务路径，推动中国政法科学性、安全性、前瞻性发展，引领与推动国家现代化建设加速发展。政法大数据产业园以加快推进跨部门大数据办案平台建设为主要内容，助力"雪亮工程"建设，推动"智慧法院""智慧检务""智慧公安""数字法治·智慧司法"建设深入实施，为服务全面深化智能化建设，充分发挥科技信息化对平安中国、法治中国建设的支撑作用，推进国家治理体系和治理能力现代化作出积极贡献。

2. 政法大数据产业园是打通国家治理现代化跨行业、跨地域协作的有效通道。建设政法大数据产业园，积极吸引跨行业、跨地域政府部门、社会高技术企业加入产业链，通过研究制定统一数据标准、管理统一数据质量、保障数据全生命周期安全，打通全国已建数据中心的数据传输环节，推进公共数据开放和基础数据资源跨部门、跨区域共享，提高数据应用效率和使用价值。实现政法数据资源的资产化、政法数据资产的服务化、政法数据服务的价值化，实现政法数据的"多规合一"，形成"内、外双循环"新生态。同时，建设政法大数据产业园将带动区域云计算、大数据、工业互联网、产业互联网、智慧城市、智慧政法等新兴产业的孵化及成长，形成强大的产业聚集效益，能够准确把握宏观战略路线，加快产业化转型，在国家政策推动下，通过缩短流程、提高效率、开创极致的用户体验，引发商业形态、竞争战略、组织系统等变革，改变传统产业的商业逻辑和业务模式，推动传统产业转型升级，提升传统产业竞争力，大力推进产业链告别传统低价值的生产与制造阶段，向产业的上下游双向推进，进行研发与设计、营销与服务的拓展，全力打造全国检察系统的"创新高地、信息化建设高地、创收高地"，把握宏观战略路线。

3. 政法大数据产业园是满足社会治理能力高质量发展的新时代要求。智慧政法正逐步进入高质量发展的新阶段，数据要素应用对政法工作的推动作用不断增强。在此背景下，数据权属不清、数据归集无序、数据治理粗放、数据共享开放程度低、数据应用开发困难等发展瓶颈问题需要创新突破。政法机构拥有大量机密和非机密的数据，无论是进行内部管理式开发，还是对外应用开发，都存在一定的安全风险，因此，建立政法大数据产业园，以政法系统牵头，建立一对一定制化的服务模式，充分利用政法机构属性，坚持数据权力与数据价值分离，数据权力仍归数据所属主体，实施"为我所用、不为我所有"的运营方针，通过联合政府、企业、社会等多方力量，构建起价值闭环的政法数据供应链，将数据生产方、采集方、治理方、运营方、平台方、开发方、消费方等连成一个整体的功能网链结构，实现数据权力与数据价值分离、数据供需高效匹配、以应用驱动内容建设，让数据在流转中激活价值、赋能治理变革，数据开发应用大潮下构建起政法机构数据安全的一道防线。

第二节　政法大数据产业园建设发展主要任务

"数据化—信息化—数字化—智能化"的演进路线是新时代经济社会的数字化发展路径。其中，数据化是关键基础，它确定了数据的采集边界和标准；信息化是关键流程，它规范了数据采集、存储、分析的具体方法；数字化是关键手段，它明确了应用大数据、人工智能等新一代信息技术开展分析和应用的新思路新模式；智能化是关键效果，它反映了数字化转型的成效，覆盖社会治理、公共服务和产业发展等多领域。

政法大数据产业园要践行社会治理现代化的使用，必须沿袭"数据化—信息化—数字化—智能化"的发展路径，并依托其发展要求构建产业体系，谋划重点工程。政法大数据产业园的建设要注重强调筑基过程、体系完善过程和可持续发展的方向，切实打牢数据化、信息化基础，确保数字社会、数字经济下的场景应用以及智能化产品开发方向，确保数据智能时代下政法大数据的价值有效提升。

一、政法大数据产业园建设发展原则

一是坚持创新驱动。瞄准政法大数据技术发展的前沿领域，强化创新能力，提高创新层次，以企业为主体集中攻克大数据关键技术，加快产品研发，发展壮大新兴大数据服务业态，加强大数据技术、应用和商业模式

的协同创新，培育市场化、网络化的创新生态。

二是坚持应用引领。发挥市场规模大、应用需求旺的优势，以社会治理、人民需要、市场需求为牵引，加快政法大数据技术产品研发和在各领域的应用，促进跨行业、跨领域、跨地域大数据应用格局，形成良性互动的产业发展格局。

三是坚持开放共享。汇聚政法大数据技术、人才和资金等要素资源，坚持自主创新和开放合作相结合，走开放式的大数据产业发展道路。树立数据开放共享理念，完善相关制度，推动数据资源开放共享与信息流通。

四是坚持统筹协调。发挥企业在大数据产业创新中的主体作用，加大政府政策支持和引导力度，营造良好的政策法规环境，形成政、产、学、研、用统筹推进的机制。加强中央、部门、地方大数据发展政策衔接，优化产业布局，形成协同发展合力。

五是坚持安全规范。安全是发展的前提，发展是安全的保障，坚持发展与安全并重，增强政法信息数据安全技术保障能力，建立健全安全防护体系，重视保障信息数据安全和个人隐私。加强行业自律，完善行业监管，促进数据资源有序流动与规范利用。

二、政法大数据产业园建设发展三大重点任务

围绕"数据化—信息化—数字化—智能化"要求，政法大数据产业园重点开展产业发展强基建设、关联产业协同开发和数据应用深入创新三大重点任务。

（一）产业发展强基建设

依据最高人民检察院印发的《检察大数据行动指南（2017—2020）》，重点推动"一中心六体系"的产业基础建设，提供服务和产品正常运转所需的多样化软硬件基础资源。

1. 一中心：建设政法大数据中心，打牢政法大数据产业园的数字底座。

搭建由政法系统主导，基于云计算的全面、准确、安全的国家政法大数据中心，完善政法大数据共享交换平台、政法大数据资源库、大数据软硬件基础资源、智能语音大数据平台资源等功能板块，实现大数据采集、存储、管理等功能，从增强内部创新活动和满足外部市场需要两个纬度延伸服务环节。重点开展检察大数据共享交换平台建设、政法大数据资源中心建设、云计算服务能力建设、大数据硬件基础建设、大数据软件基础建设和大数据技术服务能力建设六个方面基础建设。

检察大数据共享交换平台建设：按照检察业务相关数据标准规范要求，对检察业务数据资源进行梳理归纳和优化处理，对历史数据抢救挖掘，对重要纸质数据进行电子化处理，经过汇聚梳理数据，形成符合检察数据标准规范要求的数据云、限定词、代码和数据项的规范文档，用于指导后续的信息资源应用和数据交换共享，为智慧检务应用发展和基础数据沉淀治理提供有力保障。

政法大数据资源中心建设：实现政法部门的数据共享，汇聚政法大数据，必须建立政法大数据资源中心，用于梳理政法各部门的数据资产，实现各异构数据库之间的数据集成、存储、处理等，保证异构数据之间的数据交换与共享，在政法各部门之间打造数据物流中枢的"高速路"和"快车道"。在建立大数据资源中心的基础上，针对各业务系统的技术和体系结构，配置各业务系统的数据交换映射关系，形成各业务系统的应用，并依托建设的平台，业务应用可以任意扩展，添加新的共享数据。

云计算服务能力建设：重点建设云计算平台。通过应用计算虚拟化、存储虚拟化和网络虚拟化等技术，提供高弹性、高可用、高可靠的底层资源平台。基于云计算平台，大数据平台进一步整合数据资源，为上层应用提供基础数据支撑，实现了数据的高效管理。

大数据硬件基础建设：主要进行智能制造的基础建设。随着人工智能和5G技术的发展，与存储和计算相关的芯片、服务器、终端设备成为发展热点。同时，云计算资源管理平台持续提升底层硬件的利用效率，日益成为产业不可或缺的重要支撑。一方面要积极引进以传感器、音视频、条形码、RFID（射频识别技术）为主及移动互联网端数据采集设备生产企业，着力推动移动智能终端、监控设备产品研发生产；另一方面发展新架构服务器、海量存储设备、新一代网络设备、新型计算单元、机房相关设备等产品，积极拓展大数据硬件设备领域，夯实电子信息制造关键环节，为大数据硬件设备的生产制造提供基础支撑。

大数据软件基础建设：重点发展基于大数据技术的基础软件。依托骨干企业研发国产化操作系统，提供分布式数据库及存储系统的系列解决方案服务，面向语音识别、图像处理、文本挖掘等热点领域着力推动基于大数据的智能分析系统研发设计。加强大数据分析关键算法和共性基础技术研发，重点加强大规模数据库、非关系型数据库、数据存储、数据清洗、数据分析挖掘、数据可视化、自主可控信息安全与大数据条件下隐私保护等核心技术研发创新。

大数据技术服务能力建设：引进企业开展大数据采集监测、预处理、清洗加工、分析挖掘、存储管理、容灾备份以及可视化等相关服务业务，面向政法数据资源汇聚、存储与容灾备份需求，发展"存储即服务"的解决方案。支持大数据采集、传输、存储、管理、处理、分析、应用、可视化和安全等软件开发，面向研发设计、生产制造、经营管理、市场营销、运维服务等关键环节统筹已有的大数据分析平台，促进全产业链的大数据资源整合与分析。

2. 六体系：完善政法数据六大体系，实现政法数据"多规合一"。

大数据标准体系、安全体系、应用体系、科技支撑体系是数据集聚、流通、行业应用的基础支撑。

完善政法大数据标准体系：制定统一标准与规范，建立公共数据管理、数据资源开放共享、政府数据授权、数据资产评估、数据资产交易、数据安全保障等规范标准，实现数据资源标准化管理。有序开展对国家标准和其他相关标准的采标工作，开展标准规范宣传工作，加强对标准实施状况的监督检查和标准验证工作。

扩展政法大数据应用体系：积极推进智慧政法基础类应用建设，为政法改革提供全面的数据服务。积极推进大数据在司法办案、政法办公、队伍管理、检务保障、政法决策支持、检务公开和服务等领域的深层次应用；推进大数据在检察院、公安、法院等政法机关之间的业务协同中应用；探索构建政法机关之间的大数据业务协同创新体系，提供基于大数据的多样化智能辅助政法应用。

构建政法大数据管理体系：建立健全政法大数据应用管理机制，充分发挥业务部门的主导作用和技术部门的统筹作用，创新政法大数据运维管理模式。注重做好顶层规划，统筹推进政法大数据发展规划的实施，组织建设政法大数据项目，安排开展政法大数据试点应用，及时总结成果并做好推广。

建设政法大数据科技支撑体系：推进智慧政法智库、智能语音与人工智能联合实验室建设，加强国内外交流与合作，构建"产、学、研、用"强强联合的良好政法大数据生态。加强与公安、法院等其他政法部门在大数据技术应用、人力培养等方面的沟通交流，相互借鉴大数据建设与应用经验。加强与域外司法机关关于大数据技术应用的学习交流，促进政法大数据应用发展。

建设政法大数据安全防护体系：构筑政法大数据安全的"防护置"，把大数据安全作为贯彻总体国家安全观的基础性工程，建立严格的审查机制，坚决避免数据滥用、数据泄露。园区以与国内数据安全龙头企业合作为抓手，推动诸如奇虎360集团"网络安全大脑"等国内顶尖IT安全防护企业落地，推动诸如长城集团等网络安全硬件生产企业落地，搭建起政法数据安全防御体系，消除国家政治安全风险，履行政法机关维护国家政治安全的职责。

优化政法大数据社会信任体系：充分利用大数据技术提升政法对舆论的感知、响应和研判能力；通过数据挖掘技术，对社会治理问题实现溯源分析、即时分析和关联性分析；推进官方信息发布平台建设，公开透明回应社会关切；在政法内部建立和强化信息共享与联动应对机制。

（二）关联产业协同开发

大数据产业链上游是以智能、大数据、互联网、消费、医疗、金融、农业、装备制造、教育、智慧城市为主要内容的资源层面，中游是以IT、计算分析服务、存储服务、数据库服务、大数据应用为主要内容的技术层面，下游是以硬件领域（服务器、存储）、金融、电信、电子商务、物流、媒体、政府为主要内容的应用层面，要紧紧围绕上、中、下游关联产业资源，充分发挥政法大数据产业园的产业背景优势及聚集能力，专注为相关联企业提供综合服务和产业高端服务，为大数据产业链、供应链、服务链多维赋能，切实推动"大数据+"的新型产业模式。

"大数据+云计算"：统筹建立统一的政法云平台，全面涵盖政法委、公安局、检察院、法院、司法局等五大主要政法系统。加快整合刑事案件、电子卷宗和法律文书、换押管理、矫正管理等政法数据，打破公、检、法、司横向网络壁垒，实现数据资源共享、业务协同办理、实时网上监督，切实维护公共利益，保障社会安全。

"大数据+物联网"：重点发展物联网芯片、智能网关、传感器、传感网智能管理软件、嵌入式软件等物联网软硬件产品。不断深化大数据与物联网在政法领域的集成创新和规模化应用，发展基于大数据的物联网产品和服务。统筹推进智慧政法集群建设，发展具备政法特色的物联网产业应用。

"大数据+人工智能"：鼓励有实力的人工智能企业与政法领域龙头企业积极开展战略合作，聚焦特定场景共建面向行业应用的解决方案。构建人工智能训练库和测试库，发展基于海量数据分析挖掘的"大脑中枢"。积极研发智能翻译、智慧供应链管理等人工智能软件产品，加快发展智能型政法装备制造。强化大数据与人工智能在智慧政法建设中的关键支撑作用，加快智慧政法"人工智能智慧大脑"建设，提供面向社会治理场景的软件产品与数字解决方案。

"大数据+区块链"：建成全国统一的政法系统区块链平台，创新在线存证方式，提升公益诉讼线索取证、同步录音录像、涉案款物执行监督、法律文书监督、可信数据共享等领域监管，推动解决电子证据取证难、存证难、认证难的问题。在执行中应用区块链智能合约技术，推动司法救助、检调对接、减刑假释、特殊人群可信管理等可信共享，提高执行规范化水平。推广庭审语音识别、文书智能纠错、"法信"智能推送等应用，为法官办案、群众诉讼提供智能辅助。

"大数据+互联网"：探索互联网政法新模式，推广"网上案件网上审理"，完善在线诉讼规则，让群众享受在线诉讼便利；全面推广"中国移动微法院"，推动电子诉讼服务向移动端发展，引领移动电子诉讼发展潮流；明确网络空间行为规范、权利边界和责任，促进网络空间治理法治化；深化互联网政法国际合作，推动构建网络空间命运共同体。

（三）数据应用深入创新

围绕"优政、兴业、惠民"三大方向，开展独具政法特色的大数据应用，推动大数据与社会治理融合发展，突出优化政法治理能力、实现政法移动办公、推动政法数据公开、推动政法数据共享、加强政法监督客观评价、破解数据运用难点等方面创新应用，全方位提升政法服务水平、社会治理能级和人民生活品质。

优化政法治理能力：打通综合行政执法大数据渠道。建立完善统一的综合行政执法智慧服务平台，打通各类数据接口，有效对接行政审批系统、事中事后监管系统、网络理政平台、一体化政务服务平台、信用信息平台等各类综合信息平台，按照省、市级批准权限，及时连接不同行业执法部门的行业信息系统，实现综合行政执法数据与行业系统共享互认。逐步协调执法对象基本信息、天网视频监控、GIS 空间地理信息等信息化基础资源接入，为综合行政执法提供支撑；开展政法大数据预测分析和决策支持。开展"检察云"建设，推动检察机关以业务数据专题分析为试点开展大数据应用，逐步实现快速检索、分析甄别、类案推送、预警预测、评估研判、决策辅助等智能服务。提升"互联网+检察"和检察大数据应用水平，采取"一园建设、全国共用"模式，建设检察机关职务犯罪信息侦查系统，实现与公安、法院、工商、税务、民航、金融、通信、国土、环保等各部门的信息联网和数据交换，为办案工作提供有力信息支持。

实现政法移动办公：适应司法制度改革和一线检察官以案件为中心的检察业务需要，面向检察干警建立移动化的办公办案模式，突破空间阻隔，打破时间限制，实现高效协同。依托大数据搭建检务微平台，创新

"互联网+检察"模式，聚合检察办公、检察办案、检务保障、信息共享、机关党建和个人事务等各类微应用，为检察系统检务工作开启独具一格的掌上移动办案平台和检务公开服务大厅。

推动政法数据公开：打造"阳光检察"，推行政法公开，面向社会群众，实现最便捷、最透明、最高效的检察案件及工作信息公开，提供各类便民惠民服务，为人民群众更好地参与司法、了解司法、支持司法、监督司法搭建有效平台，进一步提升检察工作的社会公信力，推动各项检察工作的深入健康发展。同时，以大数据运营的思路落实信息惠民，拉动数据信息消费。

推动政法数据共享：运用大数据提升政法工作智能化水平，政法数据资源共享共用是关键。依托数据库，实施政法机关信息资源整合共享一体化工程，建设政法大数据办案系统，搭建公检法三家互通互联的数据平台，统一数据标准、建立共享应用数据池，打通政法部门之间的信息壁垒，确保"一把尺子"办案，有效促进司法工作科学化、精细化、智能化，有效促进政法工作更科学、更高效。

加强政法监督客观评价：贯彻落实"数据铁笼"的理念，政法大数据平台办案系统通过对案件办理全过程同步审查、同步监督、同步数据分析，案件数据全覆盖、流程全监控、办案实时预警、全程网上留痕，强化内部监督制约，保证司法公平客观公正。

破解数据运用难点：突出"网链聚能"作用，强化信息系统综合集成，建立起政法部门、司法部门、事业单位、行政机构等的产业生态链，充分利用高度融合、互联互通、资源共享的指挥信息系统，有效发挥信息流对物质流、能量流的支配作用，实现治理力量的高度聚合、治理资源的合理分配和治理效能的精确释放，着力实现数据资源的统一化、规范化、交互化、标准化，为信息系统综合集成提供稳定规范的数据环境。

三、政法大数据产业园建设发展七大重点工程

对应政法大数据产业园开展产业发展强基建设、关联产业协同开发和

数据应用深入创新的三大重点任务，在基础设施、数据应用、人才保障、市开拓方面重点实施基础设施建设、数据资源集聚、大数据应用、公共服务建设、创新创业能力提升、人才保障和内外双市场开拓七大重点工程建设。

（一）实施基础设施建设工程，搭建信息化发展环境

1. 统筹布局云计算数据中心。集中部署存储设备、服务器、路由器等核心计算设备及配套设施，加强绿色智能服务器、能源管理系统的应用，保障政法数据中心供电稳定持续。全面提升政法数据中心服务能力，高效面向政府、企业和社会提供公有和私有云、数据管理、备份等云服务，为智慧政法信息化应用平台提供云计算应用开发和云计算服务。

2. 构建泛在高效的信息网络。实施"光网园区"、"无线园区"工程，推进宽带接入光纤化，建设先进泛在的高速无线宽带，推进5G基站站址配套设施规划，高标准、高起点部署5G通信网络，加速园区覆盖窄带物联网（Narrow Band Internet of Things，NB-IoT）建设，部署推进基于互联网协议第6版（Internet Protocol Version 6，IPV6）的下一代互联网，实现5G移动电话的推广使用。

3. 推动物联网应用。加快部署技术、规模、速度、服务等全国领先的物联网体系，推动基于窄带物联网设施在园区各类基础设施中的部署应用，实现对园区公共基础设施运营状况的实时监控，提高智能化感知和监控管理水平。建立园区物联网接入管理与数据汇聚平台，推动感知设备统一接入、集中管理和数据共享利用。建设物联网应用平台，实现园区各类物联网应用的互联互通和智能处理，有效感知园区运行。构建新型物联网智能管控系统，支撑智慧园区建设。

（二）实施数据资源集聚工程，提升资源要素支撑能力

1. 高标准实施政法大数据资源中心建设。按照"统一建设、共享使用"的集约化建设模式，整合现有电子政法基础资源和基础数据库，统筹优化全国统一电子政法云平台，为全国各级政法部门提供基础设施、支撑

软件、数据资源、政法应用、运行保障和信息安全等服务。建设全国统一数据共享交换平台，实现信息在政府内部安全存储和有序流动，实现政法领域数据汇聚、分析、应用，提升专业化服务能力。

2. 加快数据资源汇聚。依据政法数据的属性和特征，构建科学、稳定、实用及扩展的数据分类分级机制和原则，制定数据分类分机体系及数据目录，明确数据资源采集、处理、分析及使用的主体和相应权限，为制定各层级数据开放和共享的安全策略提供支撑。加强物联网等信息技术在数据采集中的有效应用，推动线下生产生活数据汇聚。利用互联网数据采集渠道，加强社会动态、舆情民意等线上数据资源的采集。引导重点企业、行业协会、科研机构、社会组织等单位主动开放相关数据。支持通过购买数据等方式不断丰富数据资源。

3. 科学建立数据资源管理与开放共享机制。建立健全政法数据开放制度，制定各部门数据开放目录，明确各部门数据开放和共享的范围、边界和使用仅限，厘清各部门数据管理及使用的义务和权力，推动公共数据资源向社会和公众开放。逐步向社会开放原始性、可机器读取、可供社会化再利用、自主可控的数据集合。建设数据交易市场，为大数据发展与应用提供数据资源。建立数据交易标准规范，明确数据交易的权责关系，提升数据交易安全保障能力。鼓励企业通过数据交易市场进行数据交换、交易，推动数据资源流动和价值再造。

（三）实施大数据应用工程，支撑智慧政法建设

1. 开展重点领域应用示范。聚焦政法移动办公，开展大数据应用示范，拓展大数据在政法工作的应用市场。积极面向重点领域开展试点示范项目调研，编制形成试点示范要素条件清单，并拟定试点示范规模和名单。加大财政金融支持力度，高标准规划一批大数据行业应用示范项目，鼓励国内外有实力的优秀大数据产品与服务提供商参与建设。组织开展试点示范典型案例评选，推动试点示范经验交流、成果展示以及宣传推广，不断扩大政法大数据行业应用的影响力。充分调研论证政法大数据特色应用场景，结合政法大数据实际发展情况，选取应用需求迫切的场景率先展

开应用示范突破。

2. 强化行业大数据服务对接。搭建面向政法领域的大数据应用供需对接一站式服务平台或线下机构，为大数据行业应用解决方案提供商低成本获取用户、律师等行业各类服务和资源，提供高效对接渠道，推动供需双方需求的高度匹配，节省人力运营成本。不定期举办智慧政法供需对接会议，结合社会治理数字化转型发展需求、政法大数据产业市场空间拓展需求，邀请行业大数据解决方案提供商以及数据服务领域的领军企业和骨干企业参与会商洽谈，切实推动政法数字化转型，加快培育产业竞争优势。举办面向重要部门、重点企业的大数据行业应用解决方案推介会，推动政法大数据行业应用市场拓展。

3. 综合运用5G扩展大数据行业应用空间。把握5G发展机遇，引导本地运营商与大数据行业企业深度合作，通过5G拓展大数据行业的应用场景，加大与现有行业应用场景的深度融合，加快实现政法数据的应用创新。充分通过5G网络搜集政法行业大数据，带动产业链加快发展，加快大数据与社会治理的整合发展，推动大数据实现从技术创新到行业应用创新的转变，推动以5G为核心的数字政法等新一代信息服务业加速发展。进一步支持引导大数据应用相关的信息服务消费，释放市场需求，推动政法信息消费稳定增长。支持企业利用大数据技术分析、提升传统产业价值，不断开发适应消费需求的新产品、新应用，促进面向消费领域的大数据应用市场拓展。

（四）实施公共服务建设工程，优化产业发展环境

积极引进和整合第三方服务机构资源，为大数据产业发展提供产业咨询、知识产权保护、投融资、产权交易、人才服务、企业孵化、品牌推广等专业化服务，提升大数据产业发展的公共服务支撑水平。鼓励建设众扶、众筹、众创等综合服务平台，为创新创业团队提供资金、技术、场地等资源，畅通创业团队与创新需求的对接渠道。

（五）实施创新创业能力提升工程，激发产业发展活力

1. 加强大数据核心技术突破。鼓励大数据骨干企业与高校、科研机构联合研发创新数据采集、数据存储、数据清洗、数据挖掘、数据可视化等核心技术，建立大数据核心技术库，形成大数据核心技术体系，为大数据产业可持续发展提供技术支撑。重点锁定技术链前端、价值链高端、市场链末端，突出发展与产业提档升级和智慧政法建设密切相关的大数据信息技术服务领域。

2. 鼓励大数据产品研发创新。推动大数据硬件产品、软件产品和服务项目创新，加速大数据产品和解决方案研发及产品产业化，完善大数据产品体系和应用服务体系，构建自主可控的大数据核心产品链。支持专业化、市场化科技成果转化机构发展，推动大数据先进技术在园区转化落地，促进政法大数据产品和服务创新。支持企业研发面向云平台安全防护、大数据安全管理的网络安全产品，推动传统网络安全企业上提供安全软硬件产品，向提供整体解决方案转型；支持大数据安全企业和第三方机构开展信息安全公共服务平台产业化运营，建设大数据安全开发与治理中心、大数据安全实验室等。

3. 大力推动大数据创新创业。支持政法大数据双创（大众创业万众创新）中心建设，逐步带动属地大数据产业发展，形成开放、共享、协作的大数据创新创业新生态，争创国家级双创示范基地。引进或建设一批大数据双创孵化平台和创业咖啡联盟、创新工场、创客空间等开放式大数据双创平台，完善"创业苗圃+孵化器+加速器"三级孵化体系，构建覆盖全产业链的双创服务体系。引进大数据领域国内知名咨询机构设立独立分支机构，为创新创业主体提供企业管理、财务咨询、市场营销、人力资源、法律顾问、产业政策、检验检测等第三方专业化服务，提升大数据产业园底蕴。组织开展大数据创新创业大赛等活动，为投资机构与创新创业者提供资源对接平台，发现培育产业人才，扩大数据产业园的影响力、号召力和辐射力。

（六）实施人才保障工程，提高产业发展层级

1. 加强系统内人才培养。鼓励政法系统内部人员参加大数据培训学习，培养数据分析挖掘等大数据专业人才。鼓励政法机关在园区组建人才实训基地和培训中心，加强大数据实用型人才培养。支持开展大数据专业技术人才定向委培，培育一大批讲政治、懂政策、有技术、精业务、满足智慧政法发展需求的复合型数据技术人才。

2. 引进大数据专业人才。结合政法大数据产业发展实际，确定创新、创业和领军人才引进机制、引进条件、引进程序、制度保障和政策扶持等，吸引和激励中高端人才进行创业。全面梳理政法大数据产业主要分支领域和重点企业发展对人才的需求情况，制定政法大数据紧缺人才的指导性目录，明确人才引进的重点。加强与国家"创新人才推进计划"、"万人计划"、"千人计划"、"特支计划"等国字号重大人才工程对接，大力引进大数据技术中高端人才和高层次经营管理人才。加强与国内外高校、研究机构、行业协会等的合作，拓宽人才引进渠道，构建高级人才引进的长效机制。积极组织和开展大数据创新大赛、大数据开源大学生创业实践等活动，为园区培养、留住紧缺人才营造良好发展氛围。

3. 完善人才激励机制。成立大数据专业人才工作服务小组，定期召开大数据人才需求咨询交流会议，积极解决大数据人才面临的工作、生活、学习、发展等方面的问题，积极协调政府对引进的大数据相关领域人才，在安家补助、人才落户、配偶安置、子女入学、办公用房补贴等方面给予专项政策支持。同时，鼓励企业增加人才资本投资，在政策方面给予一定倾斜奖励。

（七）实施内外双市场开拓工程，拓展产业发展空间

加大政法系统内部市场的深度开发，加大政法大数据产业与政府体系内大数据产业链协作力度，共同打造产业发展集群，确保政法系统内部市场资源丰厚、资金到位、运转畅通。同时，强化国内、国际外部市场的有效拓展，推动大数据产业向市场开放，研究编排开放大数据相关服务的指

导性目录，向社会公布可交易大数据服务的种类、项目、性质、内容，以及对承接主体的要求和绩效评价标准等，不断探索首购、订购、服务外包等市场交易形式。提高大数据产业园开发的大数据相关先进软硬件产品的市场占用率，全面提高产业效益。

第三节　政法大数据产业园建设保障机制

政法大数据产业园建设符合国家推动国家治理能力现代化要求，顺应新技术发展形势，国家层面相继出台各类有关大数据相关的政策与文件，强调大数据对新时代国家综合治理、推动经济发展的战略性地位。

为顺利推进政法大数据产业园建设，确保建设过程中始终坚持提高政法系统信息化水平、参与国家数字政府建设、助力国家治理能力现代化、推动国家数字经济发展的原则，确保建设中不变形、不走样、不做表面文章、不办烂尾工程，必须从组织领导、政府支持、市场拓展、内部建设等方面建立一套完善管用的保障机制，确保政法大数据产业园顺利实施。

一、组织保障

（一）组建政法大数据产业园专项领导小组

政法大数据产业园建设是一项长期复杂而系统的工程，牵扯政府部门多，运用资金量大，技术含量高，为稳步推进政法大数据产业园建设，要由政府（市）主要领导牵头，指定政法系统一个机关（检察机关）主导，其他机关密切配合，联合产业园建设骨干企业共同成立政法大数据产业园专项领导小组，下设办公室、人力资源、战略运营等各部门，作为政法大数据产业园建设的领导组织，统筹规划产业园建设和大数据产业发展。

（二）强化大数据管理部门组织协调

明确政府相关大数据管理部门在建设政法大数据产业园中的职责，强化管理部门在资源统筹管理和大数据产业相关重大事项协调推进力度，加强在大数据与物联网、智慧城市、云计算、人工智能等泛大数据关联行业和领域协调统筹，全力构建以政法大数据产业园为中心、相关行业整体协同发展和科学发展的良好格局。

（三）组织大数据技术创新战略联盟

依托政法大数据产业园建设，组建大数据技术创新战略联盟，积极导入各种科技创新资源。加强与国内双一流大学、国家重点实验室、国家工程中心、部委院所、院士工作站等合作，加强学术、业务等各方面的交流沟通，共同研究和探讨大数据行业研究和发展的理论、政策、模式、技术、管理及应用实践，提供有利于政法大数据产业园发展的建议和规划。

（四）成立大数据专家咨询委员会

邀请大数据专家成立专家咨询委员会，重点研究协调政法大数据产业发展的最新政策、先进技术、规范融资、产业发展等重大问题，加强对于政法大数据行业领域内的工作指导、监督和评估，努力推动政法大数据产业园在技术、应用和产业总体方面规范、科学和稳步推进。

（五）建立与国内知名智库合作机制

多方位拓宽政法大数据产业园建设发展渠道，整合国内知名智库资源，建立双向合作机制，为政法大数据产业园提供管理咨询、技术创新、企业规划、创业辅导、投资融资、产业基金、对外合作、会议展览和孵化培训等保障，深入推动政法大数据产业发展。

（六）建立异地科研孵化机构

注重在北京、深圳等人才要素、技术要素、信息要素集中发达地区建设科技研发中心、孵化中心等，与先进人才、机构对接合作，实现引智借"脑"，解决政法大数据产业园创新资源不足、创新能力不强、创新要素短缺的短板问题，积极探索"非对称"战略发展思路，主动跳出传统孵化模式，实现政法大数据产业园发展在技术上时刻保持与国内、国际尖端接轨，加快政法大数据产业园由"跟跑者"向"领跑者"转变，抢占产业发展的制高点。

二、政策保障

（一）贯彻国家、省市相关产业政策

贯彻落实国家层面和各省（区、直辖市）关于战略新兴产业的相关制度规定和扶持政策，加强政法大数据产业的顶层设计规划，坚持与国家发展战略、各省（区、直辖市）发展规划有效衔接、同步推进。加快完善政法、社会治理与大数据交叉领域的配套政策措施，加大财政在关键性、基础性、公共性领域的相关软硬件基础设施的投入。研究制定符合政府规定的人才引进措施方法，为政法大数据产业园人才引进提供支撑。

（二）落实政府采购政策

按照市场要求，落实政法系统购买服务的产业盈利基点，完成政府采购大数据服务的配套政策，加强政府采购力度，协调政府部门对大数据市场的支持，通过政府采购服务，激发市场活力，繁荣大数据市场行情，推动大数据产业整体发展。

（三）强化数据治理能力

针对政法大数据产业园产业发展与应用各环节中可能面临的痛点问

题，加快制定实施大数据治理实施办法，保护个人数据隐私和保密数据安全，推动政法数据健康有效开放，全面促进数据合法、有序和安全流通，不断优化健全大数据与数字经济发展的外部制度保障。

三、体制机制保障

（一）建立发展和应用统筹协调机制

加强中央与地方协调、政法部门之间内部协调、政法机关与企业协调，突出政法数据协作分工，抓好大数据应用措施落实，实现政法大数据产业园规划科学、建设推进有序。

（二）建立企业招商引资机制

加大招商引资力度，进一步优化投资环境，加大政法大数据产业园基础设施配套高标准建设，营造尊商、重商、扶商、爱商的良好环境，努力发挥企业的市场主体地位作用。采取试行委托招商方式，定期安排专项经费，鼓励第三方机构引入企业入驻产业园。根据引入企业规模、质量以及效益等情况，按照相关规定给予第三方机构奖励。

（三）建立企业创新培育机制

建立客户经理制度，对入驻企业及落实的重大项目，从项目立项、设计、施工、土地补偿、环境协调到竣工、正式运营的各个环节提供全链条、全方位的跟踪服务。针对重大事项，探索实行"一事一议"的会商机制，提升决策的科学性。建立一站式服务机制，构建集工商登记、纳税申报、项目申报、行政审批、政策咨询等服务的"一站式"园区政务办公平台。完善项目洽谈快速反应机制、准入项目评价机制等工作机制，为企业和项目提供高效便捷的政务服务和商务服务，降低入驻成本。

（四）建立产业化运营机制

推动建立政法大数据供应链，用改革的思路和办法推进数据所有权与数据价值分离，以更大的力度、更实的举措和更安全的保障，开创性地推动大数据商用、政用、民用。坚持"为我所用，不为所有"的原则，数据权力统一归政法机关主体，流转的是数据价值，以明晰边界为保障、以市场需求为导向加大归集数据力度，通过数据应用不断驱动内容建设，并明确数据来源和数据权属、风险责任等，让数据在流转中可查询、可获取、可追溯，推动政法大数据智能化为社会治理赋能、为经济发展增势、为人民生活添彩。

（五）建立人才保障机制

与传统生产制造业不同，政法大数据产业园是知识、技术密集型产业，"知识就是财富"，大数据产业的竞争归根到底是人才的竞争，缺少了人才，政法大数据产业园的发展就成为无源之水、无本之木。结合大数据产业应用创新需要，科学建立人才保障机制，完善配套措施，积极引进大数据高层次人才和领军人才，鼓励国内外高端人才就业创业。同时，创新人才培养培训模式，建立健全多层次、多类型、多方位的大数据人才培养体系，形成良好的人才支持架构。

四、市场机制保障

（一）健全市场发展机制

适应市场发展规律，建立市场化的数据应用机制，在保障公平竞争的前提下，支持社会资本参与公共服务建设。鼓励政府与企业、社会机构开展合作，通过政府采购、服务外包、社会众包等多种方式，依托专业企业开展政法大数据开发应用，降低社会管理成本。引导培育大数据交易市场，开展面向应用的数据交易市场试点，探索开展政法大数据衍生产品交易,鼓励产业链各环节市场主体进行数据交换和交易,促进数据资源流通,建立健全数据资源交易机制和定价机制,规范交易行为。

(二)培育创新创业发展环境

营造企业和创新的制度建设和文化氛围,全面调动企业和创业者的积极性,有效保护企业和创业者的合法权利,放宽创业政策、明确产权责任、允许技术入股,为企业上市等积极创造条件,打造一个透明开放、公平竞争的市场环境和政策配套、保障完善的公共服务条件,为创新企业的孵化、成长和发展提供适宜的产业发展土壤,为政法大数据产业园的发展提供源源不断的活力。

五、资金保障

(一)拓宽融资渠道

发挥财政资金引导作用,积极推广政府和社会资本合作模式(PPP),吸引社会资本共同设立大数据创业投资基金、产业发展资金,重点支持大数据核心关键技术研发、成果产业化、项目示范、产业基地和公共服务平台建设。推动金融机构强化信贷支持,围绕大数据产业发展开发创新金融产品,积极开展定向服务,不断提升金融服务水平。支持符合条件的大数据企业在资本市场直接融资。

(二)加强财税支持

进一步优化整合政府各类专项资金,充分发挥专项资金的作用,引导社会投资,支持大数据技术研发及产业化发展。支持符合条件的大数据企业申报国家和省科技、战略性新兴产业及技术改造等相关专项经费。鼓励现有产业发展和科技研发资金向大数据产业倾斜,增加国家和省级科技重大专项、科技计划、产业化等专项经费对大数据产业的投入比重。全面深入贯彻落实国家云计算、大数据产业发展税收支持政策。

六、安全保障

（一）建立政法数据资源目录

制定政法数据资源目录，明确政法数据采集内容和方式，确立权威数据源头，统一政法数据编码、格式标准、接口规范等。研究制定政法资源开放标准，重点涉及指标分类、目录分类、交换接口、访问接口、权限分类、安全保密等基础性、重点应用和关键技术标准。推动政法资源开放标准验证和应用试点示范，评估并完善相应标准规范。

（二）加强云计算网络安全防护管理

落实公有云服务安全防护和信息安全管理系统建设要求，督促指导云服务企业切实落实网络与信息安全责任，促进安全防护手段落实和能力提升。

（三）构建数据安全应急响应体系

数据安全应急响应体系对于有效预防、及时控制和最大限度地消除数据安全突发事件的危害和影响具有重要意义。建立健全数据安全应急响应机制，包含准确的安全事件上报体系和数据安全事件数据库。同时，设立应急指挥机构和应急决策专家系统。

（四）打造数据安全评估体系

在大数据与移动通信、互联网、云计算、物联网、智能制造、智慧城市、网络安全等交叉应用领域，积极鼓励企业、科研机构、社会组织和个人主动融入试运行的数据安全评估体系的研究制定工作，加快数据安全标准制定。对于重点考量数据安全的建设项目，坚持数据安全评估体系先行原则，持续落实数据安全评估检验、评测和监督等多方面措施，并将其纳入项目验收工作中。

七、用地保障

属地政府应积极协调落实政法大数据产业园落实土地保障。根据《数据中心设计规范》（GB50174—2017）要求，政法大数据产业园选址应符合下列要求：

（1）电力供给应充足可靠，通信应快速畅通，交通应便捷；

（2）采用水蒸发冷却方式制冷的数据中心，水源应充足；

（3）自然环境应清洁，环境温度应有利于节约能源；

（4）应远离产生粉尘、油烟、有害气体以及生产或贮存具有腐蚀性、易燃、易爆物品的场所；

（5）应远离水灾、地震等自然灾害隐患区域；

（6）应远离强振源和强噪声源；

（7）应避开强电磁场干扰；

（8）A级数据中心不宜建在公共停车库的正上方；

（9）大中型数据中心不宜建在住宅小区和商业区内。

政法大数据产业园选址过程中，还要充分做到"五个考虑"：

一是充分考虑保密安全问题。可进行独立运营管理，交通便利且利于管控，人员出入方便且鉴别容易。

二是充分考虑区域环境问题。避免靠近机场、天然气干线管道、高压线走廊、化工厂、高层建筑、临近火源地段、电磁干扰和无线电干扰等存在环境安全问题的地块。

三是充分考虑建设安全问题。选择不会发生地震、洪水、飓风、泥石流等自然灾害且地理环境优越易于防护的地点，保证产业园安全。

四是充分考虑发展空间问题。随着客户数量逐渐增多，对产业园空间需求也会相应增加，要前瞻性预测机房、办公区等空间需求的变化，进行科学规划，预留充分的持续发展拓展空间，确保发展不受空间限制。

五是充分考虑内部布局。要从安全角度出发，根据数据安全等级，严格明确相应的开放区、半开放区和封闭区。要从方便生活、方便生产、方便科研、方便商务等方面出发，重视政法大数据产业园的功能布局，科学规划生产加工区、数据储备区、技术研发区、展示论坛区、培训实训区、商务办公区、配套服务区等不同功能区域，最大限度开发园区空间价值。

第四章

泰山政法大数据产业园项目规划

泰山政法大数据产业园致力于政法系统大数据应用，以"践行智慧政法，助力法制中国"为使命，助力国家治理体系和治理能力现代化。其产业定位是以政法智能化信息化建设为导向，以大数据中心、物联网新基建为抓手，带动相关云计算、大数据、5G、物联网上下游产业和企业群落地泰安，辐射山东，以互联网政法、政法系统自主安全信息化建设开展全新探索途径，拉动泰安市乃至整个山东新兴产业 GDP、就业、税收快速增长，为建设新时代现代化强省、强市作出贡献。

泰山政法大数据产业园项目的建设，由泰山检察信息技术研究所牵头，是泰安市新旧动能转换的重点示范项目。2020 年 6 月 18 日，泰安市委市政府主办了盛大的泰山政法大数据产业园项目启动仪式，标志着项目进入正式落地实施阶段。

第一节　泰山政法大数据产业园项目意义及目标

一、泰山政法大数据产业园项目意义

泰山政法大数据产业园项目，旨在全力打造全国检察系统的"创新高地、信息化建设高地、创收高地"，对于把握国家大数据宏观战略发展路线、助力政法系统国家治理现代化水平提升，以及推动山东省和泰安市社会经济发展具有十分重要的意义。

一是把握宏观战略路线。

2015 年，国务院通过了《关于促进大数据发展的行动纲要》，并对大数据发展提出要求：大数据是国家"基础性战略资源"，政府公共数据要"互联共享"。2017 年，习近平总书记提出要实施国家大数据战略，加快建设数字中国。在国家政策的推动下，大数据产业蓬勃兴起。未来十年将是大数据、云计算、互联网飞速发展的黄金机遇期，与此相关的数据中心建设与维护、数据处理、IT 咨询、信息安全、智能商业软件等诸多行业将迎来飞速发展期。顺应市场变化，及早合理布局，占领制高点，是泰山政法大数据产业园增强核心竞争力、实现跨越式发展的战略选择，也是难得的发展机遇。大数据产业园建设对于改变传统产业的商业逻辑和业务模式、推动传统产业转型升级，全面提升产业竞争力，催生跨界融合新兴市场的重要意义不言而喻。同时，大数据产业园的建设将带动区域云计算、大数据、工业互联网、产业互联网、智慧城市、智慧政法等新兴产业的孵化及成长，形成强大的产业聚集效益。

二是助推政法系统信息化发展。

泰山政法大数据产业园项目将完成政法系统的国产自主可控设备的研发和生产，将建成年产 10 万台移动智能终端/桌面 PC 终端/服务器定制组装生产线。山东省政法系统无须承担前期投入即可完成国产自主安全替代和系统的上线使用，仅以服务费的形式购买定制性硬件设备和服务，由产业园区合作企业提供全方位服务，同时承担硬件设备的运维和迭代升级，为山东省政法系统减轻预算压力、提高信息化水平贡献力量。

三是拓展政法系统的数据中心建设。

建设泰山政法公共云基地，拓展基于飞腾 CPU+麒麟操作系统的自主安全云服务器和私有云计算平台，部署国产化自主安全服务器和存储、交换机等设备 40 000 台，CPU 核数达到 200 万核以上，总数据存储容量达到 2 000PB 以上，构建全国政法大数据云。建设泰山政法大数据安全大脑中心，在云服务和大数据基础上，利用人工智能技术构建一个庞大的云安全服务系统，形成全新的安全体系，包括安全大脑软件基础环境、安全大脑大数据中心、安全大脑核心检测中心、安全大脑指挥研判中心、专家服务中心等。泰山政法大数据安全大脑将是中国第一个行业安全人工智能系统工程。建设政法大数据云平台，将利用政法大数据首创服务全国的政法大数据中心，融合虚拟化、分布式存储、SDN、数据库、大数据、AI、安全等技术，辅助带宽资源、配套云安全模块等共同组成一个安全、易用、稳定的政法大数据云平台。

四是加快产业化转型。

项目建成后，与国内多家顶尖企业合作，形成"智慧政法+自主安全+大数据"的产业链核心企业集群。未来 5 年内，将以政法大数据产业基金为纽带，以政法信息安全和政法大数据为基础产业，以智慧政法领域大数据云到端的承载、储存、加工、分析、保护、应用等产业为核心产业主线，聚集人工智能、5G、物联网、区块链等下一代信息技术产业相关上下游上市公司 20 家以上，生态企业集群超过 100 家，园区年产值超过 200 亿元，年税收贡献达到 20 亿元，成为山东省和全国新旧动能转换标杆示范区和国家级政法大数据产业集聚区。

五是迎接 IDC 市场迅猛发展。

2020 年 3 月，中国政府强调加快 5G 网络、数据中心等新型基础设施建设进度，数据中心被正式定义为新基建。同时在云计算和 5G 的驱动下，数据中心有望迎来重大发展。云计算业务的发展及流量增长直接驱动云厂商对数据中心的需求增长和投资。此外，新冠疫情加速企业上云，扩大云计算运用领域，对数据中心基础设施的需求将进一步加大。随着国内 5G 商用进程不断推进，在高速率、低时延、高可靠的网络支撑下，未来 5G 将广泛应用于各个方面，如自动驾驶、无人机飞行、VR/AR、移动医疗等。这些应用场景不仅需要低延时网络，而且需要海量多样性数据接入，边缘计算模式将成为有效解决方案，其对数据中心的需求将陆续释放。据测算，未来几年国内在线数据量的复合增长率将会达到 84%，而数据中心供给年复合增长率在 30%～40%，数据中心建设需求在即将到来的"十四五"期间将会激增，市场成长空间比较广阔，总体规模将迅速扩大，特别是大型、高等级数据中心的战略价值将会提升。

二、泰山政法大数据产业园阶段目标

综合考虑未来环境形势及现有实际条件，坚持全局性、系统性、科学性、实用性的原则，泰山政法大数据产业园规划近期、中期和远期三个阶段目标。

近期目标：至 2025 年。泰山政法大数据产业园基本建成，政法大数据标准化、安全性、管理体系基本完善，以应用为引导的大数据产业生态圈已经构成，产业化路径已渐成熟，园区内围绕大数据产业链，汇聚龙头企业 10 家、相关企业 100 家，企业、园区、服务机构协同发展，互惠共赢，园区辐射带动能力、城市环境的支撑能力显著增强。

中心目标：至 2035 年。以泰山政法大数据产业园为纽带，带动云计算、人工智能、物联网等行业协同发展，实现优质企业汇聚，园区国家高新技术企业突破 100 家，总产值突破 600 亿元。围绕大数据、云计算、人工智能、物联网等领域建设一批产业创新中心，园区科技成果转化示范效应与溢出效应明显，成为政法创新驱动发展前沿阵地、科技创新成果转化主要承载区、高精尖产业发展的新增长极。

远期目标：至 2050 年。园区高精尖产业要素高度集聚，创新成果转化生态体系要素齐全、功能完善、专业高效，氛围活跃，成为全国创新资源网络的重要枢纽、国际创新成果转化和产业化的汇聚中心。

第二节　泰山政法大数据产业园项目建设规划

泰山政法大数据产业园园区位于山东省泰安市岱岳区境内，在 G104 国道和九女峰街东南侧，确定起步区面积占地 323 亩，后期将拓展到

2 100亩。围绕政法大数据产业发展重点，未来园区由数据中心、生产中心、商务办公中心、生活配套服务中心四个板块架起"一园四中心"空间结构，打造集生产、科研、办公、培训、生活等多功能的最新技术成果转化基地、创新业态模式应用示范园区和舒适生活生态家园。

一、园区整体规划

数据中心即政法大数据存储服务功能区。遵循数据的流动性和开放性，构建政法大数据的"生产与集聚层、组织与管理层、分析与发现层、应用与服务层"四大平台，打通数据产生、数据采集、数据传输、数据存储、数据处理、数据分析、数据发布、数据展示与应用、产生新数据等全生命周期。

商务办公中心即大数据技术研发和应用示范功能区。重点建设数字经济创新中心、软件产业中心、物联网应用中心、互联网+示范中心，服务于园区商务办公、园区运维、产品展览展示、产业技术交流、论坛讲座、业务培训、安全攻防演练等。

生产中心即大数据中试与智能制造功能区。建设政法大数据中试功能区，发展政法大数据在移动终端、舆情监测、数据公开、协同办案的应用示范，成为最新科技成果转化的示范基地。建设智能制造生产线，开展包括服务器、芯片等定制化的产品生产和设备组装等。

生活配套服务中心即园区发展基本配套功能区。加快建设园区内部的供水供电、交通路网、网络通信等硬件配套设施，加快商务区配套、专家公寓、员工宿舍、酒店、餐饮、商业购物等基础设施建设，为孵化和培育政法大数据产业提供全方位适宜的发展环境。

其中，政法大数据产业园一期规划占地约100亩，主要用于泰山高检数据中心和部分智能制造生产中心建设，计划2025年建设完成。过渡期商务办公场所和人才公寓由泰安市岱岳经济开发区管理委员会提供保障。

二、园区建设理念

坚持聚焦整合骨干企业先行、加强数据应用引导的原则，结合政法大数据产业发展目标和大数据企业发展需求，积极搭建"科技园建设运营+高端科技资源导入+产业金融+上市平台+产业集群"的产业培育模式，构建"产业链+服务链+配套链"三链合一的大数据产业生态圈，打造集成智慧办公、创新创造、智能制造、绿色生态、宜居生活于一体的产业生态闭环和高质量发展的示范区。

1. 打通产业链

政法大数据产业园以大数据产业链条中数据存储、数据处理、数据应用、数据安全等4个核心环节为基础，实现物联网、软件、云计算、区块链、网络安全、人工智能等6大相关产业和 N 个政法大数据应用领域的产业集聚，通过构建"4+6+N"的大数据产业生态系统，实现大数据上下游产业集聚。

依托业务发展需要强化三层大数据核心产业链环节招商：对于大数据硬件，重点引进采集设备、专用存储设备、高性能服务器、高速网络设备等企业；对于大数据软件环节，重点引进大数据存储管理、大数据预处理、大数据计算、大数据可视化产品、大数据整体解决方案、大数据安全产品等企业；对于大数据服务环节，重点引进数据交易服务、数据分析服务、数据增值服务、数据采集服务、基于大数据的信息服务等企业。

加强国内知名大数据、物联网、人工智能等领域企业的引进与合作，发展政法智能化产品、智能化服务和解决方案，强化大数据、物联网、人工智能等新兴领域技术在智慧政法研发设计、社会治理现代化等方面的应用，不断提高数字政法研发技术含量、附加值，实现政法大数据向定制化、智能化、生态化方向升级转型。

2. 完善服务链

以"智慧园区+活力园区+生态园区"为核心规划理念，搭建智慧园区平台、企业服务平台、科技服务平台、金融服务平台、人才服务平台、中介服务平台。提升平台服务功能，实现科技服务、物流服务、金融服务、政务工商服务、培训服务、会展论坛服务、中介服务、法律服务、知识产权服务、人才服务等产业服务向园区集聚。

引入基金公司、猎头公司、知识产权公司、大数据学院、超算中心、网络运营商等资源，为入园企业提供资金、人才、政务办理、技术成果转化等一系列服务，让企业无忧入驻、加速发展。

3. 丰富配套链

建设高端生活服务平台，为入园企业提供保姆式产业服务。

从基础设施上强化 5G 应用。规划智慧园区 App、园区物联网系统、园区天眼系统、园区可视化中心等，为企业提供全面高效的服务和智慧、安全、便捷的成长空间。基于 5G 的应用，全面赋能政法数据系统建设，率先实现技术突破并形成政法服务闭环的应用场景。

从建筑主体上强化功能完善。根据发展需求，园区规划建设企业总部办公楼、高层研发大楼、商务办公楼等多种建筑主体，满足不同发展阶段企业使用需求。同时，设置众创空间、孵化器、加速器、路演中心、政务服务中心、技术交流与成果展示中心、商务洽谈中心、共享办公空间等功能主体，为入园企业提供极富活力的创新创业空间，大幅提升企业成长活力。

从园区环境上强调生态美观。以生态园区为建设理念，营造花园般的办公及生活环境，绿色长廊、开放庭园、主题广场一系列空间相互连接与渗透，共同形成友好开放的园区氛围。

从生活服务功能上强化便捷。以宜居、宜业为服务理念，园区建有人才公寓、星级酒店、员工餐厅、缤纷商业街等生活空间；引入银行、品牌餐厅、健身房、书吧、咖啡店等服务业态，为入园企业及员工提供丰富生活配套；规划艺术体验、休闲运动、商务交流等场地，激发园区文化活力；建有医疗、教育、安防等公共服务配套，打造无忧工作、无忧生活的园区环境。

第三节 泰山高检数据中心项目建设方案

泰山高检数据中心项目建设为泰山政法大数据产业园一期项目，主要包括 1 栋机房楼、2 栋动力楼和 2 栋生产调度中心。

一、建设原则

（一）工艺设计原则

结合本项目建设目标，为保证其中数据中心的完整性、系统性和后续各项工程良好承接。工艺设计围绕以下几个方面进行：

1. 总体上紧密结合建筑设计总体方案，体现科学性，严格按照国家现有规范和标准进行综合设计，工艺要具有前瞻性，能满足并适应通信新技术、新工艺发展。

2. 数据中心采用低层次、大开间；主机房采用柜形以提高面积有效利用率；主机房区内部各类通信设备的布局，在预留发展空间的前提下相对集中。

3. 机房具有通用性、灵活性、实用性，便于通信设备的安装、扩容和新技术、新业务的采用。

4. 楼层安排贯彻"以人为本"、"人机分离"、"各种线路短捷"、"分散供电"、"布局紧凑"等原则。

5. 机房按照集中维护、无人值守或少人值守考虑。

6. 通信电源供电设置方式以确保供电系统不成为业务发展瓶颈为原则。

（二）建筑设计原则

从功能分区高效、布局简洁清晰、开发灵活、独立分区建设、交通层次明晰、建筑与景观空间互动、建筑个性导向等指导原则入手，并遵循以下设计原则：

1. 坚持与城市环境及地域环境协调的原则。人、建筑、自然是构成建筑世界的三个要素，其中人是第一位的。建筑设计应"以人为本"，建筑应将三者融合，重视人与自然的和谐关系。尽可能利用建筑物当地的环境特色与相关自然因素（比如阳光、空气等），尽可能不破坏当地环境，并尽可能确保当地生态体系健全运作。

2. 坚持"满足生产需要、适度控制规模、兼顾整体规划、讲求投资效果"的原则。高效利用土地，结合建设规划和用地范围进行合理规划和功能布置，合理利用现有场地条件，提高该选址的综合利用效率和效益，营造园林式的景观布置，为城市增添美景。

3. 坚持立足全面满足数据中心需求的原则。尽量保证数据中心功能实现的全面性，以满足近期使用需求为主，同时能够适应远期发展和使用变化的要求，并前瞻考虑未来业务发展的空间。

4. 坚持经济实用、美观大方的原则。严格按照《中国移动土建项目建设指导原则》进行建设，统筹规划、合理布局、分步实施，坚持简洁适用、低成本建设的原则；结合城市发展的优势，扬长避短，进行适当超前、切实可行的建筑规划设计。

5. 坚持符合相关技术要求、标准和规范的原则。符合国家与地方关于环境保护、抗震设防、消防安全等方面的有关法规。

6. 坚持安全节能的原则。建筑造型符合建筑抗震设计要求，避免因不规则设计造成的结构造价提高，集中规则的外形可有效地减少建筑外围护结构的面积，减少冷热量的散失。

7. 坚持技术先进的原则。设计遵循可持续发展理念，以高新技术为主导，针对建筑全寿命的各个环节，通过科学的整体设计，全方位体现"节约能源、节省资源、保护环境、以人为本"的基本思想，创造高效低耗、无废无污、健康舒适、生态平衡的建筑环境。建筑设计采用建筑集成设计方法并遵循环境设计准则，综合考虑建筑的间距、朝向、通风、形状、结构体系、维护结构等因素,积极推进"绿色行动计划",大力落实和推广节能减排成果的相关措施。

8. 坚持节省工程投资的原则。坚持全流程优化设计、全面降低运营费用,全力加快建设进度。

(三)平面布局规划原则

项目平面设计应符合下列要求:

1. 平面布局满足工艺规模容量及新技术发展的要求。充分考虑设备安装及维护的科学方便,从层高、内部交通、消防、建筑构造、楼面荷载等方面,为远期生产房间的扩充与调整创造条件。各层平面应具有通用性、兼容性。

2. 平面布局贯彻"模块化、标准化"设计理念。采用"大平面、少楼层、多楼栋"的设计理念,既便于分期建设,又利于形成整齐、有韵律的统一形象。

3. 各机房布局和功能规划满足系统运行、运行管理、人员操作和安全、设备和物料运输、设备散热、安装和维护的要求。

4. 土建工程中预留柴油发电机、水冷冷水机组、变压器土建位置,满足后期机电配套的需求。

5. 给排水管道设置要科学、安全。不应有与主机房内设备无关的给排水管道穿过主机房,相关给排水管道不应布置在电子信息设备的上方。进入主机房的给水管应加装阀门。

6. 数据中心防火与疏散应符合《建筑设计防火规范》(GB50016—2014)(2018年版)及《数据中心设计规范》(GB50174—2017)的要求。

7. 提高机房使用率。充分考虑新业务、新技术设备对机房的要求和维护体制的需要,按少人值守和集中管理的原则进行设计。

8. IDC机房应符合《数据中心设计规范》(GB50174—2017)和《通信建筑工程设计规范》(YD5003—2014)的各项规定。

二、设计的主要依据

1. 《民用建筑设计统一标准》（GB50352—2019）；

2. 《建筑设计防火规范》（GB50016—2014）（2018 年版）；

3. 《无障碍设计规范》（GB50763—2012）；

4. 《建筑地面设计规范》（GB50037—2013）；

5. 《屋面工程技术规范》（GB50345—2012）；

6. 《建筑内部装修设计防火规范》（GB50222—2017

7. 《公共建筑节能设计标准》（GB50189—2015）；

8. 《建筑结构可靠性设计统一标准》（GB50068—2018）；、

9. 《建筑结构荷载规范》（GB50009—2012）；

10. 《钢结构设计标准》（GB50017—2017）；

11. 《混凝土结构设计规范》（GB50010—2010）（2015 年版）；

12. 《建筑地基基础设计规范》（GB50007—2011）；

13. 《建筑抗震设计规范》（GB50011—2010）（2016 年版）；

14. 《建筑工程抗震设防分类标准》（GB50223—2008）；

15. 《通信建筑抗震设防分类标准》（YD/T5054—2019）；

16. 《通信建筑工程设计规范》（YD5003—2014）；

17. 《数据中心设计规范》（GB50174—2017）；

18. 《砌体结构设计规范》（GB50003—2011）；

19. 《建筑桩基技术规范》（JGJ94—2008）；

20. 《建筑给水排水设计标准》（GB50015—2019）；

21. 《室外给水设计标准》（GB50013—2018）；

22. 《室外排水设计规范》（GB50014—2006）（2016 年版）；

23. 《消防给水及消火栓系统技术规范》（GB50974—2014）；

24. 《自动喷水灭火系统设计规范》（GB50084—2017）；

25. 《建筑灭火器配置设计规范》（GB50140—2005）；

26. 《气体灭火系统设计规范》（GB50370—2005）；

27. 《城镇给水排水技术规范》（GB50788—2012）；

28. 《民用建筑电气设计标准》（GB51348—2019）；

29. 《20kV 及以下变电所设计规范》（GB50053—2013；

30. 《低压配电设计规范》（GB50054—2011）；

31. 《供配电系统设计规范》（GB50052—2009）；

32. 《建筑照明设计标准》（GB50034—2013）；

33. 《建筑物防雷设计规范》（GB50057—2010）；

34. 《火灾自动报警系统设计规范》（GB50116—2013）；

35. 《电力工程电缆设计标准》（GB50217—2018）；

36. 《民用建筑供暖通风与空气调节设计规范》（GB50736—2012）；

37. 《建筑防烟排烟系统技术标准》（GB51251—2017）；

38. 《智能建筑设计标准》（GB50314—2015）；

39. 《智能建筑工程质量验收规范》（GB50339—2013）；

40. 《综合布线系统工程设计规范》（GB50311—2016）；

41. 《综合布线系统工程验收规范》（GB/T50312—2016）；

42. 《民用闭路监视电视系统工程技术规范》（GB50198—2011）；

43. 《出入口控制系统工程设计规范》（GB50396—2007）；

44. 《入侵报警系统工程设计规范》（GB50394—2007）；

45. 《视频安防监控系统工程设计规范》（GB50395—2007）；

46. 《中央空调水系统节能控制装置技术规范》（GB/T26759—2011）；

47. 《工业企业总平面设计规范》（GB50187—2012）；

48. 《工业建筑节能设计统一标准》（GB51245—2017）；

49. 《绿色建筑评价标准》（GB/T50378—2019）；

50. 《办公建筑设计标准》（JGJT67—2019）；

51. 其他国家、地方、行业、企业等现行的相关设计规范、规程及标准。

三、建筑方案

（一）总平面设计

坚持模式化、人文化、生态化规划原则。以项目的定位及市场的开拓为向导，考虑整体规划，统一实施。充分考虑专业化业态及市场定位，并遵循生态学的思想，注重选择经济、社会和生态环保效益兼备的开发建设模式。

1. 交通系统

由于场地四周均设有规划道路，且北侧和南侧规划道路较宽，因此在北侧开设主要出入口（生产调度），在南侧开设参观运维主入口，同时在东侧及西侧道路开设次要出入口，分别为货运及生产研发出入口；场地内道路均结合周边道路做台地或放坡处理，并在适当的位置设置挡土墙及护坡。

2. 道路竖向

道路竖向设计结合用地功能属性，考虑道路与周边道路的衔接，从工程上，经济、技术上合理的角度出发，设置道路竖向控制标高采用相应的规划纵坡。

3. 场地竖向

用地竖向所在平面的确定主要根据用地的功能属性来确定，设计着重考虑用地与道路在高程上地合理衔接，用地与用地之间高程的合理衔接，以及场地排水方向，并通过用地的土方计算来校核标高设置的合理性，使设计标高既能满足功能上的要求，又经济可行。

4. 水土保持

应与防洪、绿化相结合；应与植物保持相结合。

5. 总平面布置

项目规划遵从整体设计、整体实施。整体规划 1 栋机房楼、2 栋动力楼、2 栋生产调度中心。在地块南侧布置一栋数据中心，在数据中心北侧布置两栋动力楼。场地北侧紧邻市政主路（九女峰路），沿道路走向布置

195

两栋生产调度中心。(见图4-1)

图4-1　泰山政法大数据产业园规划图

（二）具体设计方案

1. 平面设计

（1）数据中心（机房楼）

机房楼设计为三层钢筋混凝土框架结构，为大开间大进深，单层建筑面积12 000m²，平面空间完整开阔，有利于布置机房及配套房间，有利于机架的排列，便于自由分隔、灵活使用，充分保证模块机房布置的兼容性、灵活性及可持续性。

（2）动力楼

动力楼1和动力楼2均为钢筋混凝土框架结构，9.6m柱跨。动力部分设电缆夹层，夹层层高 2.1m，二层设置配电室、值班室、钢瓶间等。

（3）生产调度中心

1#生产调度中心及 2#生产调度中心主楼均为地上 6 层，局部为一层，标准层建筑面积 1 350m²，首层建筑面积 3 345m²（2#为 3 285m²），地上主要功能为运维、仓储、生产、调度等。

2. 立面设计

建筑立面遵从简洁、大方、环保、绿色等理念，造型顺应工业设计的需求，以简明的色块分割水平舒展的线条，准确地刻画园区形象，凸显园区企业的性格和适宜的尺度感。整体造型不做过多的体形变化，内在的结构立面上反映出标准而富于韵律的单元划分，简洁有力，具有现代感，不张扬，不落后。

3. 剖面设计

以满足政法大数据园需求、追求利益最大化为前提，对整体规划高度进行控制，规划建筑单体高度设计为不超过 24m 的多层建筑，可满足前期及后期发展需求。数据机房楼设计为三层工业建筑，首层层高 7m，制冷机房局部下沉 0.6m，二、三层层高 6m，室内外高差 0.6m，女儿墙 1.4m，总建筑高度 21.0m；动力楼首层层高 8.0m，二层层高 5.8m，室内外高差 0.6m，女儿墙 0.6m，总建筑高度 15.0m；生产调度中心各层层高均为 3.9m，室内外高差 0.6m，女儿墙高度 1.5m，总建筑高度 25.5m，防火建筑高度 23.9m。

4. 建筑构造方案

填充墙材料的选用本着实用、耐久、节能、经济的原则，设计填充墙体均采用蒸压加气混凝上砌块墙，外墙 250mm 厚，内墙 200mm 厚，专用砂浆砌筑。

（1）机房楼及动力楼：外墙装饰力求简洁、美观、大方，不做过多的装饰，遵循绿色环保的理念。

（2）生产调度中心：装饰材料可着重结合当地规划特色，协调周边环境，适当采用新型环保材料，追求节能、美观、高档的效果。

（3）门窗：外窗均采用断桥铝合金保温节能窗，主要出入口外门采用不锈钢玻璃门，机房楼及动力楼内设备房间均采用钢制防火门，配套区房间均采用高档木质门。

（4）设备：园区内货梯均按 3T 设计提资，客梯均按 1.35T 提资。

（5）防水工程设计

地下室防水等级：根据《地下工程防水技术规范》（GB50108—2008），进线室地下防水等级为二级，采用抗渗等级 P6 防水混凝土外加 1.2 厚三元乙丙防水卷材。进线室预留管孔用橡胶塞封堵。

屋面防水等级：根据《屋面工程技术规范》（GB50345—2012），屋面防水等级为 I 级。现浇钢筋砼屋面板、20 厚 1∶3 水泥砂浆找平层、3 厚 SBS 自粘防水卷材隔气层一道、20 厚挤塑聚苯板保温层、100 厚发泡混凝土垫层、20mm 厚 1∶2.5 水泥砂浆找平层、1.2mm 厚三元乙丙橡胶防水卷材层一道、10mm 厚白灰砂浆隔离层、50mm 厚 C20 细石砼（掺 4% 防水剂，内配双向 ϕ6@200）。

墙身防潮：墙体在 -0.060 处设 20mm 厚 1∶2 水泥砂浆，掺 3% 防水剂；-0.060 以下墙体两侧做 20mm 厚 1∶2 水泥砂浆，掺 3% 防水剂，未注明厚度者均为 250mm，墙体均砌至梁板底。

5. 机房装修方案

设计范围包括一层至四层的数据机房以及电池室和电力室、新风机房、ECC 室、接入间等房间；以上各房间配套空调间的装修工程，以及各房间列架照明工程。

本设计要求机房内墙面色彩及风格需与土建时期装修统一。房间内墙面必须满足通信机房的洁净度和特殊介质的存放要求，材料质量必须符合国内优质标准，所选材料应具备良好的阻燃、防火性能，安全耐用、不易变形，气密性好、不起尘、易清洁、抗静电、无毒、美观适用、安装容易、维修方便等性能，并能满足机房长期使用的要求。

6. 防火和疏散

按原建筑设计的各项防火措施的前提下并符合规范《建筑内部装修设计防火规范》（GB50222—2017）。主要材料耐火等级要求：顶棚 A 级、墙面 A 级、地面 A 级，隔断 B1 级，灯饰、家具、窗帘所用材料的燃烧性能等级不低于 B1 级；地下空间装修材料均应采用 A 级。机房楼板预留孔洞及墙洞待设备安装完后（或者暂时不用的孔洞），均用防火板及防火包密封。机房属气体防护区，其围护结构均需满足耐火 > 0.6h，及耐压 > 1 200Pa 要求。

7. 列架照明工程

本工程因通信机房内照明灯具需随设备摆放位置进行深化设计，故本单项工程为在土建工程界面基础上的新增内容。

（1）设计范围

本期工程涉及区域为通信机房。根据现行《建筑照明设计标准》（GB50034—2013）执行。

（2）设计与土建专业分工

土建工程中，电气照明按满足验收标准设置相应的应急照明，并在各层机房预留列架照明配电箱。根据工艺设备布置要求和使用要求，新增列架照明，其电源引自土建工程预留的各机房内列架照明配电箱。

（3）建设方案

电源：列架照明电源引自土建工程预留的各机房内列架照明配电箱。

光源：采用 T8 型高效节能荧光灯，光源显色指数 Ra ≥ 80，色温据泰安高检数据中心项目可行性研究报告应在 443 300~5 300K 之间。

照明、插座分别由不同的支路供电，照明回路为单相三线，照明线采用 WDZ—BYJ—3x2.5，沿金属照明线槽敷设。

四、工艺要求

（一）机房环境要求

防尘要求：A 级和 B 级主机房的含尘浓度，在静态条件下测试，每立方米空气中粒径大于或等于 0.5μm 的悬浮粒子数应少于 17 600 000 粒。

机房对电磁场强度要求：机房内无线电干扰场强，在频率范围为 80~1 000MHz 和 1 400~2 000MHz 频段范围内，应不大于 130db（μV/m）；工频磁场场强不应大于 30A/m。

空调要求：要求机房在任何情况下均不得出现结露状态。

防静电要求：主机房和辅助区的绝缘体的静电电压绝对值不应大于 1kV。

防噪声要求：总控中心内，在长期固定工作位置测量的噪声值应小于 60dB（A）。

振动加速度要求：在电子信息设备停机条件下，主机房地板表面垂直及水平向的振动加速度不应大于 500mm/s²。

（二）机房层高要求

数据中心层高应由工艺生产要求的净高、结构层、建筑层和风管及消防管网等高度构成。工艺生产要求的净高，应由通信设备的高度、电缆槽道和波导管的高度、施工维护所需的高度等因素决定。

本项目考虑消防高度限制，并根据机楼放置设备的情况，综合考虑土建成本及综合管廊的安装与维护对层高设计进行优化配置，本项目数据中心主机房建议层高不小于 6.0m。

（三）防水要求

各机房严禁漏水、渗水，不得从门窗漏渗水。给水管、污水管、雨水管不宜（供机房专用空调机使用的加湿给水管及冷凝水排水管除外）穿越主机房，消防栓应设在明显而又易于取用的走廊内或楼梯间附近；为防止走廊或前室水侵入机房，走廊或前室地面进机房应有防水措施；为防止空调冷凝水排放故障对机房设备造成影响，机房空调室内机位置楼板应有防水措施。电缆进线室应加强防水措施，其维护结构应有良好的整体性，并采取防水、防潮、防虫等措施。

（四）楼地面等效均布活荷载要求

楼面等效均布活荷载的标准值，应根据提供的通信设备的重量、底面尺寸、安装排列方式以及建筑结构梁板布置等条件，按内力等值的原则计算确定。

工程建设时，结合通信设备密集安装和分散供电等发展趋势，考虑到将来可能发生的变化，对各类机房楼面等效均布活荷载进行协调统一，以提高机房的应变能力。

同一楼层内，应选取该楼层中占用面积最大的主要机房的楼面均布活荷载作为该层楼面活荷载的标准值。但楼面活荷载大于该标准值的机房，应另行计算。

（五）洞孔要求

数据中心各层的楼板洞按照分散上线原则设置。各层的楼板洞要求边缘光滑、贴梁靠柱、上下对齐，需满足爬梯安装固定方案。结构设计时要考虑上线洞的可扩展性。

机房至上下两层的所有上线洞孔不论是否启用，均用防火材料封堵，未使用洞孔除封堵外，应盖平、盖牢，以防止灰尘进入机房并确保空调温湿度，使用时可根据业务发展需要开启。暂不使用孔洞周围做翻边，并用钢筋混凝土预制板封堵。机房各层过墙洞，待设备安装设计时，根据需要定位开凿。

（六）地面及室内装修要求

机房的室内装修，应满足工艺要求，满足《数据中心设计规范》（GB50174—2017）及《建筑内部装修设计防火规范》（GB50222—2017）的规定。装修材料应采用不燃烧材料，选取耐久、不起灰、环保的材料。机房内不得贴墙纸，不装木墙裙、木隔墙，不做吊顶。

楼地面、墙面、顶棚面的面层材料，应按室内通信设备的需要，采用光洁、耐磨、耐久、不起尘、防滑、不燃烧、环保的材料。

（七）门、窗要求

数据中心建筑门、窗应采用高效节能材料。门窗的材料、尺寸、功能和质量应符合使用要求，应具有耐久、节能、密封、防尘、防水、防火、抗风、隔热、隔声、防结露的性能。设置固定式气体灭火系统的主机房，其门窗的耐火极限及容许强度应按 GB50370 的要求设计，耐火极限均不宜低于 0.5h，允许压强不宜低于 1 200Pa。

各机房的外门应根据其室内最大设备的尺寸确定其门洞宽度及高度，应向走道开启，每个机房设置 2 扇对外双开防火门，其中一扇为人员和小型设备出入主通道，设置门禁、台阶（有地板房间设置，无地板房间不设置）、灯控开关等，内净宽不小于 0.9m，内净高不小于 2.1m；另一扇为大型设备搬运通道，设置门禁、斜坡（有地板房间设置，无地板房间不设置），内净高不小于 2.3m，内净宽不小于 1.5m；各种不安装通信设备的房间，门的宽度最小不宜小于 0.9m。

机房原则上不设窗，必要时可设双层密闭窗、中空玻璃窗。需考虑整个建筑立面的统一与美观，以及近、中期空闲机房的临时使用，可适当设置部分小窗户或假窗。各机房的外窗应有较好的耐久、节能、密封、防尘、防水、防火、抗风、隔热、隔声、防结露的性能，应满足机房工艺设计的机房洁净度要求。

（八）楼梯和走道要求

楼梯和走道充分考虑大型设备搬运设备要求（如电力设备，尤其是变压器、高配柜、油机等）搬运。搬运楼梯间门宽不得小于 1.5m，门内净高不得小于 2.3m，荷重不低于 3.5kN/m²。楼梯净宽不小于 1.5m，平台净深不小于 1.8m，净高不小于 2.2m。机房之间的走道宽度：单面布房时一般不小于 1.8m，双面布房时不应小于 2.1m，净高不低于 2.3m。

数据中心应设置可供运送设备的电梯。电梯轿厢净尺寸、载重量及梯门尺寸应根据数据中心内除变压器外最大设备的载重量及尺寸考虑。地面应采用耐磨，耐冲击，不易碎的材料。

（九）屋面要求

数据中心的屋面构造，应具有防渗漏、保温、隔热、耐久、节能的性能，屋面隔热应采用铺设保温层、倒置式屋面、设置架空层或空气间层、屋顶绿化等措施，屋面保温层宜选用吸水低、密度和导热系数小、有一定强度且长期漫水不腐烂的材料。

数据中心屋面要考虑安装空调系统冷却塔、空调室外机、无线天线及大型太阳能设备等，其屋面应考虑上述设备的荷载和安装要求。有组织排水屋面水落管应设置在室外。必须在机房内通过时，应采取有效的防水措施。

（十）照明种类和供电系统设计要求

供电电源系统分为市电电源、自备油机电源和蓄电池直流电源。市电电源供给正常照明、电梯、采暖、通风、一般空调和给排水等用电设备；保证电源供给通信设备、保证照明、应急照明、消防设备间、消防设施及机房专用空调等用电设备。

机房照明分为机房一般照明、机房备用照明和消防应急照明。机房一般照明应由市电电源供给；机房备用照明平时应为市电电源供电，与机房一般照明引自不同回路并接入应急电源系统；机房均应设置消防应急照明。消防应急照明采用自集中电源集中控制型。照明方式宜采用一般照明、局部照明（包含列架照明）和混合照明。

各机房安装带有保护接地的单相三孔插座，每开间 1~2 只，其电源不宜与照明电源同一回路，若只能同一回路时，其中插座数量不宜超过 5 个（组）。机房电源插座距地或者架空地板 300mm，开关距地或者架空地板 1 400mm。所有机房开关、电源插座均要求暗管穿线方式，并要求避开各类线缆。

（十一）防雷接地要求

根据《建筑物防雷设计规范》的规定，并结合考虑当地年平均雷暴日天数及建筑物的重要性，本项目数据中心按二类防雷建筑设防，数据中心的电子信息系统雷击防护等级为 A 级。

采用联合接地系统，即变压器中性点接地、保护接地及电子信息系统接地等共用防雷接地装置；接地电阻不大于 1Ω。建筑物内低压电气系统采用 TN-S 接地系统，在变电所内设置总等电位接地端子箱。

建筑物内所有设备外露可导电部分和装置外可导电部分均应可靠接地（PE），实施总等电位联结。消防监控中心、弱电机房、主机房的等电位联结根据电子系统的形式采用 M 型或 S 型结构设计。电子信息设备除连接 PE 线作为保护接地外，还应采用两根不同长度的等电位联结导体就近与等电位联结网格连接。机房内所有金属外壳、金属线槽、管道、防静电地板均须进行等电位联结并接地。

（十二）抗震要求

机房电缆、管道支吊架的抗震要求应按照规范《建筑机电工程抗震设计规范》（GB50981—2014）执行。

（十三）绿色建筑技术要求

数据中心设计应统筹考虑建筑全寿命周期内节能、节水、节地、节材、保护环境、满足建筑功能之间的相互协调。

数据中心宜符合《公共建筑节能设计标准》（GB50189）等国家现行标准和《通信局（站）节能设计规范》（YD5184）的相关规定。数据中心应考虑对周围环境的影响的防护措施，并应符合国家对环境保护和生态保护的相关规范及标准的要求。数据中心应根据当地的气候和自然条件，充分利用再生能源。

（十四）光缆进线室要求

根据光缆进线室规范，光缆的进局方式应考虑两路及两路以上不同物理路由。光缆进线室内不宜有突出的横梁或墙柱，且不宜有其他管线通过，严禁通过燃气管线和高压电缆线。墙体应采用实心墙，以便后续铁架、走线爬梯对墙加固。进线室光缆上线孔洞的位置应正确，开挖上线孔时应注意遵循贴梁靠柱的原则。光缆进线室应具有良好的防火性能，门宽不得小于 1.0m。所有灯线开关及插座均采用暗线，照明开关应设在进线室入口处。光缆进线室内应预留大楼内联合接地网的接地端子。

五、结构、给排水及暖通方案

（一）结构方案

1. 结构安全等级和设计使用年限

数据中心及动力楼结构安全等级为一级，地基基础设计等级为甲级，设计使用年限为50年，屋面防水等级为一级，抗震类别为乙类，耐火等级为一级。

生产调度中心结构安全等级为二级，地基基础设计等级为甲级，设计使用年限为50年，地下室防水等级为一级，抗震设防类别为丙类，耐火等级为一级。

2. 自然条件

基本风压	$0.40kN/m^2$（R=50年）
基本雪压	$0.35kN/m^2$（R=50年）
地面粗糙度	B类
地震基本烈度	7度
设计基本地震加速度值	$0.10g$
所属的设计地震分组	第二组

3. 结构设计方案

（1）楼面和屋面活荷载

主机房：对于主梁、柱、基础	$9.0kN/m^2$
对于次梁	$10.0kN/m^2$
对于楼板	$12.0kN/m^2$
各机房电力电池区：	
对于主梁、柱、基础	$12.0kN/m^2$
对于次梁	$13.0kN/m^2$
对于楼板	$16.0kN/m^2$
吊挂荷载	$1.20kN/m^2$

瓶组间	$10.0kN/m^2$
配电房	$10.0kN/m^2$
楼梯	$3.50kN/m^2$

其他未说明荷载均按《建筑结构荷载规范》（GB50009—2012）及本院工艺、建筑、设备各专业提出的条件取用。结构根据空调冷源方案，在屋面预留空调风冷冷冻水机组的安装条件。建议50%机房区域活荷载按照 $16.0kN/m^2$（对于楼板）取值结构设计，具体范围设计时确定。

（2）结构选型

数据中心、动力楼均为多层建筑，且使用荷载、楼层高度均远大于其他民用建筑。生产调度中心为多层建筑。结合拟建功能、结构安全、造价成本、平面利用率等因素，推荐采用钢筋混凝土结构。

（3）地基基础

本项目基础设计等级为甲级。拟采取桩基础，桩长根据上部结构荷载及地勘结果确定。由于基坑开挖深度较深，需做好基坑支护及相应的检测工作，保证施工安全。

（4）抗侧力体系

本项目数据中心、动力楼、生产调度中心高度均小于24m，泰安市岱岳区抗震设防烈度为7度，建议采用现浇钢筋混凝土框架结构，数据中心、动力楼框架的抗震等级均为二级，生产调度中心框架的抗震等级均为三级。

（5）楼盖体系

根据数据中心、动力楼使用荷载较大的特点，并结合柱网布置情况，在主框架梁间布置"井"字形普通钢筋混凝上梁。考虑到防火及抗震要求，楼板选用经济、实用、刚度大的普通现浇钢筋混凝土楼板。楼面板、屋面板根据荷载及设备固定要求选择合适厚度；屋面板要考虑防水需求。生产调度中心楼板选用经济、实用、刚度大的普通现浇钢筋混凝土楼板。

4. 结构材料

（1）钢材：采用HRB400级钢筋；

（2）砼强度等级：采用 C30～C50 预拌混凝土；

（3）填充墙墙体材料：采用 A5.0B06 蒸压砂加气混凝土砌块墙，对于卫生间等潮湿区域采用防水能力更好的砌体材料，具体材料根据当地实际选用。

（二）给排水方案

1. 给水系统

（1）用水量标准和用水量

最高日生活用水量约 1656.1m^3/d，最大小时用水量约 86.68m^3/h。

（2）水源

本工程水源接自市政水管，引入两路 DN200 管道，在园区成环形布置。市政水压为 0.35MPa，供生活及消防用水；园区数据中心地下一层设置应急补水池（680t）以及应急补水泵组（应急补水时间为 12h），满足空调冷却水补水需求。

（3）室内给水

根据建筑设计、水源条件、节能和安全供水原则，室内给水系统竖向不分区，由城市自来水管网直接供给。

（4）管材

室内生活给水和采用钢塑复合给水管，丝口连接。

室外生活给水管采用钢丝网骨架聚乙烯（PE）管，热熔承插焊联接。

室外消火栓管采用钢丝网骨架聚乙烯（PE）管，热熔承插焊联接。

所有室内给水管道均加设厚 15mm 橡塑海绵（难燃材料），防结露，保温。

2. 排水系统

排水系统主要包括生活污水系统、废水系统、空调设备凝结水排水系统、事故泄漏—消防废水排放和屋面雨水系统。排水系统采用雨、污分流制。

（1）生活污水

主要接纳卫生间生活设施排出的生活污废水，系统采用污、废合流制。生活污水经室外化粪池处理后最终排入市政污水管网。

（2）一般废水系统——事故性排水系统

主要用于数据中心楼空调机房、冷冻站等设备用房生产废水及冷冻水系统事故性废水的排放，机房加湿器排水及机房空调设备管道"跑冒滴漏"事故性泄露排水，排水经管道收集后最终排至室外污水管网。

空调设备间设排水地漏和预留排水漏斗，排水地漏采用洁净室专用密闭地漏或自闭式防干涸（永磁铁）水封地漏，地漏下排水管道增设存水弯以加强水封保护。

（3）空调设备凝结水排水

设置冷凝水接口接纳主机房内空调设备凝结水排水。

（4）消防事故后排水系统

主要接纳机房内公共部位（走道、设备站房等可以水消防的部位）事故后排水，机房建筑具有严格的防水渍危害要求，按照迅速有效疏导排放量大且集中的事故后排水的要求设计。

消防废水排放以重力散排加管路有组织排放为原则设计。

数据中心每防火分区消防事故后排水，通过独立的地漏、排水管路将其有组织地排至室外；排水管路设计满足消防水量的排放；机房、配电间、电池室等房间门口，加设活动门槛，电气设备支架采用槽钢，以抬高电气设备，避免走道事故性消防废水通过门浸入，造成设备水渍危害。

3. 雨水系统

（1）雨水排水

屋面雨水设计重现期为 10 年，降雨历时 5min，降雨强度为 5.04L/（s.100m²）。同时，用重现期 50 年校核雨水量，预留溢流雨水口。

大楼屋面雨水为内排水，屋面设置雨水斗，通过立管排入室外雨水检查井。室外地面雨水由雨水口汇流后，排至雨水检查井，雨水检查井由管道系统连接排入市政雨水管道。

（2）管材

室内重力流污水管、通气管采用硬聚氯乙烯内螺旋排水管，胶接；雨水管采用 HDPE 高密度聚乙烯管道和配件。压力流排水管采用镀锌焊接钢管，丝接或法兰连接。

4. 应急排水

因数据中心大部分设备不间断运行，一旦有水喷洒到带电设备上，会引起电气短路、设备损坏、数据损失等严重后果，必须在机房内设置空调事故排水系统。小流量时从地漏排出，超流量时从应急排水口排出，有效防止因机房内空调水系统漏水或爆管的水进入机房。

（三）暖通方案

1. 设计参数

（1）室外空气计算参数

建设地点：	泰安
北纬：	36°17′
东经：	117°15′
海拔：	128.8m
平均气温：	12.8℃
空调计算干球温度：冬季-9.4℃	夏季33.1℃
冬季采暖室外计算干球温度：	-6.7℃
通风计算干球温度：冬季-2.1℃	夏季29.7℃
夏季空调室外计算湿球温度：	26.5℃
冬季空调计算相对湿度：	60%
夏季通风室外计算相对湿度：	69%
室外平均风速：	冬季3.8m/s 夏季2m/s
最大冻土深度：	31cm
极端最高温度：	38.1℃
极端最低温度：	-20.7℃

（2）室内空气计算参数

数据中心主机房采用封闭冷/热通道方式设计，主机房内空气含尘浓度，在静态条件下测试，每升空气中≥0.5μm的微尘粒数≤17600000粒；温度变化率小于5℃/h且不结露。

数据中心机房冷通道或机柜进风区域温度：　　　　18~27℃

数据中心机房冷通道或机柜进风区域相对湿度：　　不大于60%

数据中心机房冷通道或机柜进风区域露点温度：　　5~15℃

数据中心机房辅助区温度：　　　　　　　　　　　18~28℃

数据中心机房辅助区相对湿度（开机时）：　　　　35%~75%

数据中心机房不间断电源系统、电池室温：　　　　20~30℃

生产调度中心柴油发电机房：供暖温度10℃。

生产调度中心换热站：排风10次/h，进风8次/h。

生产调度中心制冷机房：供暖温度10℃，排风6次/h，进风5次/h。

生产调度中心消防/安防监控室：供暖温度18℃，空气调节夏季25±2℃、冬季25±5℃。

生产调度中心卫生间：供暖温度18℃，排风10次/h。

2. 空调设备配置方案

（1）冷水机组选型方案

溴化锂吸收式制冷机组：溴化锂吸收式制冷机是一种不用电能、直接以热源为动力制取冷水及温水的中央空调设备。它以溴化锂溶液为吸收剂、水为制冷剂，利用水在高真空下蒸发吸热达到制冷的目的。其利用的热源既可以是燃油、燃气、蒸汽，也可以是各种高温排气、热水，甚至是太阳能等余热和废热。在1台制冷机上可以同时利用多种热源。

高压离心式水冷冷水机组：输入电压与供电系统电压一致，可直接接入供电系统，省去了供配电系统的设备投资，同时由于机组的输入电压高、运行电流小、启动电流低，在供电系统允许的条件下，10kV封闭式高压离心式水冷冷水机组可以采用直接启动的方式来启动。

（2）数据中心冷源

本项目室外湿球温度≤8℃的时间约4 205h，占全年48%，自然冷源可利用时间较长，且本地电厂可提供蒸汽余热。本项目在综合能源站内（不设于本地块内）集中建设蒸汽型溴化锂吸收式冷水机组机房，同时负担2栋数据中心制冷负荷；在数据中心本楼内建设离心式冷水机组机房，负担制冷负荷，两个系统分时段运行。

（3）数据中心应急供冷系统

本次设计数据中心冷冻水系统针对 A 级机房配套设置应急蓄冷罐（开式罐），解决了市电中断、油机启动至冷水机组恢复运行这段时间的空调系统供冷问题（蓄冷罐放冷泵、数据机房的空调末端风机用电均由不间断电源保障），以保证空调系统与通信设备不间断的同步运行。蓄冷保障时间按 20min 设计。

（4）数据中心空调群控系统

空调自控系统规划设置冷冻水自控系统以及 DDC 系统。每个控制系统由中央电脑及终端设备和各子站组成，在楼宇控制中心配置计算机、液晶显示屏及打印机，需能显示、自动记录各冷源设备、水处理设备、水泵等的运行状况、故障报警及启停控制。所有设备采用自动、手动操作及就地开关，均可以就地起停，均有手动控制及自动控制转换开关。当开关处于手动控制时，控制中心可以监视设备的运行状态，但不能进行控制。控制中心能显示打印出冷冻水系统各设备的运行状态及主要运行参数，并进行集中远距离控制和程序控制。

冷水机组、精密空调机组 CRAH、新风机组等设备自带自动控制系统，动环系统对这些设备进行监控。冷源系统的监测与控制，根据供水总管和回水总管上的温度、流量信号计算进行负荷分析，决定制冷机组的运行台数，优化启停控制与启停联锁控制，满足末端的用冷需求。监控冷冻水供回水温度、压力、流量，根据供水总管和回水总管上的温度、流量信号计算实际负荷，并控制水泵及机组运行台数。冷冻水泵采用变频水泵，依据最远端用户供回水压差信号进行变频控制。

每个空调区域采用相对独立控制系统，控制机组启停、供回风温度、电动二通水阀调节、报警。中央控制系统仅做机组运行状态的监视：开机、停机故障，供回水温度、供回风温度。且中央控制系统的任何故障，均不应影响精密空调机组自身的控制系统和机组的正常运行。

（5）数据中心空调风系统

采用封闭冷通道送风方式，将冷风送至架空地板下，再利用架空地板形成的静压箱将冷风直接输送至封闭冷通道（冷池）内，带走数据设备内的热量，从机柜后部或上部排出，再回到空调机组上部回风口进行处理，气流组织合理，达到"先冷设备、后冷环境"的目的，提高空调制冷效率，达到节能的目的。

（6）数据中心空调水系统

冷冻水系统：本工程设置溴化锂吸收式制冷与离心式制冷两套冷源，分时段运行。在园区外建设蒸汽型溴化锂吸收式制冷机房（由能源公司投资建设），作为数据中心的集中冷源。在数据中心楼建设离心式制冷机房，作为数据中心的备用冷源。在溴化锂吸收式制冷机房空调水系统为一级泵冷冻水系统。数据中心楼内空调系统采用二级泵环网系统。其中各冷水机组与水泵、冷却塔均一一对应设置。在蒸汽型溴化锂吸收式制冷系统运行时，动力楼内制冷系统向数据中心提供一次冷冻水，接至数据中心的二次冷冻水环网上。数据中心二次冷冻水供回水管均设计成环路，每个机房空调区的循环管路为"1+1"热备；机房管路设计考虑互用互通，提高安全性；同时，为了保证在局部冷冻水管道或阀门发生故障时可以进行在线维护和维修以及便于机房空调扩容，在供回水管每个节点两端设置阀门，保证单点故障或单点维护时不影响整个水系统的运行。在地板下有管道的区域设置挡水坝，在机房一侧地面上均匀排布若干排水口，以保证漏水能自动排出，确保主机房设备的安全运行。同时，加湿水管主管入口处安装铜质球阀，机房专用空调配套地湿报警装置。

冷却水系统：采用钢制低噪声开式冷却塔，经冷水机组升温至38℃的冷却水送至冷却塔进行冷却，水温降至32℃，经水过滤器、冷却水泵加压后再返回冷水机组。冷却塔存水盘之间设独立接口且带关断阀的连通管，屋面预留补水管及补水计量装置，溢流、排污水接至屋面排水沟。在制冷机房内设有排水沟及地漏，以排除冷水、冷却水的排污、放空或事故泄漏水。

空调水处理系统：冷却水系统设有全自动加药装置、冷却水旁滤装置、水质抽样检测装置，与冷却塔一一对应，保证冷却水的水质。

空调系统的定压、补水、排气：冷冻水循环系统平时利用开式蓄冷罐作为整个空调系统的膨胀水箱定压，同时预留落地式自动补水定压装置作为备用定压设备。落地式自动补水定压装置及补水泵均设置在一层冷冻机房内。空调系统管道最高点及管道局部可能聚集空气的位置均设自动放气阀。

（7）生产调度中心空调系统

研发中心、运维中心、高检办公楼空调系统采用 VRV 空调系统。

（8）采暖系统

生产调度中心热源采用电厂蒸汽，在研发中心地下设置汽水换热站，供回水温度：80/60℃。采暖系统采用，热水散热器，下供下回，异程式系统。

数据中心电池室精密空调自带电加热，保证电池室冬季室温不低于20℃。

动力楼采暖系统采用热水散热器系统。

3. 节能设计

（1）自然冷却技术

数据机房充分利用蒸汽余热及自然冷源，在每年的 4~10 月采用蒸汽型溴化锂吸收式冷水水冷机组制冷，填补热电机组夏季热负荷的低谷，均衡热电机组冬、夏季用汽负荷，提高云计算数据中心的安全性和可靠性，降低设备的维护工作量及费用，减少污染物排放量。在每年的 10 月到来年 4 月采用高效水冷离心式冷水机组与板式换热器相结合的集中空调系统形式。这个时间段室外环境温度较低，可全部或部分使用自然界的免费冷源进行制冷从而减少冷水机组压缩机开启的时间以降低空调系统运行能耗。

（2）采用变频电机节约能源

冷却塔、水泵、恒温恒湿空调末端风机均采用变频控制，实现部分负荷时段的节能运行。

（3）封闭冷通道技术

将冷、热气流完全隔离（另外要求机柜配盲板，减少冷热气流混合），提高冷量的利用效率。封闭冷通道后，空调回风温度可提高至30℃左右（传统机房回风温度为24℃），减少空调系统运行能耗。

（4）其他空调节能技术

提高冷冻水供回水温度和供回水温差：冷水机组标准的冷冻水供回水温度为 7—12℃，大大低于数据中心正常运行的露点温度，将冷冻水供回水温度提高至 15—21℃，年节能率约提高 15%~20%。供回水温差增加 1℃，对应水泵流量可减少 20%，能耗大幅降低。

独立加湿除湿：机房采用独立恒湿机，取消空调末端电极式或红外式加湿功能，大幅降低机房空调系统的运行能耗，节省空调及电源配套的投资。

EC 风机下沉：房间级冷冻水型恒温恒湿空调采用调速（EC）风机，采用下沉方式安装调速风机比普通风机节省能耗约 35%。

采用液冷机柜：高密度机房采用液冷技术，拆掉风扇节能 15%，液冷带热能力是风冷的 700~1 800 倍，CPU 低温运行，机房环境则为自然室内环境，无须空调，减少空调负荷。液冷技术可以实现冷却液小于 45℃，可保证 CPU 工作温度 65℃，可以实现全年利用自然冷源。

4. 建筑通风系统

（1）主机房、变配电室、电池室、UPS 室、钢瓶间均设灾后清空系统，由竖井集中排至屋顶，换气次数 5 次/h。

（2）消防瓶组间、水泵房、电梯机房等采用低噪声风机通风换气，换气次数不小于 5 次/h。

（3）电池室设平时通风，换气次数 1.0 次/h。

（4）各层卫生间均设通风扇通风换气，换气次数不小于 10 次/小 h。

（5）冷冻机房平时排风不小于 6 次/h，补风风量不小于排风风量的 80%；冷冻机房内设置制冷剂防泄露报警装置，当泄漏报警装置探测到制冷剂时系统报警，信号反馈至冷冻机房对外电动卷帘门，连锁开启卷帘门通风换气。

（6）动力楼储油间按照 $n=10$ 次/h 设防爆风机，机械排风系统。

（7）厨房设置排油烟系统。排油烟风量按照不小于 $n=40$ 次/h 设置。

5. 管材

（1）空调系统风管及排风风管、消防排烟管道均采用镀锌钢板制作，厚度按国标设计。空调风管保温采用难燃 B1 级橡塑材料（$λ≤0.034W/$（m·℃），$r≥40~80kg/m^3$，湿阻因子 $μ≥20\,000$），排烟管道保温采用不燃外带铝箔的离心玻璃棉（$λ≤0.033W/$（m·℃），$r≥40kg/m^3$）。

（2）空调系统冷冻水、冷却水水管均采用无缝钢管，法兰连接（法兰与管道之间采用焊接），要求管道热镀锌后进行二次安装。法兰垫片采用聚四氟乙烯垫片，垫片厚度为 3mm。

（3）冷凝水管采用钢塑复合管（涂塑），丝扣连接，排水坡度 0.005，坡向排水立管。

（4）冷冻水管、冷却水管、冷凝水管、加湿水管及其上的阀门、零配件等需用难燃 B1 级橡塑作为保温材料，室外部分保温管道保温层外设彩钢板保护层。保温材料性能参数如下：平均温度 35℃ 时，导热系数 < $0.034W/$（m^2·K），吸水率≤10%，氧指数≥32%，湿阻因子>20\,000。

（5）空调水管阀门要求：管径小于 50mm 采用全铜截止阀，大于或等于 50mm 采用法兰式蝶阀（要求阀门自带法兰）；自动放气阀采用全铜材质，规格为 DN20；排水阀采用全铜截止阀，规格为 DN25~DN40；阀门工作压力为 1.6MPa。

六、电气及智能化方案

（一）电气方案

1. 用电负荷分级及保障措施

本期工程建设 1 栋数据中心（机房楼）、2 栋动力楼、2 栋生产调度中心。

数据中心属于多层建筑，IT 设备、二次冷冻水泵、机房监控系统、机房精密空调属于一级负荷中的特别重要负荷；空调冷水机组及制冷水泵、消防设备等为一级负荷，货梯、检修插座等为二级负荷；其余用电设备为三级用电负荷。

动力楼属于多层建筑，与柴油发电机启动相关的电动百叶、控制系统、供回油泵属于一级负荷中特别重要负荷；消防设备属于一级负荷，其余负荷属于三级负荷。

生产调度中心为多层建筑，研发用电及安防监控用电为一级负荷中特别重要负荷，消防负荷为二级负荷，其余负荷属于三级负荷。

根据本项目的负荷等级进行划分，并采用不同供电措施：

（1）一级负荷及一级负荷中的特别重要负荷：IT设备配电系统、机房精密空调、冷冻水二次泵供配电采用双电源+双回路的供电方式，同时采用不间断电源系统进行不间断供电，以保证供电线路故障或市电缺失阶段仍然可用。

机房监控系统为整个数据中心重要的操作、维护与管理平台，采用UPS系统作为不间断电源。

消防设备、冷水主机及水泵等采用双路市电供电，末端进行切换。

消防疏散应急照明采用集中电源集中控制系统，应急时间不小于30min。人员密集场所不小于60min。

（2）二级负荷：采用双电源或者双回路供电方式。

（3）三级负荷：采用单电源+单回路供电方式。

2. 外市电引入方案

一类市电的定义为：一类市电供电为从两个独立电源各自引入一路供电线路，两路供电线路不应同时出现有计划停电检修。即：由两个不同的变电站分别引入市电电源，或由同一变电站的两个不同的母线段各引一路市电电源。

本项目拟建设110kV专用变电站，10kV电源引入引自同一变电站的不同母线段，外市电电源类别为一类市电。

本期工程建设期内园区内暂无110kV专用变电站，本期工程项目内各楼的主、备电源需从不同市政变电站引入。本期工程规划设备总安装容量约为70 000kVA，需要引入4×2路10kV独立电源作为正常工作电源，两路电源互为备用。其中A路为（1×5 000kVA及3×10 000kVA），B路为（1×5 000kVA及3×10 000kVA）。

各单体建筑的引入电源线采用地下穿管或局部地下电缆隧道方式布

放，管径采用 200mm 钢管，优先满足双路由供电方式。

电力线的选择：高压电力电缆采用交联铠装电缆。

在设置电力馈线通道时，电源专业与各通信专业及土建相关专业协调沟通，避免各专业间的通道发生冲突。

3. 高低压系统建设方案

（1）高低压变配电及发电机房设置原则及方案

本项目根据机房楼的交流负荷、保证负荷，在动力楼设置了高压发电机房和高压室，在数据中心设置了相应的高低压变配电机房。

高低压变配电机房：①接近负荷中心，进出线方便，设备搬运方便；②不应设在厕所或其他经常积水场所的正下方，且不宜与上述场所相邻；③不应设在有爆炸危险环境的正上方或正下方，且不宜设在有火灾危险环境的正上方或正下方；④不应设在地势低洼和可能积水的场所，若设在地下室，应做好防水；⑤变压器、低压配电机房应合设在同一室内；⑥市电油机切换及高压总配电室设置在动力楼二层，高压二级配电室分别设置在生产楼内。

发电机房：①在数据中心外集中设置 2 栋动力楼；②动力楼一层安装柴油发电机组及日用油箱等；③发电机组的配电设备设置在动力楼二层，位于发电机房上方；④机组设置应方便发电机组出线，并保证设备搬运方便；⑤机房应充分考虑各机组的进排风孔洞尺寸，并在进排风装置空间上预留消噪声设备的安装空间；⑥尽量远离医院、居民区等对噪声要求较高的建筑物。

储油：①储油罐应设置在园区绿地地下，宜采用直埋方式安装；②地下储油罐与建筑物的距离应不小于 6m；③地上储油室宜靠近建筑物的外墙，并靠近发电机房；④储油室进出油管方便；⑤对于距离发电机房较远的地下储油罐，油泵室可设置在储油罐附近；⑥地下储油罐按每幢机房楼配置一个地下储油罐设置，即每个地下储油罐负责相应备用发电机组的储油；⑦燃油储备至少满足油机 12h 应急使用。

电缆和母线通道：①建筑物之间、楼层与楼层之间、机房与机房之间要预留充分的垂直和水平电力馈线通道；②避免各专业间的通道发生冲突；③动力楼至机房楼采用穿管敷设，高压开关柜至变压器采用电缆沟敷设；④所有母线槽及电力电缆的安装设置应方便今后扩容及日常维护；⑤园区市电引入电缆与动力楼采用钢管联通。

（2）本期总体供电系统架构

根据本期总体用电容量、建筑组团方式、设备负荷保障等要求，建议采用供电系统架构方式。本期园区规划柴油发电机组及并机系统设置动力站内与市电电源进行集中切换后送至数据中心，提高数据中心机房利用率，减少室外电缆敷设路由。

（3）高压系统建设方案

本次工程相关需求，数据中心规划 4 套（1+1）10kV 高压系统，16 套（1+1）10/0.4 变配电系统，动力楼每栋规划 2 套（1+1）10kV 高压系统，1 套（1+1）10/0.4 配电系统及 1 套市电油机切换系统，2 栋生产调度中心规划 1 套（1+1）10/0.4 变配电系统。

①高压供电系统及运行方式

本项目数据机房楼内交流主、备用电源分别由 10kV 市电电源、10kV 高压发电机组提供。高压供电系统设置两级配电，高压一级配电设置在动力楼机房内，高压二级配电设置在机楼内。市电与发电机组电源的转换在动力楼高压室高压配电系统上进行。本工程配置市电/应急电源切换开关，具备电气和机械联锁。当两路市电均停电时，油机自动启动，市电/应急电源切换开关手动/自动切换。

每个机房楼建设二级高压配电系统，由两路市电电源、进线柜、PT柜、计量柜、联络柜及出线柜组成，两个进线柜与联络柜之间采用电气连锁装置。

两路市电运行采用两路电源主辅分供方式，互为备用，自投自复。即当两路电源中的任一路电源停电后，联络开关自动投合，另一路电源自动承担全局负荷供电；当停电电源恢复后，联络开关自动切除，恢复两路电源分供状态。

高压开关柜选用金属铠装中置开关柜，单套高压配电系统采用单母线分段接线方式。2 路电源采用分段常供模式，当一组电源故障时，由另一组电源负担本机楼全部一、二级负荷。高低压系统需设置电力保护与控制系统，便于对电力运行情况进行监控以及高低压系统进行远程控制。

10kV 断路器采用真空断路器，选用弹簧储能操作机构，并采用直流 220V 铅酸免维护电池作为操作、继电保护及信号的电源。每套高压供电系统设置 1 套直流操作电源。

②系统继电保护

高压进线柜：过流、融断、接地保护；

高压出线柜：过流、融断、温度、接地、零序保护；

高压母联柜：过流、融断保护。

本工程数据中心采用 10kV 高压冷水机组，在数据中心一层空调配电机房规划设置 10kV 空调配电系统，两路市电，双路常供，设置母联可自动投切，完成 10kV 空调主机的供电使用。

本项目交流供电系统总计费采用高压计费方式，计费表设置在高压供电系统进线柜内。

（4）低压系统建设方案规划

在数据中心首层配置 4 套 2 000kVA （1+1），2~3 层每层配置 6 套 2 000kVA （1+1）低压配电系统，每套系统配置 2 台互为备用的变压器 （10kV/0.4kV）及配套低压柜，每台变压器负载率维持在 45% 左右。机房 IT 设备部分低压配电系统采用模组化设计，在 2~3 层每层布置 2 个电力室及 UPS 配电室为同层机房供电，使供电电源临近负荷供电区，减短供电路由。

低压配电系统采用单母线分段方式运行，两段母线之间设母联开关，两台变压器出线总开关与联络开关之间设机械与电气联锁，任何时候只能有两台开关处于合闸状态。当一台变压器失电后，另一台变压器带起故障变压器一、二级等重要负荷。当失电电源恢复供电后，自动恢复正常状态。

本项目低压开关柜选用固定分隔式低压开关设备或抽出式低压开关设备。每台变压器配置一套低压开关柜。

无功功率以变压器为单位，采用高、低压侧分段集中补偿方式，每段母线功率因数应补偿到 0.95 以上或者以当地供电部门要求为准。

本期项目对节能要求比较高，本着减少初投资的因素，采用更为稳定的 SCB13 变压器。

（5）电力监控系统

本项目数据机房楼拟建设独立的电源监控子系统，并设置相应的监控单元。子系统将对机房楼所有电源设备进行遥控、遥信、遥测及遥调，实现对电源设备的维护、集中监控和电源全时动态能耗监测，通过对各类能耗设备的全面管控，为设施的能源管控提供强有力的管控工具，从而达到节能的目的。

监控单元包括相应的监控模块具体如下：

①高压配电监控模块；

②低压配电监控模块；

③发电机组监控模块；

④直流供电系统监控模块；

⑤其他监控模块；

⑥照明智能控制模块。

本项目选用的所有高低压变配电及发电机组均具有通信接口，其配套的密集母线、燃油系统、进排风系统以及机房环境等设备也应纳入监控子系统。除机房楼的监控子系统外，在管理用房应建动环及能耗集中监控中心，监控中心将对所有监控子系统进行数据采集，并对所有监控子系统实施全面监控。

4. 油机系统建设方案

为使数据中心尽可能多排布 IT 机柜，充分利用市电容量及便于后期维护管理，本期数据中心的柴油发电机组设于动力楼，均采用 10kV 高压柴油发电机组。

本项目数据中心需要柴油发电机保障的一级负荷约为 30 464kW，为满足国标 A 要求，规划在每栋动力楼配置一套（10+1）台主用功率（PRP）为 1 800kW 的 10kV 柴油发电机组。10 台柴油发电机组组成一个并机系统，分别与高压系统完成切换，将经过切换的 10kV 保障用电分别输送至数据中心的 10/0.4kV 系统。规划布置埋地油罐，发电机燃料存储量规划不小于 12h 并提示业主尽快与周边油站签订供油协议。负载侧控制使用"中压智能负载管理系统"，满足市电和柴油发电机输入切换、各类负载投切管理，远程自动控制等管理，减少人为操作误差，提高运维效率。

本项目在储油间为每台柴油发电机各设置了一个日用燃油箱，并在室外为每栋动力楼设置 2 个 30m³ 地下储油罐。地下储油罐采用直埋安装方式，储油设施容量按照油机满载运行满足 12h 设计。

市电与发电机组的转换在高压配电室内 10kV 供电系统上进行，市电与发电机的转换方式按自动切换，自投自复设计，但需征得当地供电部门审批同意。

5. 不间断电源系统

不间断电源系统直接为服务器设备供电，与机房等级和客户需求直接相关。依据"国标 GB—50174"和"相关企标"保障配置，本期工程采用不间断电源系统的主要包括：

（1）数据中心的 A 级机房采用 500kVAUPS（2//2），2N 系统，蓄电池后备时间按单机 15min；

（2）水泵类负荷，配置 1 套 500kVA 单机 UPS 系统，一路市电一路 U 电，后备时间按 15min；

（3）末端空调配置 2 套 600KVA 单机 UPS 系统，一路市电一路 U 电，后备时间按 15min，弱电辅助按采用 160kVA UPS（1//1），2N 系统。

6. 动力及土建配电系统

（1）动力及土建配电系统概述

消防设备电源采用双路电源末端自动切换后供电。对就地控制的单相功率为 0.75kW 及以下，三相功率为 1.5kW 及以下的排风机采用手动启动器或低压断路器控制；功率大于 2.2kW、启动频繁或有联锁、遥控要求者，采用带低压断路器、控制按钮、交流接触器、热继电器的启动和保护。功率大于 30kW 的水泵、风机采用星三角或变频器启动。

（2）配电线路的保护及导线的选择和敷设

配电线路的保护要考虑在电气故障时，防止人身间接触电、电气线路损坏和电气火灾。配电线路装设了短路保护、过负载保护和接地故障保护等。

电力干线及支干线采用 WDZ—YJY—0.6/1.0kV 型交联聚乙烯绝缘无卤低烟阻燃聚烯烃护套电力电缆，并根据电缆的数量、敷设情况和环境温度考虑校正系数。消防设备采用 BBTRZ—0.6/1kV 铜芯铜护套无机矿物绝缘柔性防火电缆。

电缆从变电所引出后，分设消防电缆桥架及非消防电缆桥架。桥架沿顶板吊装及沿走道吊顶敷设至竖井及配电箱。电缆沿桥架内敷设，电气竖井内电缆为封闭桥架或者梯架垂直敷设。

消防用电设备的配电线路暗敷时应穿管敷设在不燃烧体结构内，其保护层厚度不应小于 30mm，明敷时必须穿金属管或封闭金属线槽，并采取涂防火涂料等防火保护措施。

7. 照明系统设计

（1）照明分类

照明设计包括正常照明、备用照明、应急疏散照明等。变配电房、主机房、消防控制室和消防瓶组间等处设备用照明，应急时间为 180min；楼梯间、疏散走道和安全出口设疏散指示照明，应急时间为 30min。

（2）照度标准

根据现行《建筑照明设计标准》规定进行设计，照明的功率密度值按国家标准的目标值进行设计；照度按标准值进行设计。

应急照明照度：根据《建筑设计防火规范》的要求，疏散走道的照度不低于 1.0lx，人员密集场所不低于 10lx，楼梯间、前室等不低于 5.0lx；消防控制室、消防水泵房、配电房和排烟机房等房间的消防备用照明的照度不低于正常照明的照度。主机房和辅助区的备用照明的照度值不低于正常照明照度值的 10%。

（3）照明光源、灯具

主机房、配电室、维护管理用房等房间采用高效节能型 LED 平面光源和灯具；走廊、门厅等公共区域采用高效节能型 LED 筒灯和其他光源相结合的形式；应急照明的光源采用能快速点燃的光源；园区道路照明采用配置有 LED 光源的太阳能庭院灯。LED 筒灯的效能不低于 70lm/W；LED 平面灯的效能不低于 80lm/W。光源显色指数 Ra ≥ 80；色温应在 3 300 ~ 5 300K 之间。

应急照明和疏散指示标志灯，应设玻璃或其他不燃烧材料制作的保护罩，并符合现行国标《消防安全标志》（GB13495）和《消防应急照明和疏散指示系统》（GB17945）的规定。

（4）照明灯具的控制方式

正常照明灯具均采用 220V 供电，根据具体情况采用分区集中或分区、分组控制方式。楼梯间采用声光控型照明灯具；主机房可采用情景控制及移动感应相结合的智能照明控制方式；普通房间采用翘板开关就地控制；应急疏散照明系统采用 A 型集中电源集中控制系统。

8. 防雷接地及安全

（1）防雷

本工程按第二类防雷建筑设防，考虑防直击雷、闪电感应及防雷击电磁脉冲等措施。

（2）防直击雷措施：

①在屋面设置由接闪带和接闪网组成的接闪器，并在整个屋面形成不大于 10m×10m 或 12m×8m 的网格；

②利用结构内主钢筋作为引下线，相邻两条引下线的平均间距不大于 18m；

③利用结构基础作自然接地体。防雷接地、电气设备的保护接地、工作接地共用接地体，联合接地电阻不大于 1Ω；

④屋面的所有金属构架及金属管道均与屋面防雷装置连接。

（3）防闪电感应及防雷击电磁脉冲措施：

①直接埋地进出建筑物的电缆金属外皮和金属管道，在进出建筑物处与等电位接地装置连接。

②变压器高低压侧各相应装设避雷器，在总配电箱和各楼层配电箱（柜）进线处装设电涌保护器。

（4）接地及安全保护措施：

①低压配电系统接地形式采用 TN—S 系统，整个工程采用联合接地，

所有用电设备的非带电的金属外壳、构架均应与专用保护线作可靠的电气连接；

②垂直敷设的金属管道及金属物的顶端及底端与防雷装置可靠连接；

③在数据中心楼底层设置总接地汇集环，室外环绕机房楼设置环形人工接地体；

④在各层强弱电间、各主机房、电梯机房、冷冻机房、消控室均设局部等电位联结箱，通过接地干线与接地网联接；变配电室内设专用室内接地线，并与接地网多点焊接连通；

⑤根据工艺要求，在进线室和机房内预留若干接地引出点；

⑥室外预留接地引出线用于接地电阻测量和电气安全接地；

⑦园区内各建筑物接地网焊接连通；

⑧对连接插座、插座箱的线路则设置专用保护线，并且插座回路带漏电保护开关，漏电动作电流为30mA，动作时间0.1s；

⑨室外灯就地设接地保护，灯具金属外壳与接地装置连通。

（二）智能化方案

数据中心智能化系统主要包括建筑智能化系统、通信网络传输系统和业务监控类智能化系统。本项目智能化系统单体内保留终端设备、采集点、存储器、管线等内容，同时各单体设置 ECC 监控中心及平台，通过网络接入园区监控中心进行统一监控管理及存储。

1. 数据中心智能化系统

数据中心智能化系统分为消防智能化系统和安防智能化系统。

（1）消防智能化系统包括火灾自动灭火系统和火灾自动报警系统，火灾自动报警系统应考虑消防联动系统。消防控制中心均设置在消防监控中心内，数据中心一楼设置消防设备间，接入整个园区消防监控中心进行控制。详见后续"消防电气"部分。

（2）综合安防系统包括视频监控系统、入侵报警系统、出入口门禁控制系统、电子巡查管理系统、楼宇自控系统等。各系统的接入层设备数量和应用层服务器设备功能应按需配置，网络层交换机和路由器设备共用。

园区规划安防及管理系统中心整体设置在办公楼监控中心内，数据中心建设一套独立的安防系统与大楼安防综合平台对接。

①视频监控系统：视频监控系统采用网络架构，视频监控中心设置在本楼监控中心内。整个系统采用纯 IP 结构，分为前端摄像机、传输网络、监控中心（含存储系统）等几大部分。整个系统的核心是智能安防中心管理系统，由安防平台服务器、安防管理服务器、安防存储服务器、扩展存储单元、电视墙服务器、监控客户端工作站等设备组成。根据不同场所设置不同类型的前端摄像机，在各楼层主要出入口、机房出入口、走廊、电梯厅、楼梯间等公共区域设置摄像机。视频监控系统采用高清网络摄像机，分辨率不低于 1 080P，并配置录像集中存储设备。视频压缩设备采用多路专业网络型视频压缩设备，存储设备采用磁盘阵列，视频监控存储时间不少于 90d。

②入侵报警系统：本次数据中心楼暂不设置。

③出入口门禁控制系统：采用网络架构，管理中心设置在本楼 ECC 监控中心内。本系统主要在各主机房出入口、楼层对外出入口、进入机房区域、发电机房、变配电室、电力电池室、配线室、空调区、瓶组间、备品备件库、辅助用房出入口、重要房间等处设置门禁点位。采用分布式控制系统，进出门采用双向方式管理。在机房区域内设置门禁系统，在各重要出入口安装读卡器、电子门锁。

④电子巡查管理系统：采用离线式设计，管理中心设置在办公楼物业监控中心内。巡更点设置在各楼室外四周，采用离线式巡更系统，安保人员随身携带巡更棒，现场采集各巡更点信号后返回至控制中心进行信息处理。

⑤楼宇自控系统：包括通风、水泵、电梯等建筑设备监控系统，接入监控平台。

⑥冷源群控系统：主要对数据中心冷源进行监控管理，达到节能降耗的效果。管理平台设置在数据中心 ECC 监控中心。

2. 数据中心业务监控类智能化系统

主要用于对数据中心业务平台、机房动力环境监控平台、空调群控系统和能耗监测系统的网络运营监控。业务监控系统设置在数据中心一楼，由专业人员管理，设置集中 ECC 监控大厅，可配置监控大屏、高清音视频矩阵、监控坐席和监控软件等。

3. 数据中心通信网络传输系统

主要用于对数据中心业务的信息传送，设备组网采用星状方式，在数据中心设置专门的传输接入机房。本项目设置多线接入，每个宽带运营商使用 1 个进线传输室，管道进线根据大楼工艺规划公用共享，统筹管理。

4. 园区其他建筑智能化系统

园区其他建筑智能化系统分为消防智能化系统、安防智能化系统和信息设施系统。

（1）消防智能化系统包括火灾自动灭火系统和火灾自动报警系统，火灾自动报警系统应考虑消防联动系统。消防控制中心均设置在消防监控中心内，各楼均设置消防设备间，接入整个园区消防监控中心。详见后续"消防电气"部分。

（2）安防智能化系统包括视频监控系统、入侵报警系统、出入口门禁控制系统、电子巡查管理系统、楼宇自控系统等，各系统设计标准同数据中心安防智能化系统要求。各系统的接入层设备数量和应用层服务器设备功能应按需配置，网络层交换机和路由器设备共用。园区规划安防及管理系统中心整体设置在办公楼监控中心内，各建筑单体与园区合用一套安防系统。

（3）信息设施系统

信息设施系统包含综合布线系统、信息网络系统、公共广播系统（可与紧急广播系统合用）、会议系统和信息发布及引导系统。

①综合布线系统：主要采用 6 类非屏蔽线缆+OM3 万兆多模光纤/3 类 25 对大对数。由工作区子系统、水平子系统、垂直主干子系统、管理子系统、设备间子系统和建筑群子系统共六个子系统构成。

②信息网络系统：是利用计算机技术、通信技术、多媒体技术、信息安全技术和行为科学等，由相关设备构成，用以实现信息传递、信息处理、信息共享等功能，主要包括计算机网络、应用软件及网络安全等。

③公共广播系统（可与紧急广播系统合用）：主要由节目源设备、信

号处理设备、传输线路和扬声器等四部分组成。节目源通常由无线电广播、激光唱机和录音卡座等设备组成，此外还有传声器、电子乐器等。信号处理设备由均衡器、前置放大器、功率放大器和各种控制器等设备组成。

④会议系统：根据会议室的大小和功能需求配置相应的音视频设备。

⑤信息发布及引导系统：主要包括中心控制系统、终端显示系统和网络传输三个部分。中心管理系统软件安装于管理与控制服务器上，具有资源管理、播放设置、终端管理及用户管理等主要功能模块，可对播放内容进行编辑、审核、发布、监控等，对所有播放机进行统一管理和控制。终端显示系统包括媒体播放机、视音频传输器、视音频中继器、显示终端，主要通过媒体播放机接收传送过来的多媒体信息（视频、图片、文字等）通过 VGA 将画面内容展示在 LCD、PDP 等显示终端上，可提供广电质量的播出效果以及安全稳定的播出终端。网络传输则是中心控制系统和终端显示系统的信息传递桥梁。

七、消防及人防

（一）消防

本园区内所涉及建筑物建筑高度均不超过 24m，执行《建筑设计防火规范》（GB50016—2014）（2018 年版）中多层建筑的相关规定，数据中心、动力楼、生产调度中心均按丙类工业厂房设计。

1. 建筑消防

（1）总图设计

园区内各单体建筑四周均设有环形消防车道，道路宽度大于 7m，净高大于 4m，满足消防车道的要求，转弯半径大于等于 12m，满足消防车及大型货车转弯半径的要求。消防车道距离建筑物外墙均大于 5m，结合消防车道设置消防救援窗口，满足规范要求。

园区内各建筑之间距离均大于 20m，满足消防间距要求。

（2）防火分区

机房楼、动力楼、生产调度中心均按多层工业厂房进行消防设计，楼内均设有自动灭火系统，按自然层划分防火分区，防火分区面积均满足每个防火分区不超过 $4\,000×2=8\,000m^2$ 的要求。

（3）安全疏散

机房楼、动力楼、生产调度中心均设有不小于两部疏散楼梯。数据中心内任一点到最近安全出口的直线距离均不小于60m。由于主机房内设有高灵敏度的吸气式烟雾探测火灾报警系统，主机房内任一点至最近安全出口的直线距离按 $60×1.5=90m$ 计算，满足规范要求。

（4）建筑防火构造

①防火墙、隔墙

a. 防火墙采用蒸压加气混凝土砌块墙，厚度不小于200mm，耐火极限不小于3h；

b. 防火墙、隔墙应直接砌筑在钢筋混凝土楼板或梁上，并应砌筑至结构板或梁底；

c. 所有穿越防火墙的管道，应采用非燃烧材料将缝隙紧密填塞；

d. 防火墙上安装消火栓、配电盘等设备的部位，需用防火钢板封堵，并达到相应耐火极限。

②楼板

所有穿楼板的孔洞周围应采用不燃烧材料将孔洞周围的空隙紧密填塞。

③管道井

设备竖井、电气竖井等待设备管道安装完成后，将竖井内现浇钢筋混凝土楼板，并用防火材料紧密填塞。

④木装修

均需事先在板背及龙骨上按规范要求涂刷防火涂料。

⑤钢构件防火

在钢构件表面喷涂防火涂料做保护层，且应达到相应耐火极限要求。

⑥挡烟垂壁

无吊顶处可利用结构梁（梁下垂高度不小于500mm）做挡烟垂壁；如

不能满足高度要求，应采用自动回转式挡烟垂壁，下垂高度不小于500mm；挡烟垂壁做法按11J508（F1—F6）设计。

⑦防火门窗、防火卷帘

甲、乙、丙级防火门应符合现行国家标准《防火门》（GB12955）的规定，防火窗应符合现行国家标准《防火窗》（GB16809）的有关规定，防火卷帘应符合现行国家标准《防火卷帘》（GB14102）的规定。

（5）防烟分区

普通功能房间防烟分区≤500m²。

2. 消防给水

本工程建设由1栋机房楼、2栋动力楼及1#生产调度中心、2#生产调度中心组成。

根据消防规范，火灾按同一时间发生一次火灾考虑，一次火灾灭火室内消防用水量为252m³，一次灭火室外消防用水量为432m³。

（1）水源和室外消火栓系统

以城市自来水为水源，水量、水质可满足本项目设备、生活的用水要求。园区采用两路供水，室外消火栓水源为市政水源。

（2）室内消火栓系统

室内消火栓给水系统采用临时高压给水方式，其中生产调度中心屋顶设置消防水箱，水量18m³。并在屋顶水箱消火栓出水管上采取立式增压稳压泵（一用一备）方式设置气压罐稳压装置1套，配套隔膜立式气压罐，控制稳压水泵不断补水稳压，可满足消火栓初期灭火所需水压。

1#生产调度中心设置消防水池及消防水泵房；消防水池有效水量为252m³，储有室内消火栓用水144m³，自喷淋系统用水108m³。水泵房需要设消火栓、喷淋水泵各两台（一用一备）。

室内消火栓系统设水泵接合器，当消火栓泵故障或室内消防用水不足时，供消防车向室内管网补水。

（3）自动水喷淋灭火系统

①数据中心走廊、动力楼以及辅助房间，生产调度中心室内（除楼梯间外）均设置水喷淋灭火系统，按中（Ⅱ）危险级设防。设计参数：

设计喷水强度	$8.0L/（min \cdot m^2）$
作用面积	$160m^2$
设计用水量	$30L/s$。

②喷淋给水系统的消防水池、泵房、屋顶水箱与消火栓给水系统共用。为满足水喷淋初期灭火所需水压，在生产调度中心屋顶水箱喷淋出水管上设置气压罐稳压装置1套，配套隔膜立式气压罐，控制稳压水泵不断补水稳压。

③设置气体灭火系统，以经济、适用、可靠、安全为原则，在机房、配电室区域设置七氟丙烷气体灭火系统。

④其他灭火措施根据《建筑灭火器配置设计规范》规定设计：

主机房按E类火灾（带电火灾）场所严重危险级配置推车式二氧化碳灭火器，最大保护距离、最低配置基准按不低于该场所内A类火灾的规定进行配置。

变配电室等设置气体保护的房间按E类火灾（带电火灾）场所中危险级配置手提式二氧化碳灭火器。

机房其他区域按A类火灾场所严重危险级配置手提式磷酸铵盐干粉灭火器。

生产调度中心按A类火灾场所严重危险级配置手提式磷酸铵盐干粉灭火器。

3. 消防电气

（1）火灾自动报警及消防联动控制系统

数据中心消防电源属于一级负荷。消防设备的两路电源分别引自0.4kV侧的二段母线，并在末端配电箱处自动切换。火灾自动报警系统设主电源和直流备用电源，主电源应采用消防电源，直流备用电源采用专用蓄电池。消防联动控制装置的直流操作电源电压采用24V。

数据中心采用集中报警系统。数据中心一层ECC作为本数据中心的消控中心，内设一套集中火灾自动报警区域机。消控中心可以对各楼消防设备进行集中显示和监控，消防设备间内区域机也可对本大楼实现独立显示和监控。维护管理用房、消控室、冷冻机房、瓶组间、电梯厅和走廊等处安装感烟探测器，气体保护区内安装感烟、感温探测器和声光报警装置、放气指示灯及紧急启停按钮、手/自动转换按钮等。感烟、感温探测器的设置要考虑探测器的保护面积、保护半径及建筑物结构梁的影响。消火栓箱内安装消火栓报警按钮，疏散楼梯口、电梯厅等部位安装手动报警按钮。建筑物内设置火灾警报装置和火灾应急广播。

当保护的区域发生火灾时，开启火灾应急广播报警，切断非消防电源，打开由门禁系统控制的门，联动消防泵和消防风机启动，根据火灾情况强制电梯依次返航，并通过专用电话向当地消防部门报警，消防控制室启动消火栓泵。

当气体保护区内发生火灾时，气体灭火控制器接收到第一个火灾报警信号后，启动防护区内的火灾声光警报器，警示处于防护区域内的人员撤离；接收到第二个火灾报警信号后，联动关闭排风机、防火阀、空气调节系统，并根据人员安全撤离防护区的需要，延时不大于 30s 后开启选择阀（组合分配系统）和启动阀，驱动瓶内的气体开启灭火剂储罐瓶头阀，灭火剂喷出实施灭火，同时启动安装在防护区门外的指示灭火剂喷放的火灾声光报警器（带有声警报的气体释放灯）；管道上的自锁压力开关动作，动作信号反馈给气体灭火控制器。

报警控制系统发出声光报警时，工作人员必须立即撤离气体保护区。当确定并没有发生火灾（报警系统误动作）时，工作人员应立即开启保护区外面的紧急启停按钮来撤销灭火程序。

（2）应急照明及疏散指示灯标志

主机房、消控室、变配电室、消防设备房、电梯机房、楼梯间、走廊、前室和疏散通道设置应急照明或疏散指示标志，保证人员正常工作和安全撤离到室外。本项目消防应急灯具采用 A 型集中电源集中控制系统。

（3）电气火灾监控、消防电源监控、防火门监控系统

①电气火灾监控系统

由电气火灾监控主机、剩余电流式电气火灾监控探测器和测温式电气火灾监控探测器组成，监控主机设置在一层消防设备间内。监控探测器设

置在各非消防配电箱（柜）内，用于监测供电回路的漏电流和温度。

②消防电源监控系统

由消防设备电源状态监控器、电压传感器、电流传感器、电压/电流传感器等部分或全部设备组成，电源状态监控器设置在一层消防设备间内。当消防设备电源发生过压、欠压、过流、中断供电等故障时，消防设备电源监控器进行声光报警、记录、并实时显示被监控电源的电压、电流值及故障点位置。

③防火门监控系统

由监控器、电动闭门器、释放器和门磁开关等部分或全部设备组成，监控器设置在一层消防设备间内。该系统用于监测防火门所处状态及控制疏散通道上防火门的开闭。

（4）线缆敷设要求

消防垂直总线采用（低烟无卤）耐火型铜芯电缆，其他线路均采用（低烟无卤）耐火型铜芯导线穿钢管暗敷于墙、楼板等非燃烧体结构内，其保护厚度不小于30mm。必须明敷时，穿有防火保护的金属管或有防火保护的封闭式金属线槽。

（5）系统接地

消防控制室设置专用接地板，由专用接地板引至接地体的专用接地干线采用25mm² 铜芯绝缘导线穿硬质塑料管，接地支线采用4mm² 铜芯绝缘导线。消防系统接地与建筑物内防雷接地系统共用同一接地装置，其接地电阻≤1Ω。

4. 防排烟

防排烟处理以及防火措施如下：

（1）对长度大于20m的疏散内走道以及面积大于50m² 的地上无窗房间设置机械排烟设施。对宽度不大于2.5m的内走道，防烟分区按长边长度均不应大于60m划分防烟分区。对宽度大于2.5m的内走道，防烟分区按长边长度均不应大于60m，且防烟分区的面积不大于150m² 划分防烟分区。防烟分区间设挡烟垂壁；地上部分走道排烟采用自然补风，地下部分走道设机械补风系统，补风机设于专用机房内，补风量不小于排烟量的

50%，补风口与排烟口设置在同一空间内相邻的防烟分区时，补风口位置不限；当补风口与排烟口设置在同一防烟分区时，补风口应设在储烟仓下沿以下；补风口与排烟口水平距离不应少于5m。

（2）地上防烟楼梯间、前室及合用前室满足自然排烟要求，不满足自然排烟要求的防烟楼梯间、前室及合用前室设置机械加压送风系统；地下防烟楼梯间、前室及合用前室均设置机械加压送风系统。

（3）采用自然通风方式的封闭楼梯间、防烟楼梯间，应在最高部位设置面积不小于 $1.0m^2$ 的可开启外窗或开口；当建筑高度大于 10m 时，尚应在楼梯间的外墙上每 5 层内设置总面积不小于 $2.0m^2$ 的可开启外窗或开口，且布置间隔不大于 3 层。

（4）前室采用自然通风方式时，独立前室、消防电梯前室可开启外窗或开口的面积不应小于 $2.0m^2$，共用前室、合用前室开口的面积应不小于 $3.0m^2$。

（5）可开启外窗应方便直接开启，设置在高处不便于直接开启的可开启外窗应在距地面高度为 1.3~1.5m 的位置设置手动开启装置。

（6）防火措施：

a. 空调系统风管穿越机房处均设置防火阀，70℃熔断关闭；

b. 通风管道穿越防火分隔处均设置防火阀，与竖井连接处均设置70℃防火阀；

c. 排烟管道与竖井连接处均设置防火阀（280℃）；

d. 穿过防火墙和变形缝的风管，其两侧各 2.0m 范围内采用离心玻璃棉保温，厚度30mm；

e. 空调送风管和供回水管保温材料均采用难燃 B1 级橡塑海绵。

（二）人防

根据《山东省人民防空工程管理办法》第十条规定，本项目所涉及数据中心、动力楼、生产调度中心均为工业厂房，不需配建防空地下室。

八、环境影响评价

本项目无特殊或有毒气体排放，也无工业废水排放，不产生有害物质，无危险爆炸品。本项目建成后仅有一般生活污水，经处理后符合城市污水排放要求，对城市环境不发生危害。

（一）施工期环境影响及防治

本项目施工过程中的主要污染源包括施工噪声、建筑垃圾、生活垃圾、施工污水、生活污水、建筑粉尘、废气排放等。

针对以上污染源，拟采取以下措施加以防范：

（1）施工噪声：为减小施工车辆噪声、施工机械噪声、施工人员噪声对场地内部及周边的影响，应做好施工车辆型号、路线、数量、工作时间的选择，并对施工机械做防振、减少噪声处理，加强对施工人员的有序管理，将施工噪声控制在最小限度内。

（2）建筑垃圾：集中堆放遮盖后，及时外运至城市垃圾处理场。

（3）生活垃圾：全部袋装，集中收集，由环卫部门定时外运，进行无害化处理。

（4）施工污水：在施工现场接排污管将污水排至城市污水暗渠，避免施工现场发生跑、冒、滴、漏现象，避免对现场周围的二次污染。

（5）生活污水：经化粪池沉淀后达标排入城市排水暗渠。

（6）建筑粉尘：对施工工作面进行围护隔离，实施封闭式文明施工，施工中避免扬尘，工作流程安排合理顺畅，减少二次搬运。

（7）废气排放：选择符合国家环保排放要求的柴油发电机组，减少大气污染。

（二）运营期环境影响及防治

本项目运营期的主要污染源包括生活污水、生活垃圾、卫生间废气、水泵及通风设备噪声、区块内外交通噪声。

针对以上污染源，决定采取以下措施加以防范：

（1）生活污水：生活污水与雨水排放采用分流制，生活污水经化粪池处理后排入市政污水管。

（2）生活垃圾：按规定全部袋装定时外运。

（3）噪声：做好建筑分区，作适当的隔声处理，对产生噪声的设备消声。通风与空调系统对环境造成影响的主要为通风机噪声，设计尽可能采用低噪声通风机，对于噪声较大的通风机，则采用消声器或消声风道处理，以使其噪声值不超过国家规定的噪声标准。

（4）通风：对卫生间、人员密集等场所采取自然通风与机械通风相结合的方式，改善室内空气质量。

（5）废气排放：对数据中心使用的柴油发电机的废气进行净化处理，使其排放符合环保要求。

九、劳动安全和卫生防护

（一）劳动安全

1. 土建安全

本项目数据中心、动力楼的抗震设防类别为乙类，设计使用年限50年，为多层建筑，抗震设防烈度为7度（设计基本地震加速度值为0.1g，设计地震分组为第二组），按8度采取抗震措施。本项目生产调度中心的抗震设防类别为丙类，设计使用年限50年，为多层建筑，抗震设防烈度为7度计算（设计基本地震加速度值0.1g，设计地震分组为第二组）。卫生间采取防滑措施。

2. 防火安全

本项目数据中心、动力楼、生产调度中心的耐火等级为一级。场院内设室外消防系统，各建筑物根据规范要求设置室内消防系统。

3. 电气安全

本项目采取TN-S接地系统，全楼采用等电位联结。建筑内一般场所插座采用三相五线制，并加装漏电保护开关。潮湿地方的用电设备采用三相五线制，并加装漏电保护，但消防泵不用漏电保护。变压器、高低压配电屏、电容器柜、操作电源柜等设备前后均铺设橡皮绝缘垫。

4. 防雷措施

防雷措施由两部分组成，防直击雷，在屋顶敷设避雷带作为接闪器，利用柱内主筋作为引下线，利用基础内钢筋作为接地极，避雷带、引下线、接地极相互之间焊接连通；防雷电波引入，在建筑物进线处将所有引入建筑物的金属管线（包括电缆保护管）与接地装置连成电气通路。为保护变压器的高压侧绕组不受损坏，在变压器的高、低压侧各相上装设避雷器，并与接地装置相连。

5. 其他措施

机房采取防鼠害和防虫害措施。

6. 落实制度

根据《建设工程安全生产管理条例》、《危险性较大的分部分项工程安全管理办法》及相关安全生产法律法规，为加强对危险性较大的分部分项工程安全管理，明确安全专项施工方案编制内容，规范专家论证程序，确保安全专项施工方案实施，项目参与方应积极防范和遏制建筑施工生产安全事故的发生。设计单位对危险性大工程的重点部位和环节，应提出保障工程周边环境安全和工程施工安全的意见，必要时进行专项设计；建设单位在申请领取施工许可证或办理安全监督手续时，应当提供危险性较大的分部分项工程清单和安全管理措施；施工单位、监理单位应当建立危险性较大的分部分项工程安全管理制度，共同保障安全生产。

（二）卫生防护

1. 生活给水

生活给水系统拟采用独立系统，使用灵活，互不影响，便于分期建设和物业管理。以城市自来水为水源。

2. 排水

生活污水经室外化粪池处理后最终排入市政污水管网。排水经管道收集后最终排至园区室外污水管网。消防废水排放以重力散排加管路有组织排放为设计原则。

3. 噪声控制

轴流风机采用减振吊架，风机出口设置阻抗或复合式消声器。空调系统及送排风系统均设消声器消声，以降低室内噪声。所有水泵均采用橡胶减震及不锈钢软接头，水泵出口装消声止回阀。

4. 通风

对于不能自然通风的房间或发热量较大的房间以及卫生间等均设置机械排风系统，确保室内空气质量。

（1）各处通风换气次数（或换气量）

卫生间：排风 10 次/h，自然补风；

气体消防瓶组间：排风 6 次/h，自然补风。

（2）空调新风设计标准

通信主机房：40m³/h。

（3）新风系统均设置初中效过滤。

十、投资估算

（一）估算依据

（1）《建设项目经济评价方法与参数》（第三版）；

（2）《建设项目总投资及其他费用项目组成规定》（征求意见稿）；

（3）《建设项目投资估算编审规程》（CECA/GC1—2007）；

（4）《建设工程设计文件编制深度规定》（2016 版）；

（5）其他有关取费标准、造价指标和价格信息文件及资料。

（二）其他费计算依据

（1）项目管理费：《基本建设项目建设成本管理规定》（财建 ［2016］504 号）；

（2）设计费：《关于发布〈工程勘察设计收费管理规定〉的通知》（计价格［2002］10 号）；

（3）监理费：《关于印发〈建设工程监理与相关服务收费管理规定〉的通知》（发改价格［2007］670 号）；

（4）造价咨询费：《工程造价咨询服务收费管理暂行办法》〔建标造函［2007］8 号〕；

（5）竣工图编制费：《关于发布〈工程勘察设计收费管理规定〉的通知》（计价格［2002］10 号）；

（6）城市基础设施配套费：《泰安市城市基础设施配套费征收使用管理办法》；

（7）环境影响评估费：《关于规范环境影响咨询收费有关问题的通知》（计价格［2002］125 号）；

（8）防雷检测、消防检测、空气检测、沉降监测等费用：参照类似项目计列；

（9）其他相关费用参照一般工程实践；

（10）预备费：统一按 5% 计。

（三）估算范围

（1）土建工程：涵盖土建（地上、地下）、外立面装饰、室内简单装饰工程、生活给排水工程、消防给排水工程、火灾自动报警、气体消防、电气照明及防雷接地、舒适性空调工程、通风及防排烟工程、机房空调管道、智能化工程（综合布线、安防）、电梯工程。

（2）配套工程：包括机房装修配套（主机房装修、抗静电地板、列架照明）、空调工程（空调主机、末端及配电）、变配电工程、柴油机工程、不间断电源工程、工艺机架。

（3）不包含服务器设备等投资。

（四）估算方法

（1）各分部工程造价指标均采用"全费用综合单价"法进行估算。

（2）全费用综合单价=（人工费+材料费+机械使用费+措施费+管理费+利润+税金+规费）。

十一、经济评价

（一）经济评价原则及依据

1. 经济评价原则

根据《建设项目经济评价方法与参数》（第三版）（以下简称"第三版"）建议，结合本项目特点，经济评价内容主要包括资金来源与使用计划分析、财务分析、不确定性分析、企业间接效益分析以及综合经济影响分析。其中财务分析遵循效益与费用计算范围一致的原则，通过定量计算静态和动态财务评价指标判断项目在财务上的可行性；通过不确定性分析，研究敏感性因素的变化对项目效益的影响，了解项目的抗风险能力；通过企业间接效益分析和经济影响分析，分析本项目的建设和运营为企业带来的间接效益及其对宏观经济、区域经济、社会发展等方面所产生的影响等诸方面。

本项目建成后，不能独立形成生产能力，需要依托网络、外部电商的共同支撑方能形成完整的生产能力，发挥其经济效益，故对本项目的经济评价将纳入项目整体框架中，将数据中心、动力楼及相关的室外工程等进行综合评价。

2. 经济评价依据

《关于印发建设项目经济评价方法与参数的通知》发改投资〔2006〕1326 号）中明确的《关于建设项目经济评价工作的若干规定》《建设项目经济评价方法》和《建设项目经济评价参数》。

（二）资金来源及使用计划分析

1. 资金需求分析

本项目建设投资包括土建投资、基础配套投资。根据数据中心、动力楼及相应室外工程的投资估算，土建投资 36 341.75 万元，配套投资 63 516.31 万元，合计 99 858.06 万元。

经测算，本项目总投资为 102 071.89 万元，其中，建设投资 99 858.06 万元（包含固定资产投资 96 949.57 万元，无形资产投资 0 万元，预备费 2 908.49 万元），建设期利息 2 125.12 万元，流动资金 88.72 万元（以上均为含税金额）。

2. 资金来源分析

本项目需筹措资金 102 071.89 万元，采用自有资金及银行贷款（银行长期贷款利率为 6%），其中自有资金占动态投资的 30%。本项目资本金 30 683.67 万元，债务资金 71 388.22 万元（包含用于建设投资 69 263.11 万元、用于建设期利息 2 125.12 万元）。

3. 政策支持分析

根据《山东省人民政府办公厅关于印发山东省支持数字经济发展的意见的通知》（鲁政办字［2019］124 号）：可降低用电成本。对符合条件的各类数据中心、灾备中心、超算中心、通信基站等执行工商业及其他电价中的两部制电价。支持数据中心集约化、节能化建设，对符合规划布局，服务全省乃至全国的区域性、行业性数据中心，用电价格在每千瓦时 0.65 元的基础上减半，通过各级财政奖补等方式降至 0.33 元左右。根据实际用电量和产业带动作用，分级分档给予支持，其中数字山东专项资金每年补贴电费不超过 3 000 万元。其他未尽事宜以业主方确认为准。

（三）财务分析

财务分析包括盈利能力分析和财务生存能力分析。

1. 基础数据的预测及取定

（1）计算期

财务分析计算期为 15 年，项目建设期 1 年，项目生产期为 14 年。

（2）固定资产余值估算

生产期末回收的固定资产余值包括计算期末未提完的基本折旧。

（3）流动资金

运营期流动资金按占经营成本的2%进行计算。

2. 项目收入预测

项目收入主要根据同类企业收入数据、定价文件及业务发展前景三种方法预测。

（1）机柜出租

根据同类企业定价文件，不同单机柜功耗租赁单价分别为：4kW机柜约6万元/（架·年）、8kW机柜约12万元/（架·年）。

根据同类企业数据中心历史销售数据，机架租赁收入约1.41~1.73万元/（kW·年），折算4kW机架租赁收入5.64~6.92万元/（架·年），8kW机架租赁收入11.28~13.84万元/（架·年）。

考虑到机柜出租单价受客户规模影响较大，本次经济评价针对4kW、8kW两种机柜分别取6万元/（架·年）、12万元/（架·年）预测机架收入。

对未来业务增长的测算数据，建成后按第一年机架25%租出，第二年50%租出，第三年75%租出，第四年满租计算出租率。

（2）增值服务

增值业务包括安全系统、代理维护、系统集成、远程维护、设备检测、异地容灾等，预计初期增值业务收入占比较低，但属于未来收入增长方向，考虑到未来发展趋势，预计远期增值服务收入将达到0.2万元/（机柜·年）。

（3）带宽租赁收入

带宽租赁费用按120元/（M·月），20C出口带宽。

（4）补贴收入

补贴收入为山东省政府为促进数字经济产业发展而给予相关企业的优惠政策的补贴、奖励等，包含纳税奖励、贴息、带宽租赁补贴等。

3. 项目成本费用预测

（1）电费

数据中心的耗电成本主要是指机架耗电产生的电费成本。

依据《国家发展改革委关于降低一般工商业电价的通知》（发改价格〔2019〕842号）、《山东省发展和改革委员会关于居民阶梯电价制度有关事项的通知》（鲁发改价格〔2019〕509号）、《山东省发展和改革委员会关于继续降低一般工商业电价的通知》（鲁发改价格〔2019〕510号）、《关于工商业峰谷分时电价政策有关事项的通知》（鲁发改价格〔2019〕1109号）等规定，本项目采用单一制方式。

本项目供电类别为工商业用电，执行峰谷电价，电度计量采用10kV高供高计，相应的高峰、平时、低谷电度电费分别为0.899 8元/kW·h、0.608 9元/kW·h、0.318 0元/kW·h。

经测算，本项目全部投产之后预计年耗电量25 772.932 5万kWh，考虑到机柜实际上架率情况，上架率取70%系数，电量亦取70%系数。

高可靠性供电费：依据《山东省物价局关于完善高可靠性供电费政策的通知》（鲁价格一发〔2018〕127号），本项目按10kV电压等级、架空线路方式的高可靠性供电费的价格，即150元/kVA计取。本项目单路电力容量36 000kVA，故所需高可靠性供电费540万元，计入外市电费。

（2）水费

参考泰安市发展改革委员会《关于调整泰城非居民供水价格的通知》（泰发改价格〔2020〕315号），泰安市非居民生活用水水价按每立方米4.40元计。经测算，本项目全部投产之后预计年用水量56万t，考虑到机柜实际上架率情况，上架率取70%系数，水量亦取70%系数。

（3）燃料费

柴油价格按4.70元/L计。按柴油发电机年运行时长500h计算，另有4个20m³室外油罐、柴油发电机机房内有22个1m³日用油箱用油。经测算，本项目全部投产后预计年柴油用量106 500L。

（4）带宽租赁费

20G带宽按360万元/年暂估。

（5）折旧费

固定资产中房屋及建筑按30年折旧计，设备按10年折旧计，无形资产按10年折旧计，其他资产按10年折旧计，依据平均年限法计算折旧成本。残值率按 5% 计，年折旧额＝固定资产原值/折旧年限。

（6）人员工资

运维排班按 4 班倒、每班 6 人计算，则运行维护人员人数为 25 人（含运维经理 1 人），另有技术人员 10 人，市场营销人员 5 人，财务人员 5 人，行政管理人员 5 人，清洁工、保安等后勤人员 10 人，合计 60 人。人均年工资参考泰安市收入水平，按 6 万元计，每年增长 5%。

（7）福利费及其他

福利费为工资的 14%，另有其他费用，包括教育经费、保险费用、劳动保护费、住房费用及其他人工成本等。按工资的 50% 计取福利费及其他。

（8）修理费

修理费按固定资产原值 0.5% 计取。

（9）管理费

其他管理费参照年收入，按 50 万元/年暂估。

（10）低值易耗品

低值易耗品按 10 万元/年暂估。

（11）利息支出

项目采用等额还本付息的方式，5 年还清。

综上，单机柜年成本费用包括外购原料费、燃料及动力费、工资及福利费、修理费、保险费、其他费用、经营成本、折旧费、摊销费、利息支出等。

4. 利润及现金流量测算

本项目单机柜税前利润＝单机柜年收入－单机柜年成本费用。本项目投产期第 7 年起累计净现金流量为正，财务生存能力具有较强的保障。

5. 财务盈利能力分析

财务盈利能力分析一般包括动态分析和静态分析两种。其中动态分析主要采用现金流贴现法，主要包括财务内部收益率（FIRR）、财务净现值（FNPV）等指标，计算动态指标的折现率按基准收益率 5% 计算；静态分析依据利润与利润分配表计算总投资收益率（ROI）及项目投资回收期（P）。本项目的内部收益率大于基准收益率，财务净现值为正值，说明本项目具有获利能力，项目可行。

（四）不确定性分析

1. 盈亏平衡分析

盈亏平衡点的计算所采用的参数，均为项目投产后年平均值。本项目的盈亏平衡点计算为：

BEP＝年固定成本／（年销售收入–年可变成本–年销售税金及附加）

达到产量的 39.37% 时，项目处于盈亏平衡，盈亏平衡点较低，说明项目的抗风险能力较强。

2. 敏感性分析

考虑项目实施过程中一些不确定因素的变化，分别对投资、单价、产量（出租机柜数量）、经营成本、利率的单因素变化对财务内部收益率影响进行敏感性分析。按财务内部收益率对各个因素的敏感程度排序是：投资、产量（出租机柜数量）及单价、经营成本、利率。针对敏感性分析结果，建议项目运营阶段提高机柜出租率，严格控制固定资产投资等措施，提高项目抗风险能力。

十二、社会效益评价及风险评估

（一）社会效益评价

1. 社会影响效果分析

本项目建设将对当地税收有重大贡献，对带动泰安的就业、刺激当地消费需求、以及周边地区土地开发和城市功能扩展、满足当地信息化需求等有重要的意义。

2. 项目对社会的影响分析

社会适应性分析主要分析预测本项目能否为项目所在地的社会环境、人文条件所接纳，以及当地政府、居民支持项目存在与发展的程度，考察项目与所在地社会环境的相互适应性。

（1）不同利益群体对项目的态度及参与程度

与本项目相关的不同利益群体，主要有直接和间接的利益群体，本项目能满足泰安的信息化发展需求，并促进当地经济发展，无论是当地政府、当地居民还是入驻企业等不同利益群体对本项目均持欢迎态度。

（2）各级政府、部门对项目的态度及支持程度

当地政府及各级管理部门对本项目给予鼓励和支持，如提供通信、电力、供水、交通等基础设施的部门也持积极态度。

（3）地方文化状况对项目的适应程度

泰安历史悠久，是山东省经济带的重要组成部分，当地社会安定，人民质朴憨厚，为本项目建设提供了良好的文化条件，可以确保项目建设和运营的顺利实施。

3. 社会风险及对策分析

本项目按照环保"三同时"的要求（建设项目中防治污染的措施，必须与主体工程同时设计、同时施工、同时投产使用），采取必要的环保工艺措施，配备相应的环保设施，选用符合环保要求的先进设备，同时配备必要的环境监测设备，即可从根本上降低、减少污染的发生和扩散，消除各种不安全因素，把事故隐患消灭在萌芽中。

只要环保措施实施得当，本项目环境影响可控制在允许范围之内。可对当地民众开展形式多样、内容翔实的环保宣传教育，让群众了解本项目将采取的一系列环保措施，从而打消群众关于本项目建设对环境影响的疑虑。还可以加强云计算发展应用宣传教育，提高全社会云计算发展应用意识和能力，从而消除部分居民的心理障碍，保证项目的顺利实施。

4. 社会评价结论

根据以上社会影响及项目与社会互适性的分析，研究认为本项目社会效益良好，社会评价结果是项目建设可行。

（二）风险评估

1. 风险识别

从政策规划和审批程序、征地拆迁补偿、技术经济、生态环境影响、

项目管理、经济社会影响、安全卫生和媒体舆情七个大类 50 个风险因素进行分析，共识别出 6 项风险因素，分别为：

（1）水体污染物排放；

（2）固体废弃物及其二次污染；

（3）施工方案；

（4）文明施工和质量管理；

（5）施工安全、卫生与职业健康；

（6）媒体舆论导向及其影响。

2. 风险分析

（1）水体污染物排放（程度：轻）：主要是生活污水排放与环保排放标准限值之间的关系，与人体生理指标的关系，与人群感受之间关系等。

（2）固体废弃物及其二次污染（程度：轻）：主要是固体废弃物能否纳入环卫收运体系、保证日产日清；建筑垃圾、大件垃圾、工程渣土、有毒有害固体废弃物能否做到有资质收运单位规范处置等。

（3）施工方案（程度：轻）：主要是施工措施与相邻项目建设时序的衔接，实施过程与敏感时点的关系，施工周期安排是否干扰周边居民生产生活等。

（4）文明施工和质量管理（程度：轻）：主要是违反文明施工和质量管理的相关规定，造成环境污染，停水、停电、停气，影响交通等突发情况等。

（5）施工安全、卫生与职业健康（程度：轻）：主要是土方车和其他运输车辆的管理，施工和运行存在的危险、有害因素及安全管理制度，卫生与职业健康管理，应急处置机制等。

（6）媒体舆论导向及其影响（程度：轻）：主要为是否协调安排有权威、有公信力的媒体公示项目建设信息、进行正面引导，是否受到媒体的关注及舆论导向性的信息。

3. 防范措施

（1）按照环境保护措施，做到环境保护"三同时"，增强环保意识。

（2）选择资质条件符合要求，施工管理经验较丰富的施工单位和监理单位。做好施工方案的审查工作。

（3）做好地下管线的勘察工作，及时教育施工单位，并督促施工单位做好施工方案。

（4）做好安全教育，按国家规定进行检查，预防安全事故发生。

（5）与舆论媒体做好沟通，正面引导。

4. 结论与建议

综上，本项目技术可行、经济可行、项目与社会互适性可行、环境影响可行，符合项目建设可行性要求，实施过程中切实加强建设进度管理工作，以期圆满达成项目建设目标。

第四节 泰山高检数据中心 IDC 机房建设方案

一、概述

（一）规划目标

以中电泰山为主体，以泰山检察信息技术研究所为支撑，以政法智能化、信息化建设为导向，建设全国首个基于国产自主可控政法大数据中心。秉承安全为先的发展理念，以长城网际安全的底座、数据的安全及全生命周期的安全防护为保障，依托大数据、人工智能、5G 等前沿科技，打通政法部门之间的数据壁垒，充分挖掘利用以司法办案数据为核心的检察数据资源，制定统一的行业数据接口及标准，建立涵盖"一中心四体系"的检察大数据总体架构，即：国家检察大数据中心建设、完善检察大数据的标准体系、拓展检察大数据的应用体系、构建检察大数据的管理体系、建设检察大数据的科技支撑体系，推进检察系统数据共享和数据资源管理机制体系的建立，重构基于国产自主可控的法律监督体系，打造行业示范标杆。以国产自主可控政法大数据中心为核心，2020年底在山东省率先探索开展智慧检务建设，2021年完成全国4至6省部署，2022年在全国范围内复制推广，最终达到"设施联通、网络畅通、平台贯通、数据融通"的目标，全面提升检察系统的工作效能。以检察系统为核心，以资本为纽带，带动上下游产业链的延伸与发展，形成开放融合的产业生态，为泰安加快新旧动能转换、推进经济社会高质量发展，注入新的更强的动力和活力。

（二）总体架构

政法大数据中心，将基于国产自主可控的异构多态混合云架构框架，依据安全管理体系、运维体系、标准体系，以自主可控设备为核心构建国产自主可控基础架构服务（IaaS）、搭建大数据应用技术平台（PaaS）、汇聚政法系统业务应用SaaS。为政法相关单位、部门、公众，提供核心业务、便民查询等服务。

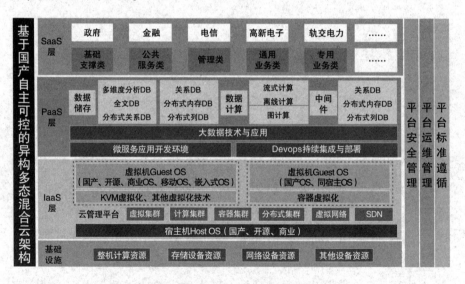

图4-2　国产自主可控总体架构

二、总体规划

（一）数据中心基建工作规划

1. 数据中心建设流程

数据中心项目建设运营周期与一般项目建设流程类似，有一个完整、高效、规范的建设流程，有效地保证网络建设的水平和效率。该流程可以分为 3 个时期 8 个阶段，如图 4-3 所示。

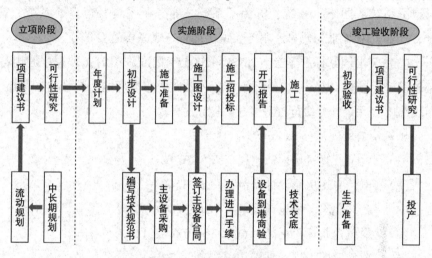

图 4-3 数据中心建设流程

2. 数据中心建设标准

云计算数据中心的建设涵盖了建筑及结构、给排水、电气技术、暖通空调、计算机通信、消防、智能楼宇等多个专业技术，国内和国际上在数据中心总体设计和各专业领域已出台多个相关标准和规范。因此，我们在规划设计云计算数据中心的过程中，不仅要考虑满足客户的需求，同时要遵循标准和规范。本书将以最新的中国国家标准《数据中心设计规范》（GB50174—2017）为总纲，同时参考美国国家标准学会（ANSI）2005 年批准颁布的《数据中心电信基础设施标准》（TIA942 标准），指导云计算数据中心各子系统的规划设计。云计算数据中心的建设相关规范包括以下规范。

总体规范：

（1）国家标准《数据中心设计规范》（GB50174—2017），2018年1月1日生效。包含机房分级及性能要求、机房位置与设备布置、环境要求、建筑与结构、空气调节、电气、电磁屏蔽、机房布线、机房监控与安全规范、给水排水、消防。

（2）《互联网数据中心（IDC）工程设计规范》（YD5193—2014）。主要内容包括互联网数据中心（IDC）的业务、系统组成、IDC分级、机房设施子系统、网络子系统、资源子系统、业务子系统、管理子系统、安全、计费、IP地址与码号、服务质量、能耗、设备配置要求等。

（3）美国国家标准学会（ANSI）2005年批准颁布的《数据中心电信基础设施标准》（TIA—942标准）。包含数据中心空间与布局、电源系统、布线路由、冗余、分级标准等

建筑及结构规范：

（1）《电子计算机场地通用规范》（GB/T2887—2011）。

（2）《电信专用房屋设计规范》（YD/T5003—2014）。

（3）《公共建筑节能设计规范》（GB50189—2015）。

（4）《绿色建筑评价标准》（GB/T50378—2014）。

（5）《建筑照明设计标准》（GB50034—2013）。

（6）《建筑装饰装修工程质量验收规范》（GB50210—2001）。

给排水规范：

（1）《建筑给水排水设计规范》（GB50015—2010）。

（2）《室外给水设计规范》（GB50013—2006）。

（3）《室外排水设计规范》（GB50014—2006）。

电气技术规范：

（1）《供配电系统设计规范》（GB50052—2009）。

（2）《10kV及以下变电所设计规范》（GB50053—2003）。

（3）《低压变配电设计规范》（GB50054—2009）。

（4）《3～110kV 高压配电装置设计规范》（GB50060—2008）。

（5）《民用建筑电气设计规范》（JGJ16—2008）。

（6）《建筑物防雷设计规范》（GB50057—2010）。

（7）《信息技术设备用不间断电源通用技术条件》（YD/T1095—2008）。

暖通空调规范：

（1）《采暖通风与空气调节设计规范》（GB50019—2015）。

（2）《通风与空调工程施工质量验收规范》（GB50243—2016）。

计算机通信规范：

（1）《综合布线系统工程设计规范》（GB50311—2015）。

（2）《电信机房铁架安装设计标准》（YD/T5026—2005）。

（3）《计算机机房用抗静电活动地板技术条件》（SJ/T10796—2001）。

（4）《数据中心基础设施施工及验收规范》（GB50462—2015）。

（5）《综合布线系统工程验收规范》（GB/T50312—2016）。

消防规范：

（1）《建筑设计防火规范》（GB50016—2014）。

（2）《气体灭火系统设计规范》（GB50370—2005）。

（3）《火灾自动报警系统设计规范》（GB50116—2013）。

智能楼宇规范：

（1）《智能建筑设计标准》（GB/T50314—2015）。

（2）《安全防范工程技术规范》（GB50348—2004）。

（3）《视频安防监控系统工程设计规范》（GB50395—2007）。

3. 云计算数据中心分类

在数据中心规划时，一般会首先考虑数据中心的定位，机房（机楼）的定位决定了数据中心的规模和建设条件。机房的分类主要根据机房的硬件设施，结合软件设施进行。这里主要介绍 GB50174—2017 和 TIA/EIA--942 的 IDC 机房分类。

在数据中心建设过程中，可以根据机房的建设目标按照分类要求建设，即机房分类作为机房建设的输入条件，也可能机房先建设好了，根据分类标准归类。在制定数据中心建设方案时，需要关注业务需求，分析机房的分类规划，作为机房硬件设备配置的输入条件。

（1）GB50174—2017机房分级

数据中心机房应划分为A、B、C三级。设计时应根据机房的使用性质、管理要求及其在经济和社会中的重要性确定所属级别。

符合下列情况之一的数据中心机房应为A级：（1）电子信息系统运行中断将造成重大的经济损失；（2）电子信息系统运行中断将造成公共场所秩序严重混乱。

A级电子信息系统机房内的场地设施应按容错系统配置，在电子信息系统运行期间，场地设施不应因操作失误、设备故障、外电源中断、维护和检修而导致电子信息系统运行中断。

符合下列情况之一的电子信息系统机房应为B级：（1）电子信息系统运行中断将造成较大的经济损失；（2）电子信息系统运行中断将造成公共场所秩序混乱。

B级电子信息系统机房内的场地设施应按冗余要求配置，在系统运行期间，场地设施在冗余能力范围内，不应因设备故障而导致电子信息系统运行中断。

不属于A级或B级的电子信息系统机房为C级。C级电子信息系统机房内的场地设施应按基本需求不属于A级或B级的电子信息系统机房为C级。C级电子信息系统机房内的场地设施应按基本需求配置，在场地设施正常运行情况下，应保证电子信息系统运行不中断。本标准与TIA/EIA—942的区别主要在于等级的划分，A级对应TIA/EIA—942的Tier4，B级对应TIA/EIA—942的Tier2，C级对应TIA/EIA—942的Tier1，Tier3基本归类为A级。

（2）TIA/EIA—942机房分级

Tier1机房：基本的机房基础设施。

基本配置要求：Tier1机房定义为基本配置机房。基本配置机房内的计算机设备具有无备援容量的电力配送和制冷组件，具有单一或无备份电力配送和制冷分配路径来供应计算机设备。即使有UPS或者发电机，也是单模块系统，具有多处单故障点。

性能确认：具有足够的空间容量满足机房设备安装的需求；或许有（也许没有）架空地板；系统故障会影响大部分基础设施系统中的计算机设备、系统和用户体验。

操作影响：机房运行易受已计划活动和计划外的活动影响。计划内和计划外的活动都会很容易引起机房整体运行中断。机房基础设施（系统、组件或分配路径等元素）中断或故障将会影响机房计算机设备的运行。对于机房基础设施各组件的人为操作错误或自然故障将导致整个数据中心运行中断。为了实现预防性的维护和维修，基础设施需完全地手动关闭。一般情况下，基础设施每年需要完全关闭一次，确保安全地进行必要的预防性保养和维修工作；紧急情况下，可能需要更频繁的系统关闭；如不定期维修，将大大增加意外中断的风险，以及后续出现严重故障的可能性。Tier1 数据中心机房的可用性为 99.671%。

Tier2 机房：具冗余组件级机房基础设施。

基本要求：Tier2 机房具有一些冗余的部件或备援容量组件。具有部分备援容量的电力配送和制冷组件，具有单一或部分备援电力配送和制冷分配路径来供应计算机设备。UPS 和发电机的设计容量是 N+1，且为单回路设计，因此有单点中断可能。

性能确认：冗余部件或备援容量组件可以有计划地从服务中删除，不会导致机房整体运行中断。数据中心配备架空地板。对关键分配路线和其他基础设施维护仍需要程序化地关闭设备。删除分配路线或其他备援组件仍需要关闭部分工作的计算机设备。

操作影响：机房运行易受已计划活动和计划外的活动所影响。计划内和非计划性的活动引起数据中心中断的可能性小于 Tier1 级数据中心。计划外的活动会很容易引起机房整体运行中断。任何计划外的冗余部件失效也许会影响计算机设备。计划外之任何冗余系统中断或故障将会影响计算机设备。

机房基础设施组件的人为操作错误也许会导致机房整体运行中断。机房基础设施各组件的人为操作错误或自然故障将导致机房整体运行中断。

机房基础设施每年必须完全关闭一次，确保安全地进行必要的预防性保养和维修工作；紧急情况下可能需要更频繁的系统关闭；如未定期维修，将大大增加意外中断的风险，以及后续出现严重故障的可能性。Tier2 数据中心的可用性为 99.741%。

Tier3 机房：可并行维护级机房基础设施。

基本要求：Tier3 机房具有冗余部件和备援容量组件，具有多个独立的备援电力配送和制冷分配路径来供给计算机设备，任何时候只需要一个分配路径即可供给计算机设备。所有的 IT 设备都是双电源的。数据中心的容错电力遵循规范（版本 2.0）所定义的，且正确安装并与该机房基础设施的拓扑架构兼容。任何传输设备，如使用点开关，则必须纳入不符合本规范的计算机设备内。

性能确认：每个在分配路径中的部件或组件的备份容量部件或组件，都可以有计划地从服务中移除，不会造成任何计算机设备中断。当备援组件因任何原因导致从服务中被删除时，要有足够的永久备份容量以满足机房的需求。对于大型系统，这意味着是两个独立的通路，必须有充足的处理能力和配电通路，允许在一条通路承担负载工作的同时，另外一条通路进行维护和测试。

操作影响：操作人员可以在不引起计算机硬件运行中断的情况下，进行所有计划内的现场活动。计划性的活动包括：保护性和程序式的维护、维修和组件替换，增加或者减少与处理能力相关的部件，对部件和系统测试，节能改造活动以及更多的活动。机房整体运行易受计划外活动影响。任何计划外活动（如操作错误或者设施部件自然故障）导致的容量系统中断或失效，将会影响计算机设备或机房的整体运行。任何计划外之容量组件或分配要素中断或失效，也许会影响计算机设备。机房基础设施组件的人为操作错误也许会导致机房设备运行中断。计划内的机房基础设施维修，可以使用备援容量部件和备份分配路径来安全地替代维修设备执行任务。在维修期间，损坏的风险可能会升高（此类保养状况不会使正常运作达成之等级评定无效）。在业务需求允许增加成本进行更高级保护时，Tier3 数据中心机房通常可以升级到 Tier4 级数据中心机房。Tier3 数据中机房的可用性为 99.982%。

Tier4 机房：容错级机房基础设施。

基本要求：Tier4 机房：容错级机房具有多个独立的、完全隔离的备份容量组件系统，具有独立、多样化的有效分配路径，同时为计算机设备供应电力配送和制冷分配。备份容量组件及多元化分配路径，须配置成 N 的容量，在基础设施发生任何故障时可以提供计算机设备电力和冷却。所有的 IT 设备是双电源的，机房容错电力遵循规范（版本 2.0）所定义的并且正确安装，须与该机房基础设施的拓扑架构相同。传输设备如使用点开关，必须纳入不符合本规范的计算机设备内。基础设施的备份系统和备份分配路径必须完全地彼此隔离（隔间），以防止任何单一事件同时影响主用/备份系统或分配路径。连续冷却是必需的。

性能确认：任何基础设施主用/备用系统及其组件，任何基础设施主用/备用分配路径及其组件的单一故障不会影响到计算机设备的运行。系统会自动自我恢复，以防止故障进一步影响到该机房的整体运行。每个在分配路径中的备份系统及其组件，都可以有计划地从服务中移除，不会对计算机设备和机房整体运行造成任何影响。当备份系统及其组件，或分配路径因任何原因从服务中被移除时，机房基础设施有足够的容量，可以满足机房正常整体运行的需求。

操作影响：数据中心机房运行不会受计划内事件的影响。Tier4 机房的基础设施的性能和能力可以保证任何计划内活动不会引起关键负载的中断。数据中心机房运行不会受任何单一计划外活动的影响。数据中心基础设施的容错能力可以为基础设施提供能忍受至少一次的最糟糕的情况——计划外故障或非关键性负载事件的冲击能力。这需要同时工作的两条配送途径，通常是双系统（S+S）的配置；从电力角度考虑，需要两个独立的（N+1）UPS 系统。计划内的机房基础设施维修，可以使用备份系统及其部件和备份分配路径来安全地替代维修设备执行任务。在维修期间，如果备份系统及其部件和备份分配路径关闭，会因基础设施其他分配路径发生故障导致计算机设备损坏以及机房整体运行中断的风险相对升高（此类保养配置不会使正常运作达成的等级评定无效）。

根据消防和供电安全规范要求，由于火灾报警或灭火行动启动了紧急停电程序（EPO），导致停机事件的发生，这可能导致机房运行中断。全面地达到 Tier4 级机房的要求并不容易，需要较大的投资和较长的时段。以下几个要素是 Tier4 机房的特征要求：（1）至少 3 000m² 以上；（2）70~80 个经验丰富的专业化管理人员；（3）独立建筑且功能分区；（4）双系统，双信道甚至多信道备份；（5）可用性达到 99.995%。

4. 能效模型评估

从数据中心运营及使用角度看，数据中心的能效可以广义地定义为数据中心服务器所执行的运算任务与任务执行过程中所耗费的总能量之比。

数据中心是能够容纳多个计算机或服务器及与之配套的通信和存储设备的多功能建筑物，它包含一整套的复杂设施，如电源保障系统、环境控制设备、安全装置等。相比于传统的机房，数据中心具有高密度、规模化、高可靠性和运营方式灵活的特点。随着云计算的快速发展，数据中心越来越成为信息存储、处理的重要载体。与一般的建筑设施不同，为了保证计算机系统的安全可靠运行，数据中心能耗一般能达到同样面积的办公楼的 100~200 倍，如此大的耗电量使能耗管理成为数据中心设计者和运营商需要考虑的重要问题。能耗管理的主要目的是提高能源使用的效率和降低所有与能耗相关的经济及环境代价，具体来说，数据中心的业主关心能耗带来的投资及运营成本，而社会及政府则需要关注高能耗对环境的影响。

一个典型的数据中心主要由冷水机组、室内空调、供配电系统、IT 设备及照明等几个部分消耗电能，其中，核心的 IT 设备，包括计算、存储、网络等，约消耗整个数据中心 30% 的能耗，而配套及保障设施需要消耗其他约 70% 的电能。这些配套设施中，为保证 IT 设备运行所需的温度、湿度环境而使用的制冷设备、室内空调等耗能最多，约占整个数据中心能耗的 30%~50%，而用于满足 IT 设备电压、电流要求及保证供电安全可靠性的 UPS 及配电单元等电源设备需要消耗约 20%~25% 的电能。

能耗影响因素：影响数据中心能耗的因素很多，包括数据中心的环境影响、设备运行过程中的能源损耗、为保障 IT 设备安全可靠运行的冗余设备的能源消耗，以及能源管理的效率等。

（1）设备能源损耗：数据中心的设备能源损耗主要来源于两个部分，第一部分是 UPS 的转换损耗，通常 UPS 在负载较高时转换效率为 88%～94%，最新的飞轮 UPS 和高效 UPS 在正常工作时可作为 UPS 的旁路，使得总体的转换效率提高到 97%。另外，过长的电力线缆在传输时也会产生不可忽略的损耗，如电缆长度大于 100m 时，损耗可能高达 1%～3%。空调同样带来效率的降低，一种情况是如果机架距离空调较远时，空调风扇需要增大功率，同时如果冷通道过长，冷热空调混合的机会也会增大，这样会严重降低空调的效率。另一种情况是大型机房采用的冷水主机，通常冷冻水的温度接近 10℃，如此低的温度很容易引起空调主机的结露现象，从而降低空调效率。

（2）低效的能源使用：冷却机组和室内空调是数据中心能耗的重要部分，温度设置过低、气流组织设计不合理都会导致能耗的浪费。数据中心设计时需要合理配置冷气流输送和热气流排放口的位置、气流组织模式，以及冷热气流的温度。冷却机组输送的冷气与 IT 设备产生的热气流需要相互隔离，互不干扰。如果冷热气流交汇，那么冷气机组就需要消耗额外的电能用于热气流的降温。目前绝大多数机房的设置温度为 20℃，以确保 IT 设备不会因过热而宕机。2011 年美国采暖、制冷与空调工程师学会（ASHRAE）发布了第 3 版最新设备的温湿度环境建议标准。ASHRAE 建议数据中心的操作温度在 18～27℃ 范围内。据估计数据中心的设置温度每降低 1℃，将会多消耗 2%～4% 的电能，假设 IT 设备在室温 27℃ 环境下与在 20℃ 环境下运行状况相同，那么将环境温度设为 20℃ 就会浪费约 20% 的能耗。

（3）降低能耗的主要措施：美国谷歌公司根据其数据中心建设的十几年经验，总结了降低数据中心能耗的 4 项措施。（1）气流组织：尽量减少热气流与尚未经过设备的冷气流的混合，室内机到工作点的路径尽可能短，从而减少传输损耗。（2）提高冷通道温度：可将冷通道的温度从 18～20℃ 提升到 27℃，更高的冷通道温度可提高冷冻水的温度，从而减少主机的工作时间。（3）利用自然冷却技术：例如，冷却塔采用自然蒸发散热的模式，可以极大地降低冷水机组的耗能。谷歌在比利时的机房甚至100%利用自然冷却技术。（4）高性能UPS：配电设备是数据中心高耗能设施之一，降低配电设备的能耗一是要尽量提高电源转化的效率，减少电压电流转换带来的损耗，例如，利用新型飞轮UPS可以将电源转换效率从普通的90%提高到97%；二是尽量缩短高压电源到设备的传输距离以减少线路损耗，例如，采用给每个服务器配置12V直流UPS可以将能耗效率提高到99.99%。

5. 建设目标

（1）高效、绿色、节能：数据中心是大量业务、应用、计算、数据加工、存储和处理的中心，大量的服务器、磁盘阵列、安全设备、网络设备运行在数据中心机房。能耗是数据中心主要的运维成本之一，建设绿色数据中心，可以达到节省运维成本、提高数据中心容量、提高电源系统的可靠性及可扩展的灵活性等效果。随着互联网业务的迅速发展，数据中心耗能呈逐步上升的趋势，数据中心节能已成为节能工作的重点之一。数据中心中，主设备耗电占45%～55%，空调设备占35%～45%，电源设备及其他占10%～15%。因此在考虑通信机房及数据中心节能时，对于新建机房主要从空调、主设备、电源等方面考虑，降低通信机房和数据中心的能耗。在机房的深化设计中，通过冷热通道的管理、气流组织管理、保温等设计和施工措施，降低机房冷量损耗，提升空调系统的制冷效率。

（2）稳定、安全、可靠：数据中心机房承载了企业的核心IT设备和信息数据，任何故障都有可能带来巨大风险。因此机房建设必须满足各种IT设备和工作人员对温度、湿度、洁净度、电磁场强度、噪声干扰、安全保安、防漏、电源质量、振动、防雷和接地等的要求，并在数据中心布线、空调和电源等重要环节规划必要的冗余方案，保证建设一个稳定可靠的现代化计算机机房，更好地满足企业未来的业务发展。安全性是数据中心建设中的关键，它包括物理空间统一的多重安保措施及网络的安全控制。数据中心应有完整的安全策略控制体系以实现其安全控制。

（3）统一集成和集中管理：在建设数据中心时，随着业务的不断发展，管理的任务必定会日益繁重。所以在数据中心的设计中，必须建立一套全面、完善的管理和监控系统。所选用的设备应具有智能化、可管理的功能，同时采用先进的管理监控系统，实现先进的集中管理监控，实时监控、监测整个数据中心机房的运行状况，实时灯光、语音报警，实时事件记录，这样可以迅速确定故障，提高运行性能、可靠性，简化数据中心管理人员的维护工作，从而为数据中心安全、可靠的运行提供最有力的保障。

6. 建设原则

数据中心的基础设施建设是整个项目的重要部分，数据中心设计应满足当前云数据中心的各项需求应用，同时也需要满足面向未来快速增长的发展需求。因此数据中心具备先进、可靠、灵活、高质量、开放的特性，在系统集成和机房建设实施时遵循以下原则。

（1）先进性、实用性原则：在注重实际的情况下，机房应尽量采用现时的先进技术和设备，在保证满足当前需求的同时，兼顾未来业务的预期需求。所采用的设备、产品和软件不仅成熟而且能代表当今世界的技术先进水平，为业务提供稳定可靠的保障，并适应高速的业务发展需要，使整个数据中心机房系统在一段时期内保持技术的先进性，并具有良好的发展潜力。

（2）安全、可靠性原则：为保证云数据中心机房内各项业务应用能持续提供服务，机房配套设施必须整体具有高的可靠性。通过对机房的布局、电源、制冷、节能等各个方面进行高可靠性的设计，在关键设备中采用硬件备份、冗余等可靠性技术。采用相关的软件技术提供较强的管理机制、控制手段和事故监控与安全保密等技术措施以提高机房的安全性。

（3）标准化、可扩展性原则：标准化、开放性是现代技术发展及应用的必要基础。云数据中心机房作为一个综合性的大系统，必须遵循国际标准和国家颁布的有关标准，包括各种建筑、机房设计标准，电力电气保障标准，空调、消防设计标准，以及计算机局域网、广域网标准，坚持统一规范的原则，从而为未来的业务发展、系统增容奠定基础。机房必须具有良好的灵活性与可扩展性，能够根据业务不断深入发展的需要，在不影响现有业务前提下平滑地扩大设备容量和提高用户的数量和服务质量。机房内各系统应具备支持多种灵活地与外部系统互联互通的能力，提供技术升级、设备更新的灵活性。

7. 云计算中心总体架构设计

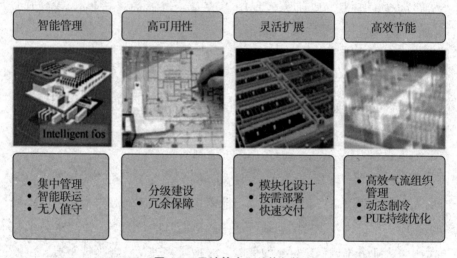

图 4-4　云计算中心总体架构

针对云数据中心项目，业界提出 SAFE 创新理念，从智能管理（Smart）、高可用性（Availability）、灵活扩展（Flexibility）、高效节能（Efficient）4 个方面规划和设计，如图 4-4 所示。

智能化管理（Smart）：智能化管理（Smart）是新一代数据中心的主要特征，主要聚焦在智能散热技术、动态智能制冷、数据中心自动化管理方面。系统采用"集中管理、分散采集"的模式，通过分布在数据中心各区域的现场采集器（串口服务器），实现对监控设备的数据分散采集；现场采集器将采集的数据上传至监控服务器，实现完全集中的数据共享，由集中监控系统对分布在不同区域的机房实现集中管理。通过"硬联动"和"软联动"技术，在不需人工干预的情况下，各子系统根据预先设计的规则自动配合，确保稳定、持续地提供服务。通过集成管理系统实现对数据中心 7×24×365 的全面集中监控和管理，保障数据中心机房内各设备及子系统的安全高效运行，以期实现最高的机房可用率，并不断提高运营管理水平，建立统一高效的管理平台，使解放机房管理人员成为现实，实现无人值守的目标，如图 4-5 所示。

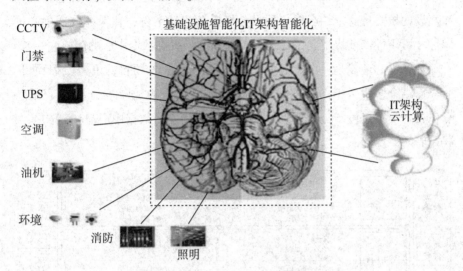

图 4-5　基础设施智能化模拟图

基础设施智能化管理和 IT 架构智能化管理就像数据中心的左脑和右脑，互相协同工作，为业务信息提供一体化的智能化服务平台，在业务信息系统整个生命周期内提供全流程资源支持，根据业务信息系统的需要，动态调整所需要的 IT 资源、基础资源（供电、制冷等），使投资实现最大价值和效果。

高可用性（Availability）：通过不同业务信息系统对基础资源可用性等级的不同诉求，将基础资源、IT 资源与业务信息系统紧密连接，帮助数据中心合理平衡基础资源的投入，提升基础资源的利用率，从而提升业务成效。

灵活扩展（Flexibility）：在物理上采用模块化设计思想，实现电源、空调、IT 设备等各个系统需求平衡；建设上采用增量构建方式，使在空间扩展上便于实现系统规划，避免投资过度；同时充分考虑未来设备集中化、虚拟化的发展方向，按照功率密度的不同来划分机房区域，并可根据业务应用级别的不同，灵活地实现资源按需分配，有效降低了成本。监控系统采用"集散"控制系统架构，支持按各子系统的纵向扩展和安装物理模块的横向扩展。

高效节能（Efficient）：高效节能（Efficient）是新一代数据中心设计和建设的核心理念。结合多年的设计经验和成功案例，在保证数据中心可靠性和可用性的前提下，采用多种节能措施，提高数据中心的能效。

数据中心建设是一个十分复杂的工程，既是 IT 项目，也是工程项目。业界需结合多个数据中心建设项目的实施，综合 IT 项目与工程项目的特点，合理安排进度与流程，确保项目成功实施。云数据中心总体架构如图4-6 所示。

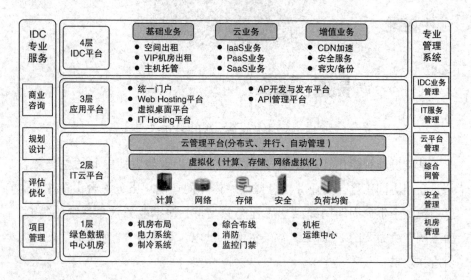

图 4-6　云数据中心总体架构

该架构包括 4 层结构：底层为数据中心机房；第 2 层为云平台，包括云管理平台，虚拟化以及计算、网络、存储等设备；第 3 层为数据中心应用平台，包括虚拟桌面平台、统一门户、API 管理平台等；最上层是数据中心业务层，包括基础业务、云业务、增值业务。

（二）数据中心平台规划

1. 硬件架构

大数据中心平台采用异构多态混合云方式对底层服务器硬件及存储硬件进行统一规划部署，并进行资源整合，通过在硬件上构建虚拟化平面，提供统一的计算资源池、网络资源池、存储资源池，同时配置安全防护设备，构建运维管理体系，设置服务门户，实现云主机服务、裸机服务、容器服务、云存储服务等资源性服务，以及应用适配迁移服务，数据迁移等服务。

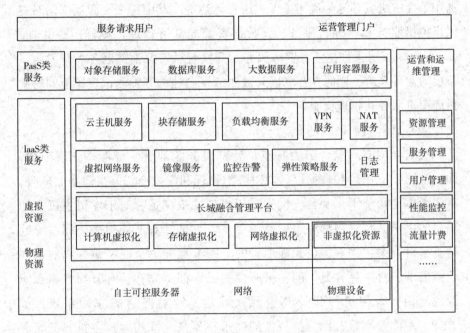

图 4-7　基于异构多态混合云方式的大数据中心平台硬件总体架构图

（1）资源池整体架构设计

大数据中心平台根据业务应用的不同特点采用物理服务器、虚拟机、SAN 或 NAS、网络或存储连接技术、存储虚拟化、云计算、大数据等技术，并根据业务应用对安全等保要求的特点对服务器进行分区配置，满足政法应用对计算和存储能力及等保的需要。

根据安全及功能要求不同，将计算及存储资源划分为不同的集群，业务资源池、大数据资源池、开发测试资源池、运行管理资源池等功能区域集群。不同集群内部资源可以相互迁移，集群之间物理硬件隔离。

其中业务资源池承载大部分的业务系统，包括门户网站、各业务管理系统、数据库系统等，以及数据交换平台前置机、管理控制节点等。根据政法工作网业务安全的需求，划分为通用等保三级资源池、通用等保三级资源池、专用等保三级资源池、专用等保三级资源池等。其中每个资源池都同时提供虚拟机服务和物理机服务。根据政法业务安全的需求，划分为通用等保三级资源池、通用等保三级资源池等。其中每个资源池都同时提供虚拟机服务和物理机服务。大数据资源池部署物理机集群，提供 Hadoop、Stream 等大数据业务资源服务。开发测试资源池部署各类开发测试阶段的业务系统，同时在互联网开放测试资源池。开发测试资源池同时提供虚拟机服务和物理机服务。

（2）计算资源区设计

根据异构多态混合云的特点，计算服务区部署主要考虑三层架构，即表现层、应用层和数据层，同时考虑物理和虚拟部署。在部署业务时，首先考虑使用虚拟化平台，优先采用虚拟主机满足，对于虚拟主机不能满足的应用，则采用物理服务器满足。以下是针对不同类型应用系统的计算平台方案：物理主机和虚拟机的不同节点配置全面覆盖客户的不同业务需求；对内存容量、IO、扩展性的要求都不高，且有节约空间和能源的应用，采用虚拟化计算资源来满足；针对普通的应用系统，如WEB，对内存容量、IO、扩展性的要求都不高，采用虚拟主机，且能节约计算资源、机架空间、能源；对于高性能计算，大容量存储，大容量内存和高 IO 的需求，虚拟化不能满足应用需求，则采用裸金属架构服务器或独立高性能服务器等物理主机满足。例如如图 4-8 所示典型应用，对应的计算资源池。

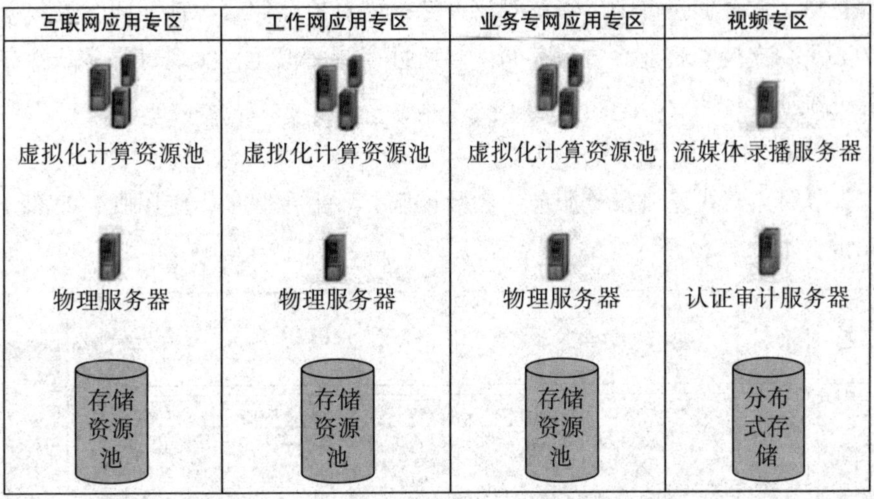

互联网应用专区	工作网应用专区	业务专网应用专区	视频专区
虚拟化计算资源池	虚拟化计算资源池	虚拟化计算资源池	流媒体录播服务器
物理服务器	物理服务器	物理服务器	认证审计服务器
存储资源池	存储资源池	存储资源池	分布式存储

图4-8 典型应用对计算资源池的需求

（3）存储资源区设计

大数据中心平台对存储资源池有多样化的需求如图4-9所示，主要包括各业务系统的生产存储资源，政法数据共享交换平台各类数据库存储资源，本地、异地灾备资源池等。

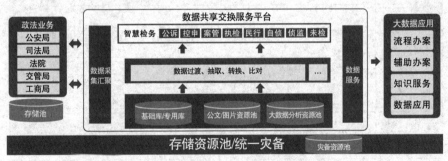

图4-9 大数据平台对存储资源池的需求

其中各核心业务存储、灾备生产存储、数据共享交换平台基础库/主题库/专题库等需要块存储资源池。信息中心公文/图片存储、数据共享交换平台公文/图片存储、大数据分析存储、本地灾备存储等需要文件存储资源池。

远程灾备等备份存储需要对象存储资源池。大数据中心平台存储的总体架构主要采用集中式SAN存储提供块存储资源池，采用分布式NAS存储提供文件存储资源池，采用对象存储提供对象存储资源池。同时大数据中心平台支持兼容业界主流存储，并通过存储虚拟化，实现对于多品牌存储的统一管理。

2. 软件架构

软件架构由基础设施服务、大数据服务、平台服务、应用服务四部分组成，如图 4-10 所示。

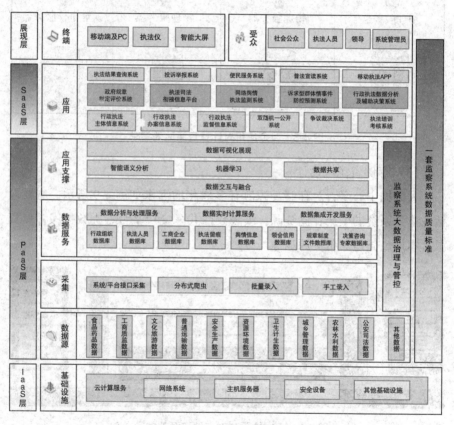

图 4-10 软件架构

基础设施服务依托新建设的大数据中心，统一对硬件资源进行虚拟化管理，对外提供计算服务、存储服务、网络服务、备份等服务。

大数据服务由数据资源层、数据服务层、数据资源应用层、数据共享平台和大数据平台组成，完整提供数据采集、数据交换、数据整合、数据存储、数据分析等数据服务。

平台服务提供支撑环境和公共组件。支撑环境包括开发环境和运行支撑，公共组件包括业务组件和通用组件。平台服务还提供测试、培训以及软件基础平台，建立应用开发、培训、生产、运行环境。

应用服务层面向检务监察人员、法律从业人员、各级各类检务机构、科研教学单位提供流程办案应用、辅助办案应用、大数据服务和知识服务等应用服务。

3. 网络架构

根据大数据中心平台的技术要求，大楼据中心平台机房网络分为工作区和数据缓冲区两部分，以便实现大资源池，高可用、可扩展、自动化等价值。分别使用如下的组网方案：基础网络采用 Spine-Leaf 架构，Overlay 网络使用 VXLAN 构建大二层，VTEP 部署在 Leaf 交换机。网关采用硬件集中式，一个 Fabirc 可部署多组网关，支持业务的扩展。南北向采用硬件防火墙，虚拟化服务器采用安全组进行 Fabric 内部的互访控制，物理机在 Leaf 交换机上部署安全组实现安全控制。

SDN 网络控制器：对接云平台实现网络业务的自动化部署，对接虚拟化平台实现 vSwitch 的管理和配置。

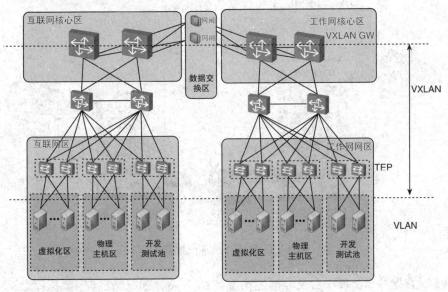

图 4-11　SDN 组网架构

跨网络区域的业务系统数据交换，主要指专网托管区和云资源池区的数据交换，也有工作网区和互联网区的数据交换。这两种跨网络区域的数据交换采用安全数据交换平台来实现。安全数据交换平台包括内、外网交换服务器和网闸，如图 4-12 所示。

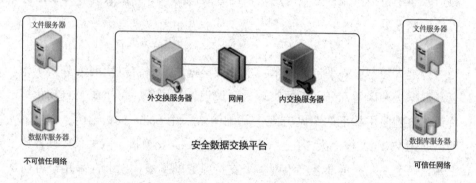

图 4-12　数据交换平台逻辑架构

内、外交换服务器通过主动读写数据库或者文件，再经过网闸进行相互交换，不仅实现了跨网络区域的数据交互，而且还能够保证一致性的交换策略，减少黑客入侵和人员失误造成的风险。

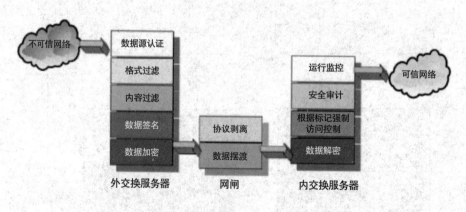

图 4-13　数据交换平台数据交互

数据共享交换平台是异构应用系统的"黏合剂"，在异构数据库之间提供统一标准的数据对象格式进行数据交换；当应用系统的数据库不允许直接被交换平台访问时，可以通过前置库来对外提供允许访问的数据。结构化数据交换平台分为管理节点和前置系统；管理节点负责所有前置系统的交换配置和管理；在前置库中则保存着要交换的数据，前置系统负责对前置库数据的提取（源）和写入（目的），还负责前置库数据和通用数据对象的格式转换。前置库大多数都可以在同一业务系统数据库中增加独立的表实现，少部分可以使用独立的数据库来实现。

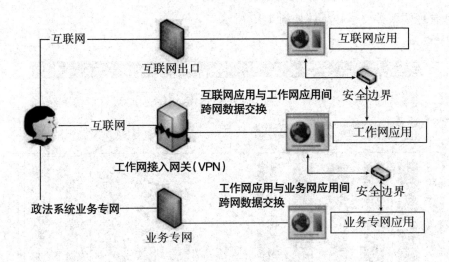

图 4-14 跨网数据交换

4. 安全合规设计

本方案严格遵守国家信息安全等级保护要求从边界安全、主机安全、虚拟化安全、应用安全、数据安全、安全管理等方面进行设计，全面满足等保三级各项要求。

（1）技术体系方案说明

三级系统安全保护环境的设计目标是：落实 GB17859—1999 对三级系统的安全保护要求，在二级安全保护环境的基础上，通过实现基于安全策略模型和标记的强制访问控制以及增强系统的审计机制，使得系统具有在统一安全策略管控下，保护敏感资源的能力。

通过为满足物理安全、网络安全、主机安全、应用安全、数据安全五个方面基本技术要求进行技术体系建设；为满足安全管理制度、安全管理机构、人员安全管理、系统建设管理、系统运维管理五个方面基本管理要求进行管理体系建设。使得大数据平台中心网络系统的等级保护建设方案最终既可以满足等级保护的相关要求，又能够全方面为大数据平台中心的业务系统提供立体、纵深的安全保障防御体系，保证信息系统整体的安全保护能力。

方案设计框架，根据《信息系统安全等级保护基本要求》，分为技术和管理两大类要求，具体如图 4-15 所示。

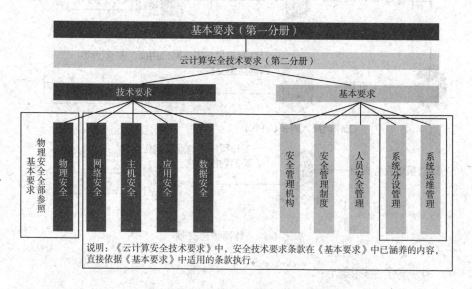

图 4-15　信息系统安全等级保护基本要求

本方案将严格根据技术与管理要求进行设计。首先应根据本级具体的基本要求设计本级系统的保护环境模型，根据《信息系统等级保护安全设计技术要求》，保护环境按照安全计算环境、安全区域边界、安全通信网络和安全管理中心进行设计，内容涵盖基本要求的 5 个方面。同时结合管理要求，形成如图 4-16 所示的保护环境模型。

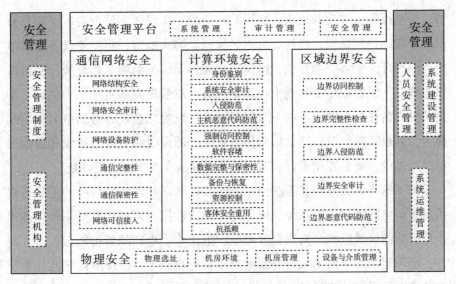

图 4-16 三级系统安全保护环境建设框架

（2）云平台环境安全设计

物理环境安全策略的目的是保护网络中计算机网络通信有一个良好的电磁兼容工作环境，并防止非法用户进入计算机控制室和各种偷窃、破坏活动的发生。机房和办公场地选择在具有防震、防风和防雨等能力的建筑内。机房场地应避免设在建筑物的高层或地下室，以及用水设备的下层或隔壁。机房出入口安排专人值守，控制、鉴别和记录进入的人员；需进入机房的来访人员须经过申请和审批流程，并限制和监控其活动范围。对机房划分区域进行管理，区域和区域之间设置物理隔离装置，在重要区域前设置交付或安装等过渡区域；重要区域应配置电子门禁系统，控制、鉴别和记录进入的人员。

合理规划设备安装位置，应预留足够的空间供安装、维护及操作使用。房间装修必需使用阻燃材料，耐火等级要符合国家相关标准规定。机房门大小应满足系统设备安装时运输需要。机房墙壁及天花板应进行表面处理，防止尘埃脱落。机房应安装防静电活动地板。机房应安装防雷和接地线，设置防雷保安器，防止感应雷，要求防雷接地和机房接地分别安装，且相隔一定的距离；机房设置火灾自动消防系统，能够自动检测火情、自动报警，并自动灭火；机房及相关的工作房间和辅助房应采用具有耐火等级的建筑材料；机房应采取区域隔离防火措施，将重要设备与其他设备隔离开。配备空调系统，以保持房间恒湿、恒温的工作环境；在机房供电线路上配置稳压器和过电压防护设备；提供短期的备用电力供应，满足关键设备在断电情况下的正常运行要求。设置冗余或并行的电力电缆线路为计算机系统供电；建立备用供电系统。铺设线缆要求电源线和通信线缆隔离铺设，避免互相干扰。对关键设备和磁介质实施电磁屏蔽。

为了防止无关人员和不法分子非法接近网络并使用网络中的主机盗取信息、破坏网络和主机系统、破坏网络中的数据的完整性和可用性，必须采用有效的区域监控、防盗报警系统，阻止非法用户的各种临近攻击。此外，必须制定严格的出入管理制度和环境监控制度，以保障区域监控系统和环境监控系统的有效运行。对介质进行分类标识，存储在介质库或档案室中。利用光、电等技术设置机房防盗报警系统；对机房设置监控报警系统。

目前，利用自主可控技术已可实现完整的安全可靠生态，实现全技术门类、全业务体系的产品替代和升级；实现互联网、移动互联网和商密网三网融合；实现符合国家三级等保要求的本质安全、可信计算、过程安全的卫生健康信息化安全体系。

(3) 计算环境安全设计

计算环境安全设计采取身份鉴别、访问控制、安全审计、入侵防范、主机恶意代码防范、数据完整性与保密性、备份与恢复和资源控制 8 个方面。

身份鉴别可分为主机身份鉴别和应用身份鉴别两个方面。主机身份鉴别包括：对登录操作系统和数据库系统的用户进行身份标识和鉴别，且保证用户名的唯一性；根据基本要求配置用户名/口令；口令必须采用 3 种以上字符、长度不少于 8 位并定期更换；启用登陆失败处理功能，登陆失败后采取结束会话、限制非法登录次数和自动退出等措施；远程管理时应启用 SSH 等管理方式，加密管理数据，防止被网络窃听；对主机管理员登录进行双因素认证方式，采用 USBkey+密码进行身份鉴别。应用身份鉴别包括：对登录用户进行身份标识和鉴别，且保证用户名的唯一性；根据基本要求配置用户名/口令，必须具备一定的复杂度；口令必须采用3种以上字符、长度不少于8位并定期更换；启用登陆失败处理功能，登陆失败后采取结束会话、限制非法登录次数和自动退出等措施；应用系统如具备上述功能则需要开启使用，若不具备则需进行相应的功能开发，且使用效果要达到以上要求。对于三级系统，要求对用户进行两种或两种以上组合的鉴别技术，因此可采用双因素认证（USBkey+密码）或者构建PKI体系，采用CA证书的方式进行身份鉴别。

三级系统一个重要要求是实现自主访问控制和强制访问控制。自主访问控制实现：在安全策略控制范围内，使用户对自己创建的客体具有各种访问操作权限，并能将这些权限的部分或全部授予其他用户；自主访问控制主体的粒度应为用户级，客体的粒度应为文件或数据库表级；自主访问操作应包括对客体的创建、读、写、修改和删除等。强制访问控制实现：在对安全管理员进行严格的身份鉴别和权限控制基础上，由安全管理员通过特定操作界面对主、客体进行安全标记；应按安全标记和强制访问控制规则，对确定主体访问客体的操作进行控制；强制访问控制主体的粒度应为用户级，客体的粒度应为文件或数据库表级。由此主要控制的是对应用系统的文件、数据库等资源的访问，避免越权非法使用。采用的措施主要包括：启用访问控制功能：制定严格的访问控制安全策略，根据策略控制用户对应用系统的访问，特别是文件操作、数据库访问等，控制粒度主体为用户级、客体为文件或数据库表级。权限控制：对于制定的访问控制规则要能清楚地覆盖资源访问相关的主体、客体及它们之间的操作。对于不同的用户授权原则是进行能够完成工作的最小化授权，避免授权范围过大，并在它们之间形成相互制约的关系。账号管理：严格限制默认账户的访问权限，重命名默认账户，修改默认口令；及时删除多余的、过期的账户，避免共享账户的存在。访问控制的实现主要采取两种方式：采用安全操作系统，或对操作系统进行安全增强改造，且使用效果要达到自主访问控制或强制访问控制的要求。

物理计算资源的安全审计主要是指物理服务器设备的审计，通过部署物理堡垒机实现。通过部署堡垒机，启用身份认证（Authentication）、账户管理（Account）、控制权限（Authorization）、日志审计（Audit）等功能，支持多种字符终端协议、文件传输协议、图形终端协议、远程应用协议的安全监控与历史查询，实现全方位运维风险控制能力的统一安全管理与审计。

针对入侵防范主要体现在主机、网络和应用几个层面。针对主机的入侵防范，可以从多个角度进行处理：部署综合扫描系统，对主机操作系统进行安全检测，综合扫描系统使用一种先进技术，实现分布式、集群式漏洞扫描功能，大大缩短扫描周期，提高长期安全监控能力；部署基线核查系统，保障所有系统满足基线标准；操作系统的安装遵循最小安装的原则，仅安装需要的组件和应用程序，关闭多余服务等；另外根据系统类型进行其他安全配置的加固处理。针对网络入侵防范，可通过部署入侵防御系统（IPS）来实现。将网络入侵防御系统部署在位于有敏感数据需要保护的网络上，可以深度感知并检测流经的数据流量，对恶意报文进行丢弃以阻断攻击，对滥用报文进行限流以保护网络带宽资源。对于部署在数据转发路径上的 IPS 可以根据预先设定的安全策略对流经的每个报文进行深度检测协议分析跟踪、特征匹配、流量统计分析、事件关联分析等，一旦发现隐藏其中的网络攻击可以根据该攻击的威胁级别立即采取抵御措施。这些措施包括按照处理力度向管理中心告警丢弃该报文，切断此次应用会话，切断此次 TCP 连接。针对 web 应用入侵防范，可通过部署 web 应用防火墙来实现，帮助用户解决面临的 WEB 攻击（跨站脚本攻击、注入攻击、缓冲区溢出攻击、Cookie 假冒、认证逃避、表单绕过、非法输入、强制访问）、页面篡改（隐藏变量篡改、页面防篡改）和 CC 攻击等安全问题。

各类恶意代码尤其是病毒、木马等是对云平台的重大危害，病毒在爆发时将使路由器、3 层交换机、防火墙等网关设备性能急速下降，并且占用整个网络带宽。针对病毒的风险，重点是将病毒消灭或封堵在终端这个源头上，在所有终端主机和服务器上部署网络防病毒系统，加强终端主机的病毒防护能力并及时升级恶意代码软件版本以及恶意代码库。在大数据平台中心安全管理安全域中，可以部署防病毒服务器，负责制定和终端主机防病毒策略，在大数据平台中心内网建立全网统一的一级升级服务器，在下级节点建立二级升级服务器，由管理中心升级服务器通过互联网或手工方式获得最新的病毒特征库，分发到数据中心节点的各个终端，并下发到各二级服务器。在网络边界通过防火墙进行基于通信端口、带宽、连接数量的过滤控制，可以在一定程度上避免蠕虫病毒爆发时的大流量冲击。同时，防毒系统可以为安全管理平台提供关于病毒威胁和事件的监控、审计日志，为全网的病毒防护管理提供必要的信息。

数据完整性与保密性方面，大数据平台中传输的信息主要是重要的业务数据和办公文档，对信息完整性校验提出了一定的需求，特别是通过公网远程接入内网传递数据的私密性有很高的要求。部署 SSLVPN，对远程接入大数据平台信息系统进行控制。SSLVPN 使用 SSL/HTTPS 技术作为安全传输机制。这种机制在所有的标准 Web 浏览器上都有，不用额外的软件实现。使用 SSLVPN，在移动用户和内部资源之间的连接通过应用层的Web 连接实现，而不是像 IPSecVPN 在网络层开放的"通道"。产品部署方面，SSLVPN 只需单臂旁路方式接入。单臂旁路接入不改变原有网络结构和网络配置，不增加故障点，部署简单灵活，同时提供完整的 SSLVPN 服务。远程用户只需应用标准 IE 浏览器即可登录网关，通过身份鉴别，在基于角色的策略控制下实现对政府内部资源的存取访问。远程移动用户只需打开标准 IE 浏览器，登陆 SSLVPN 网关，经过用户认证后即可根据分配给该用户的相应策略进行相关业务系统的访问。

备份与恢复主要包含两方面内容，首先是云平台自身的备份与恢复，包括云平台的数据、关键网络设备、线路以及服务器等的备份冗余，另一方面是对云租户提供数据、虚拟机的备份与恢复，云租户的数据备份会在后面详细阐述。数据备份系统应该遵循稳定性、全面性、自动化、高性能、操作简单、实时性等原则。备份系统先进的特性可提供增强的性能，易于管理，广泛的设备兼容性和较高的可靠性，以保证数据完整性。广泛的选件和代理能将数据保护扩展到整个系统，并提供增强的功能，其中包括联机备份应用系统和数据文件，先进的设备和介质管理，快速、顺利的灾难恢复以及对光纤通道存储区域网（SAN）的支持等。对于核心交换设备、外部接入链路以及系统服务器进行双机、双线的冗余设计，保障从网络结构、硬件配置上满足不间断系统运行的需要。

为保证大数据平台中心的应用系统正常地为用户提供服务，必须进行资源控制，否则会出现资源耗尽、服务质量下降甚至服务中断等后果。云平台应该满足资源控制的目标，包括：虚拟机资源限制：虚拟机只能使用分配范围内的 CPU、内存、存储等资源，防止某一个虚拟机过多抢占资源导致整个云平台的崩塌；资源释放：当删除租户的数据和虚拟机等设备时，自动释放资源，避免资源长期被占用造成浪费；对整个云平台的资源进行监视，包括 CPU、硬盘、内存、带宽等；提供服务优先级设定功能，为云上重要的信息系统优先分配资源。

（4）区域边界安全设计

通过对大数据平台中心的边界风险与需求分析，在网络层进行访问控制需部署防火墙产品，可以对所有流经防火墙的数据包按照严格的安全规则进行过滤，将所有不安全的或不符合安全规则的数据包屏蔽，杜绝越权访问，防止各类非法攻击行为。同时可以和内网安全管理系统、网络入侵检测系统等进行安全联动，为网络创造全面纵深的安全防御体系。

根据大数据平台中心外网的业务需求，数据中心提供对互联网的访问服务。对这些访问行为，需要对数据交换、传输协议、传输内容、安全决策等进行严格的检查，以防止有互联网引入风险。数据中心内部划分了专门的互联网服务器安全域，将对外提供服务的 Web 服务器等部署在防火墙的 DMZ 区，负责接收和处理来自互联网的业务访问请求。防火墙进行严格的访问控制的设定，确保访问身份的合法性。

在各区域边界，防火墙起到了协议过滤的主要作用，根据安全策略偏重在网络层判断数据包的合法流动。但面对越来越广泛的基于应用层内容的攻击行为，防火墙并不擅长处理应用层数据。在大数据平台中心网络边界和主要服务器区安全域均已经设计部署了防火墙，对每个安全域进行严格的访问控制。鉴于以上对防火墙核心作用的分析，需要其他具备检测新型的混合攻击和防护的能力的设备和防火墙配合，共同防御来自应用层到网络层的多种攻击，建立一整套的安全防护体系，进行多层次、多手段的检测和防护。入侵防护系统（IPS）就是安全防护体系中重要的一环，它能够及时识别网络中发生的入侵行为并实时报警并且进行有效拦截防护。IPS 是继防火墙、信息加密等传统安全保护方法之后的新一代安全保障技术。它监视计算机系统或网络中发生的事件，并对它们进行分析，以寻找危及信息的机密性、完整性、可用性或试图绕过安全机制的入侵行为并进行有效拦截。IPS 就是自动执行这种监视和分析过程，并且执行阻断的硬件产品。

各安全区域边界已经部署了相应的安全设备负责进行区域边界的安全。对于流经各主要边界（重要服务器区域、外部连接边界）需要设置必要的审计机制，进行数据监视并记录各类操作，通过审计分析能够发现跨区域的安全威胁，实时地综合分析出网络中发生的安全事件。一般可采取开启边界安全设备的审计功能模块，根据审计策略进行数据的日志记录与审计。同时审计信息要通过安全管理中心进行统一集中管理，为安全管理中心提供必要的边界安全审计数据，利于管理中心进行全局管控。边界安全审计和主机审计、应用审计、网络审计等一起构成完整的、多层次的审计系统。

在大数据平台中心办公外网边界部署防病毒网关，采用透明接入方式，在最接近病毒发生源安全边界处进行集中防护，对夹杂在网络交换数据中的各类网络病毒进行过滤，可以对网络病毒、蠕虫、混合攻击、端口扫描、间谍软件、P2P 软件带宽滥用等各种广义病毒进行全面的拦截。阻止病毒通过网络的快速扩散，将经网络传播的病毒阻挡在外，可以有效防止病毒从其他区域传播到内部其他安全域中。通过部署 AV 防病毒网关（防毒墙），截断了病毒通过网络传播的途径，净化了网络流量。

（5）通信网络安全设计

网络结构的安全是网络安全的前提和基础，对于大数据平台中心，选用主要网络设备时需要考虑业务处理能力的高峰数据流量，要考虑冗余空间满足业务高峰期需要；网络各个部分的带宽要保证接入网络和核心网络满足业务高峰期需要；云控制平台绘制与当前运行情况相符的网络拓扑结构图。工作网和互联网采用分开的云平台资源池，保障有重要业务系统及数据的重要网段不能直接与外部系统连接，需要和其他网段隔离，单独划分区域。

网络安全审计系统主要用于监视并记录网络中的各类操作，侦察系统中存在的现有和潜在的威胁，实时地综合分析出网络中发生的安全事件，包括各种外部事件和内部事件。在大数据平台中心交换机处并接部署网络行为监控与审计系统，形成对全网网络数据的流量监测并进行相应安全审计，同时和其他网络安全设备共同为集中安全管理提供监控数据用于分析及检测。网络行为监控和审计系统将独立的网络传感器硬件组件连接到网络中的数据会聚点设备上，对网络中的数据包进行分析、匹配、统计，通过特定的协议算法，从而实现入侵检测、信息还原等网络审计功能，根据记录生成详细的审计报表。网络行为监控和审计系统采用旁路技术，不用在目标主机中安装任何组件。同时网络审计系统可以与其他网络安全设备进行联动，将各自的监控记录送往安全管理安全域中的安全管理服务器，集中对网络异常、攻击和病毒进行分析和检测。

为提高网络设备的自身安全性，保障各种网络应用的正常运行，对网络设备需要进行一系列的加固措施，包括：对登录网络设备的用户进行身份鉴别，用户名必须唯一；对网络设备的管理员登录地址进行限制；身份鉴别信息具有不易被冒用的特点，口令设置需 3 种以上字符、长度不少于8 位，并定期更换；具有登录失败处理功能，失败后采取结束会话、限制非法登录次数和当网络登录连接超时自动退出等措施；启用 SSH 等管理方式，加密管理数据，防止被网络窃听。

信息的完整性设计包括信息传输的完整性校验以及信息存储的完整性校验。信息传输和存储的完整性校验可以采用的技术包括校验码技术、消息鉴别码、密码校验函数、散列函数、数字签名等。对于信息传输的完整性校验应由传输加密系统完成。部署 SSLVPN 系统保证远程数据传输的数据完整性。对于信息存储的完整性校验应由应用系统和数据库系统完成。

（6）虚拟资源安全

云平台应该是实现不同虚拟机之间的完全隔离，虚拟机的隔离又分为虚拟资源的隔离、故障隔离、通信隔离。资源隔离：虚拟机只可以消耗自己所分配的资源，避免因部分虚拟机抢占资源而影响整个云平台的稳定性。故障隔离：当一个虚拟机出现故障时不会影响到其他虚拟机的正常运行。通信隔离：每个虚拟机只能接收到目的地址包括自己地址的报文。

云平台应该满足云平上面的业务迁移需求，为租户提供虚拟机的冷热迁移功能，同时迁移冷热迁移功能应该满足以下几点：当虚拟机迁移时，访问控制策略随其迁移，确保业务在平滑迁移以后可以正常运行；虚拟机迁移过程中，确保重要数据的完整性，并在检测到完整性受到破坏时采取相应的恢复措施；云平台上的业务应该具备迁移至其他云环境或者物理环境的能力，避免业务绑架。

镜像安全是云平台安全一个很重要的模块，云平台上所有的虚拟机的基础安全都与镜像安全紧密相连。云平台的镜像安全主要包含以下几点：在虚拟机操作系统层面，针对重要业务系统提供加固的操作系统镜像，确保虚拟机上线后就处于一个比较安全的状态；提供虚拟机镜像、快照完整性校验功能，防止虚拟机镜像被恶意篡改，并采取加密等技术手段防止虚拟机镜像、快照中可能存在的敏感资源被非法访问；提供自动保护功能，当故障发生时自动保护所有状态，保证系统能够进行恢复。

计算资源的审计主要包括主机审计和日志审计。主机审计又分为物理主机的审计和虚拟主机的审计，物理主机的审计通过部署物理堡垒机实现，前面物理计算环境安全设计已经提到，这里不再赘述；虚拟主机的审计主要是通过部署虚拟堡垒机实现，主要责任归属于租户，后面租户安全设计会详细阐述。日志审计：云平台基础环境存在大量的计算、存储、安全等安全设备，这些复杂的IT资源及其安全防御设施在运行过程中不断产生大量的安全日志和事件，形成了大量"信息孤岛"。有限的安全管理人员面对这些数量巨大、彼此割裂的安全信息，操作着各种系统、软件产品的显示界面和告警窗口，显得束手无策，工作效率极低，难以发现真正的安全隐患。另一方面，企业和组织日益迫切的信息系统审计和内控要求、等级保护要求，以及不断增强的业务持续性需求，也对客户提出了严峻的挑战。通过部署综合日志审计系统，帮助用户利用所有的安全设施去保障信息资产和业务服务的保密性、完整性和可用性，建设一个整体化的安全信息总控中心。

(7) 网络资源安全

针对网络访问控制，大数据平台需采用多层防御，以帮助保护网络边界面临的外部攻击。在云网络中，只允许被授权的服务和协议传输，未经授权的数据包将被自动丢弃。云网络安全策略包括以下内容：控制网络流量和边界，使用 ACL 技术对网络进行隔离；网络防火墙和 ACL 策略的管理包括变更管理、同行审计和自动测试；通过自定义的前端服务器定向所有外部流量的路由，帮助检测和禁止恶意的请求；建立内部流量汇聚点，帮助更好的监控。

多租户是云所使用的一种基础性技术，它通过共享硬件或软件来实现云的规模性成本和安全性。云使用多租户技术来在多个租户和应用直接安全地共享 IT 资源。实际上，多租户是在云系统在安全和成本之间的一种妥协：底层资源共享的程度越高，云系统的运行成本就越低、资源利用率就越高；这常常会导致隔离性的进一步降低以及更高的安全风险。云平台应该保障租户的隔离，不同租户之间网络应该是完全隔离的，技术实现包含以下几点：物理层面的隔离：这是最完全的隔离，不同的租户使用不同的物理硬件，包括计算和存储服务器和网络设备等。计算在操作系统层面的隔离：虚机，一方面它提供较高的安全隔离性，另一方面，它结合其他技术比如 Linuxc group 来实现性能保证。网络在逻辑层面的隔离：使用 VLAN，VxLAN，GRE 等方式来实现网络流量的逻辑隔离。存储在应用层面的隔离：比如 Ceph 和 Swift 等共享存储，提供应用层面的租户隔离性。

大数据平台中心数据中心提供面向互联网的服务，包括门户网站、互联网数据收集服务等，这些服务集中在互联网服务区安全域中。对于服务的访问流量，是我们需要保护的流量。但是，往往有一些"异常"的流量，通过部分或完全占据网络资源，使得正常的业务访问延迟或中断。以拒绝服务式攻击（DDoS）为代表的攻击已成为当代网络流量攻击的主要威胁，他们主要来自于互联网，攻击的目标是互联网服务区安全域中的服务系统。在云平台出口部署 DDoS 清洗系统抵御各类基于网络层、传输层及应用层的各种 DDoS 攻击（包括 CC、SYN Flood、UDP Flood、UDP-DNSQuery Flood、（M）Stream Flood、ICMP Flood、HTTPGet Flood 等所有 DDoS 攻击方式），并实时短信通知网站防御状态。

应用层的通信保密性主要由应用系统完成。在通信双方建立连接之前，应用系统应利用密码技术进行会话初始化验证，并对通信过程中的敏感信息字段进行加密。对于信息传输的通信保密性应由传输加密系统完成。部署 SSLVPN 系统保证远程数据传输的数据机密性。

网络资源的安全审计主要是指流量审计，即通过流量审计系统对云平台上的流量进行分析，主要分为异常流量检测分析和流量统计分析。由于互联网上存在大量的异常流量，尤其是大流量的拒绝服务攻击（DDoS）经常造成链路拥塞，以至于网络无法正常提供服务甚至造成整个网络环境完全瘫痪，因此异常流量监测分析是网络流量分析系统的首要任务。通过部署全流量深度威胁检测系统对云平台流量的提取与分析，帮助云平台更全面地了解自己云系统的流量构成，同时还提供全流量审计、入侵监测、应用协议识别、样本提取、自定义规则分析等功能。

（8）存储资源安全

用户访问云端存储资源需通过控制台进行日常操作和运维，用户与云产品对应关系采用对称加密对实现身份鉴别。运维人员对大数据平台的运维操作均需通过静态密码结合动态令牌实现双因素认证，操作权限需经过多层安全审批并进行命令级规则固化，违规操作实时审计报警。

针对用户个人账户数据和云端生产数据两种不同的数据对象，分别从客户端到云端、云端各服务间、云服务到云服务控制系统三个层次进行传输控制。其中个人账户数据从客户端到云端传输均采用 SSL 加密，从云端各子系统间、云服务到云服务控制系统间均采用程序加密保证客户个人账户数据云端不落地。云端生产数据从客户端到云端传输均只可通过 VPN 或专线进行，云端存储支持服务器端加密并支持客户端密钥加密数据后云端存储。

所有云端生产数据不论使用何种云服务均采用碎片化分布式离散技术保存，数据被分割成许多数据片段后遵循随机算法分散存储在不同机架上，并且每个数据片段会存储多个副本，一旦数据丢失或损害，可以做到立即恢复。云服务控制系统依据不同用户 ID 隔离其云端数据，云存储依据客户对称加密对进行云端存储空间访问权限控制，保证云端存储数据的最小授权访问。

大数据平台采用内存释放和数据清空手段在用户要求删除数据或设备在弃置、转售前将其所有数据彻底删除。针对云计算环境下因大量硬盘委外维修或服务器报废可能导致的数据失窃风险，数据中心全面贯彻替换磁盘每盘必消、消磁记录每盘可查、消磁视频每天可溯的标准作业流程，强化磁盘消磁作业视频监控策略，聚焦监控操作的防抵赖性和视频监控记录保存的完整性。

存储资源的安全审计主要是指数据库的安全审计。数据库入侵主要分为两种：从互联网发起的数据入侵和内部数据威胁。从互联网发起的数据入侵：大数据平台存储的数据量庞大，拥有重要业务系统的总要保密数据，因此更容易成为黑客入侵并偷取数据的目标。

（9）云管理控制平台安全

为了满足云控制平台的权限隔离，云控制平台提供云计算平台管理用户权限分离机制，为网络管理员、系统管理员建立不同账户并分配相应的权限。同时云控制平台拥有与当前运行情况相符的虚拟化网络拓扑结构图，并能对虚拟化网络资源、网络拓扑进行实时更新和集中监控。

云租户安全是云数据中心区别于传统数据中心安全业务部署与管理的关键需求，涉及云租户应用系统的安全运行防护、云租户间安全隔离、地址重叠、云租户内应用系统间安全隔离、云租户应用系统不同组件间安全访问控制等多个方面。云租户应用系统的安全运行防护包括网络安全、主机安全、应用安全、数据安全、安全审计多个方面，云数据中心的安全建设需要使安全防护能力能够根据云租户的安全防护需求灵活调度，全面满足云租户应用系统安全运行防护需求。本解决方案主要是通过 API 调用华为云平台资源，构建一个云安全资源池，实现安全资源灵活调度、动态扩展、按需快速交付，全面满足云租户用户对业务安全部署的要求。

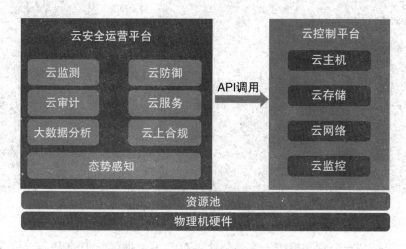

图 4-17　云安全资源池解决方案示意图

对云租户可以保障其无缝地从物理安全设备构建的网络安全体系，过渡到云内的网络安全体系，其对网络安全的真实感知与安全防御能力未受任何影响，也无须进行更多的技术培训与适应期。

云安全资源池聚焦应用安全灵活调度安全资源，具备安全可视、可控、安全资源自动化部署、弹性扩展、平台开放等特点。整个云租户安全资源池内各种基于云虚拟设备的安全防护手段，由云租户安全监测体系、云租户安全防御体系与云租户审计体系共同组成，涵盖了云安全能力的事前监测、事中处理与事后审计全生命周期，并互相协同工作，形成一个完整的云内安全事件响应闭环。

为了帮助客户实现云安全运营，云安全统一管理，本方案将为客户建设云安全运营管理平台，实现云平台安全的统一管理、统一把控等功能。同时还实现云安全管理权限分离机制，不同的管理员的权限分离，保障云安全平台的安全可靠性。

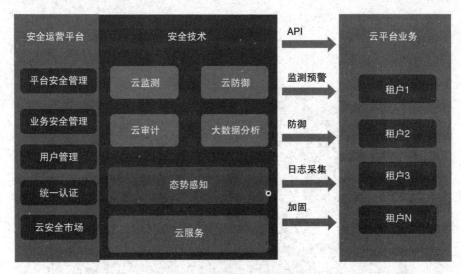

图 4-18　云安全平台运营流程

云平台安全管理模块，主要是针对对云平台提供防护的安全产品进行统一管理和分析的模块，该模块主要实现对云内虚拟安全设备如防火墙、系统扫描、堡垒机等的全方位管理，提供了丰富的拓扑、设备配置、故障告警、性能、安全、报表等网络安全管理功能。实现了对云平台上安全资源集中、统一、全面的监控与管理。使安全过程标准化、流程化、规范化，极大地提高故障应急处理能力，降低人工操作和管理带来的风险，提升信息系统的管理效率和服务水平。

业务安全管理模块主要为云平台上各个租户分配业务，私有云上的云租户对安全的需求各不相同，需要的安全产品和安全方案也不同，通过云安全运营平台的业务管理模块，超级管理员可以对云租户分配相应的安全产品，云租户也可以通过自己的安全运营平台主动申请相应的安全产品，使安全产品的使用率最大化。

用户管理模块，主要为云平台各租户提供认证，授权及资源审批管理，具体功能如下：用户认证：在云安全运营平台上为云租户创建云安全账户，对每个租户进行严格的身份验证，统一登录到运营平台，对平台所覆盖的安全资产进行管理和运营，同时，每个认证账号也是资源申请的唯一账号，每个账号可以下设子账号，分别进行管理和监控等工作。权限管理及访问控制：该功能主要针对每个租户进行细粒度的访问控制和授权设置，确保每个用户只能登陆自己的运营界面，只能管理自己的云端安全产品。资源审批：每个云租户可以根据自身的需求在云产品资源池及服务资源池中申请所需的安全资源，平台管理者可以根据相关申请的合理性进行审批和备案，确保每个用户的资源利用合理。

云安全运营平台、云平台和安全产品之间的账户体系将被打通，即云租户可以登录到自己的云安全运营平台上，并通过安全运营平台申请购买安装自己想要的安全产品。同时，云安全运营平台将会打通所有的产品权限体系，实现所有安全产品的统一登陆。通过云安全运营平台，客户可以对所有租户统一认证，产品的统一登陆。

安全资源市场，用户可以通过云安全市场看到所有可以开通试用的安全产品，云租户可以根据自己的需求，进行安全产品的选择和部署，在使用时只需向平台管理者申请 license 授权，即可快速部署和实施，同时，市场当中，每款安全产品都配备响应的安装操作手册，使用手册和 FAQ 等文档工具，确保用户可以快速掌握相关安全产品的使用。同时，云安全市场还提供第三方产品的入驻接口，云安全管理员可以为第三方供应商开通云安全市场的第三方产品接入账户，实现第三方安全产品的接入，优化云安全解决方案。

（10）网络安全设计

云平台的安全隔离分两种情况，一种是云内部的逻辑隔离，通过平台层的安全组防火墙、沙箱机制等技术实现，由云平台开发商负责，具体不做赘述；另一种是云租户 VPC 与外部的边界隔离，由网络层防火墙承担。下一代防火墙基于角色、深度应用的多核安全架构，突破了传统防火墙只是基于 IP 和端口的防御机制，适用于多种网络环境，丰富的软件功能为网络提供不同层次及深度的安全控制以及接入管理，例如基于角色深度应用安全的访问控制、IPSec/SSLVPN、应用带宽管理、病毒过滤、内容安全等。

云租户应该根据自己业务等级保护的需求，对自己的应用也进行安全域划分，并通过 ACL 等技术手段对虚拟机之间的访问进行隔离。

为了保障私有云平台的安全性，网络层面是完全隔离的，外网只有通过 VPN 才能连接到云平台上，用户与内网的数据传输是通过加密防止数据在传输过程中的泄露事件发生。

为租户提供日志审计能力，通过收集云租户所有资产的日志信息，实现信息资产的统一管理、资产运行状况的统一监控，协助云租户全面审计信息系统整体安全状况。

（11）主机安全设计

通过基线评估等技术手段对主机的安全进行实时监测，并通过把主机日志传送给日志审计系统，对主机的健康状态进行全面的监测，保障主机的安全性。

为用户提供主机防入侵能力，对网络安全最大威胁之一的密码暴力破解提供有效防护。部署防病毒软件实现主机防病毒能力，通过部署防病毒软件，实现宿主机网络防病毒能力，防止病毒感染和扩散，保障云平台的健康运行。客户可以采用物理机、虚拟机、终端统一防病毒方案，解决多设备、多版本统一防护的问题，降低维护复杂度的同时，保证了整个系统的安全性。

通过部署运维审计和风险控制系统（堡垒机），使其成为运维的唯一入口，主机连接都必须经过堡垒机的统一身份管理，并基于 IP 地址、账号、命令进行控制，防止越权操作，而且整个操作过程都可以实现全程的审计记录。

（12）应用安全设计

通过网页防篡改系统建设网页防篡改能力，帮助用户实现对静态区域文件和动态区域文件的保护。动态区域文件保护主要是在站点嵌入 web 防攻击模块，通过设定关键字、IP、时间过滤规则，对扫描，非法访问请求等操作进行拦截；静态区域文件保护主要是在站点内部通过防篡改模块进行文件实时监控，发现有对网页进行修改、删除等非法操作时，进行保护，并进行报警。通过建设网页防篡改能力，实现多层次、多方位、全智能化的安全防范机制，全面地保护站点的安全，自动监控、自动还原，为站点提供高性能、高可靠的安全保护机制。

（13）数据安全设计

建设云平台租户业务数据库监测能力，为用户提供数据库漏洞扫描、弱口令检查、扫描策略管理等能力。根据当前配置的漏洞库，对扫描数据库进行扫描，判断是否存在相应的漏洞，比如：存在非缺省的 DBA 用户，

Connect 角色有 Create View 的权限等。对于数据库系统中与安全相关的信息进行深入分析、提取，通过列表的形式展现给用户。比如：test1、syst-est1 是非缺省的 DBA 用户。

通过对数据库的口令的存在形式（明文/MD5 加密/HASH）、可能的存储地址（数据库表、历史文件、环境变量、配置文件、客户端）、口令的算法（允许的长度、HASH 生成规则）等进行深入的分析，生成其特有的口令字典。根据已经存在的口令字典完成数据库默认账号的识别和数据库登录账号长度较短、强度不高的弱口令的识别。DASDBScan 内置的口令字典支持用户自定义设置，用户可按需增加、删除或修改口令字典。策略即数据库检测的依据和标准，策略管理可以灵活制定不同的检测标准，根据用户的实际测试目的，定制不同的策略，并可以自行添加策略项扩充策略库检测数据库的安全漏洞。在扫描过程中在左边工作区，实时显示详细的扫描和检测结果统计数据，并根据漏洞危害程度、展示相应的扫描结果，令扫描结果更加直观。

数据库审计主要由数据库审计与风险控制系统（DAS—DBAuditor）组成，作为专业级的数据库协议解析系统，数据库审计能够对进出核心数据库的访问流量进行数据报文字段级的解析操作，完全还原出操作的细节，并给出详尽的操作返回结果，以可视化的方式将所有的访问都呈现在管理者的面前，数据库不再处于不可知、不可控的情况，数据威胁将被迅速发现和响应。

（14）不同等级系统互联互通

在明确等级划分之后，不同等级的系统间面临着互联互通的问题，系统间需要进行数据交换。国信办印发的《电子政务信息安全等级保护实施指南》指出，不同安全等级的电子政务系统之间可以根据业务需要进行互联互通。

不同安全等级的系统互联互通，应遵循以下原则：不同等级安全域互联后各级系统须能够满足本级各项基本技术要求，高安全等级的系统要充分考虑引入低安全等级系统后带来的风险，不能因为互联而无法达到相应的基本要求，破坏本等级的安全边界。互联手段中重点是互联边界应采取相应的边界保护、访问控制等安全措施，防止高等级系统的安全受低等级系统的影响。边界产品可有针对性地选择安全隔离网闸、防火墙、入侵防护等边界安全设备。根据系统业务要求和安全保护要求，制定相应的互联互通安全策略，包括访问控制策略和数据交换策略等，严格控制数据在不同等级之间的流动。

5. 容灾备份

大数据中心平台按照由内而外的备份规划设计原则，建立了向内的备份机制和服务。为了进一步加强数据和业务的容灾能力，大数据中心平台备份及容灾系统按照总体规划、分步实施的原则，逐步建立本级平台外部备份服务和同城灾备中心建设以及异地灾备中心建设。

灾备资源池主要面向灾备资源，是通过硬件设备的虚拟化、系统管理的自动化和服务流程的一体化设计，把灾备资源使用从独占方式转变成完全共享方式。通过建设可以实现对资源的自动部署、分配和调整，并将传统的灾备中心建成以灾备服务快速接管为目标的运行平台。配合虚拟化计算资源和云网络，全面实现云服务的落地，构建扩展性好、信息高度共享的大型灾备平台系统。

整个灾备系统主要包括灾备基础设施、业务端数据读写服务、灾备服务、灾备服务平台门户、开放接口，共 5 部分组成。

灾备基础设施：用于管理计算、存储、网络资源，并且在备份恢复任务进行过程中提供数据存储、任务计算、网络传输；

业务端数据读写服务：用于从业务端获取备份数据和写回恢复数据，包括数据压缩、重复数据删除、加密、断点续传等服务功能；

灾备服务：用于提供灾备相关服务，包括备份、恢复、灾难演练、策略、计划等；

灾备云服务平台门户：用于租户管理、定制化服务、任务监控、审计报表、日志告警等运维和统一云平台管理；

开放接口：用于提供面向第三方厂商对接灾备功能。

（三）数据应用标准规范规划

数据中心建设是一个系统工程，遵循先易后难、效果优先的设计原则。同时需要充分考虑长远发展需求，做到统一规划、统一布局、统一设计、分期实施、逐步扩展，保证系统应用的完整性和用户投资的有效性。

大数据中心建设、运营标准规范设计要基于全国政法系统业务系统及数据的要求，在统一规划、统一框架下进行。标准规范的制定要参考国家相关信息标准和省信息共享的相关标准规范以及其他城市相关的标准规范，结合本地的特点和实际情况来制定。建立健全建设、管理和运维制度，采取有效的技术手段，保障共享平台的建设、管理和运维正常运行，市、县统一建设、分级管理。标准必须根据实际业务范围和管理对象，划分相应的业务域和信息主体。以信息主体为中心，对主体的基本属性进行分类。信息分类在兼容国家标准的基础上，服从业务管理的需要。紧密围绕共享应用的需求，以共享业务和管理的需要，共享数据治理的要求为重点，加快平台的建设。

1. 标准规范设计方法

政法大数据中心标准规范体系建设包括法律法规建设，行业、部门和地方制度建设，工作管理规范建设，以及标准规范（包括技术与数据）建设。标准规范和管理制度建设旨在有目的、有目标、有计划、有步骤地建立起联系紧密、相互协调、层次分明、构成合理、相互支持、满足需求的标准规范并贯彻实施，以支持共享信息服务平台的合理建设。标准规范体系的设计需遵循国家和省已有的相关标准，并根据实际需要补充制订与共享服务有关的标准规范，形成一套完整、统一的标准规范体系，是实现信息高度共享、系统运行高度协调的保障。

2. 数据标准

总体标准包括大数据中心建设所需的总体性的标准与规范。从项目建设角度看，总体标准的建设内容是根据本项目建设总体方案，从框架性思路出发，制定本项目所涉及的基本术语、标准化指南、标准编写规则等方面的标准，以保证信息系统的建设工程高效、健康和稳定发展，减少重复投资和互不兼容。总体标准中重点建设的标准有以下三项：

（1）术语：是本项目建设过程中所使用以及形成的基本概念的语言指称。对这些概念进行正确的语言指代，并将其内涵定义和外延定义清晰描述出来，是本项目要解决的基本问题。

（2）标准化指南：是根据本项目标准体系框架及其所涉及的标准化对

象和内容，按照一定的主题和逻辑结构系统阐述所涉及的各标准的主要内容的指导性文件。本项目标准化指南对推动和促进本项目在标准化、规范化的道路上健康发展，应具有极为重要的指导作用。

（3）标准编写规则：标准编写规则应给出标准的结构和编写标准的基本要求，规定标准要素的编写规则、标准条文的编写规则、标准的编排格式以及标准的出版格式，对于本项目标准的编写、审查、出版和管理具有直接的指导作用。

对公安局、检察院、法院、司法局、民政局等政法口相关单位的数据进行调研，为制定数据标准规范奠定基础。首先需要依据已有数据规范进行规划和设计，在泰安市各政法部门相关数据标准的基础上，制定基础库的建设规范，包括元数据定义、字典定义规范、数据元规范等，根据信息资源的来源和类别等，制定信息资源的信息分类和编目规范。其次，在基础库的基础上，根据业务进行专题库建设，为后续数据处理标准和数据展示提供规范。

3. 数据交换体系

（1）整体概念模型如图 4-19 所示。

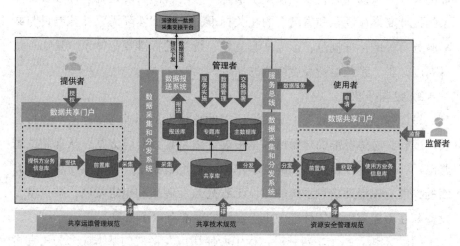

图 4-19　数据交换体系整体概念模型

整体交换体系说明：数据共享门户负责数据共享的申请和审核的业务办理。数据采集和分发系统负责数据的采集和分发。服务总线面向使用者的应用提供数据接口服务。数据采集后统一存储在数据共享中心。数据报送系统对接国资监管统一数据采集交换系统，负责采集指标的获取和下发。同时对采集后的数据进行上报。交换体系的底层由共享运维管理规范、共享技术规范和资源安全管理规范组成，主要提供管理规范的支撑。

（2）运行管理架构

如图 4-20 所示。

图 4-20　运行管理架构图

数据交换体系包含交换部署、数据采集、数据申请、数据共享、数据报送、数据管理和数据监督 7 个环节。

交换部署分为以下几个过程：①由部门或者下属企业进行接入申请发起，可以选择然后由管理者对部门接入申请进行审核办理。②管理者同意部门或者下属企业接入后，开始将部门或下属企业纳入成员单位，并负责开设相关人员的账号。③配置部署成员单位的前置机，安装操作系统及系统软件，调试网络，并做相应记录；④设置前置机的交换节点，针对新部署的前置机进行交换服务测试，确保交换服务能够正常运行。

（3）数据采集

如图 4-21 所示。

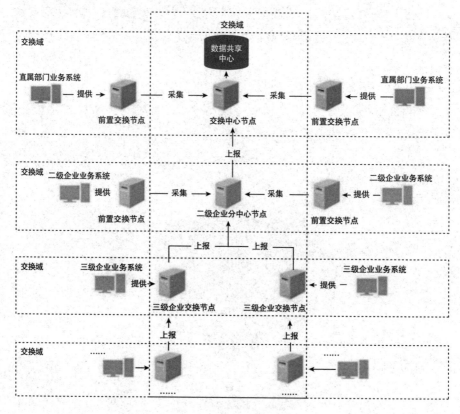

图 4-21　数据采集流程

在数据采集模型设计中由公司数据共享中心交换节点、下级企业交换分中心节点和各同级部门端交换节点组成，具体设计说明如下：①端交换节点用于存付直属部门或者下级企业直属部门上报的信息资源；②公司数据共享中心节点负责采集各端节点和二级企业分中心节点上报共享数据，分中心节点负责本级直属部门的数据采集和下一级分中心节点上报数据采集。公司数据共享中心节点管理交换网络内端交换节点的数据交换服务，并根据需求汇聚成共享信息库。③端交换节点是数据采集过程的起点，完成业务信息与交换信息之间的转换操作，并通过交换服务实现部门信息及下级企业信息的采集和上报工作；数据采集过程分为以下三个阶段：

数据提供：数据由同级直属部门的业务系统到提供部门的前置机（端交换节点）传输的过程。

数据采集/数据上报：数据采集是指数据由端交换节点向共享数据中心或者是本级分中心节点传输的过程。数据上报是指数据由分中心节点向共享数据中心节点或者是上一级分中心节点的传输过程。数据采集和数据上报分别形成横向和纵向交叉的交换域。

其中，数据提供流程由各同级直属部门的交换桥接负责。数据采集和上报流程由数据采集共享系统负责。

（4）数据申请

如图 4-22 所示。

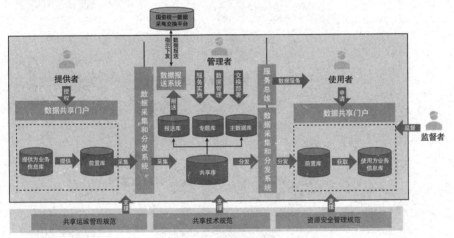

图 4-22 数据申请流程

数据申请是使用者确定数据需求后发起需求申请到管理者和提供者授权的过程。是为了确保数据的共享是在授权范围内，后期数据溯源也有相关文件证明；同时也可以防止相关人员滥用共享权利，共享授权之外的数据。

（5）数据共享

数据共享主要分为两种模式，一种是通过中心节点以配置共享交换服务方式向部门或者下属企业的前置节点分发和下发共享数据，另一种是通过提供远程数据服务。

（6）数据报送

数据报送是指公司的数据共享平台接收到国资监管单位所下发的采集

目录和采集任务后，按目录准备数据和按任务上报数据。整体数据报送流程如图 4-23 所示。

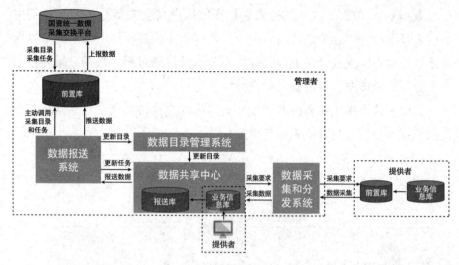

图 4-23　整体数据报送流程

（7）数据管理

如图 4-24 所示。

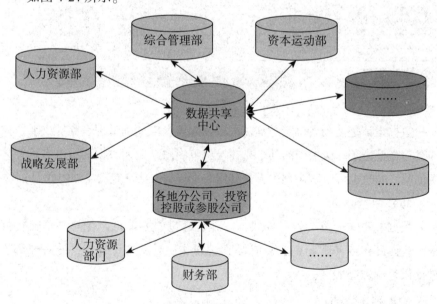

图 4-24　数据管理示意图

管理者负责制定数据标准规范和管理要求，下发给数据提供者。数据提供者按照标准规范准备数据，通过按照平台接入和采集要求将数据提供给数据共享中心。管理者按照数据共享规范和范围对数据使用者使用数据进行授权。使用者按照分配的权限获取数据，并且只能在授权范围内使用共享数据。使用者在使用数据的过程中可以对发现的数据质量问题通过数据共享门户进行反馈。提供者通过门户了解使用者反馈的问题后，对问题数据反馈进行处理。提供者对问题数据进行处理后，重新将更新后的数据提供给数据共享中心。管理者需要对数据共享情况、数据采集情况、数据质量情况、数据治理情况、数据交换的基础设施等进行持续整体的监视，对出现的问题及时进行处理。

（8）数据监督

数据监管由监督者负责，数据监管工作覆盖整个信息资源交换体系，主要工作内容包括：在交换部署管理行为中，对管理者接入审核行为进行监督。在数据申请管理行为中，对管理者和提供者数据共享授权行为监督；对使用者使用数据情况进行监督。在数据采集管理行为中，对管理者数据采集交换服务配置行为进行监督。在数据共享管理行为中，对管理者进行共享交换服务配置行为进行监督。在数据报送管理行为中，对管理者下发采集数据指标的过程进行监督，对提供者是否按时按质提供数据情况进行监督。在数据管理行为中，对数据标准制定、数据使用、数据提供、数据运维监管等行为进行监督。

4. 数据交换结构

业务数据存在着复杂的数据共享和交换需求，并存在以下特点：①同一批共享数据通常需要共享给多个部门或者下属企业的业务系统；②对同一批数据，不同的子系统应用的需求存在差异；③各个子系统独自开发，技术平台不一，数据标准不一；④数据共享和交换要求进行备案。因此，本项目采用星型数据交换结构，在星型数据交换结构中，所有端节点只与中心节点或者是本级分中心节点相关，通过中心实现数据交换。为保证数据安全，各部门的交换节点相互隔离，相互不能访问，只能通过数据采集共享系统进行调配。

5. 安全体系

政法大数据中心在建设运营过程中，需要遵循《中华人民共和国网络安全法》、《中华人民共和国计算机信息系统安全保护条例》、《互联网安全保护技术措施规定》（公安部令第 82 号）、《计算机信息网络国际联网安全保护管理办法》（公安部第 33 号令）、《信息安全技术网络安全等级保护定级指南》（最新为 2017 版）、《涉及国家秘密的信息系统分级保护技术要求》、《涉及国家秘密的信息系统分级保护管理规范》和《涉及国家秘密的信息系统分级保护管理办法》，以及《电子政务保密指南》等法律法规、政策规范、技术标准、分级保护要求和网络安全等级保护基本要求（含云计算、移动互联、工业控制系统等补充要求），以及等级划分、基本要求、测评要求、实施指南、设计、管理等。

政法大数据的安全本质上是政法数据安全。政法数据都将或直接、或间接地来自于不同业务的政法信息系统（包括数据/信息资源平台、门户网站或业务应用等）、互联网资源、物联网智能系统和人工系统，其安全和相关业务流程融合在一起。同时，政法大数据的安全与其服务的主客体以及其生命周期密切相关。

（1）认证安全。认证作为一种信用保障、身份识别的形式，包含两层含义：一是对数据本身的识别、确认，另外就是对访问或使用数据的智能设备/系统/人的身份识别、确认。这种身份认证一般由第三方专门的认证中心来完成，认证其状态的同时认证其属性。对于数据本身而言，其认证既包含其元数据（"数据的数据"）的识别、确认，也包含对其内容的识别、确认。对于访问或使用数据的人（包括自然人/用户群组/用户角色/机构部门等 ACL［存取访问控制列表中的用户］）而言，主要是对其唯一性、合法性、符合性的识别、确认。除了自然人之外，一些智能设备或信息系统也会成为政法大数据的"用户"，对它们如同对自然人一样，也要确认其唯一性、合法性、符合性。本质上，认证过程是一个确保"我是我"、确认唯一性身份识别号（ID）的过程，认证安全是所有后续安全的基础。如果没有认证安全，也就没有其他安全可言了。保障认证安全，就是要保障其认证过程的安全和认证结果的正确，而保障认证结果的正确是核心目标，衡量指标有三个：唯一性、合法性和符合性。唯一性即是独有的、没有二义性的，合法性是指为系统中正常注册产生，符合性指在唯一性、合法性前提下的属性吻合，是认证的最终表现形式。

（2）鉴权安全。鉴权是指在认证基础之上，通过身份识别的对象被确认所拥有的权限或者是否拥有某项权限的过程。这里的权限包括基础的"增删改查"四个基本权限，操作对象是指在存取访问控制列表里的系统/数据资源。这里没有把授权单列，是因为往往鉴权和授权过程是难以分别开来的，所以这里讨论的鉴权包含了授权，把两者当成一个过程来看待。同时，这种鉴权一般是双向的，既是系统/数据对用户的鉴权，也是用户对系统/数据的鉴权。如果把认证比作从防盗门猫眼识别门外是否为可以进来的客人，那么鉴权就是给可以进来的客人开门和拒绝给不可以进来的人开门。和认证的安全一样，鉴权安全也是通过过程安全来保障结果安全。在认证和鉴权方面，区块链技术对提升其安全性会有比较大的帮助。

（3）传输安全。从政法大数据的采集到其治理、加工、使用、提供服务的整个过程，都离不开数据的传输。因此，政法大数据的传输安全也是其重要的安全要素。传输安全包括传输过程中保障传输对象的准确、完整，以及传输过程中不会被非法窃取。对于传输安全常用的方案是使传输加密和建立传输隧道，如采用建立在 TCP/IP 层级上的 SSL/TLS，以及 IPsecVPN/SSLVPN，目前 SSLVPN 已经成为 VPN 技术的主流。在实现传输安全的过程中，需要权衡安全、功能效果和实现效率并寻求最适合的方案。曾在一个项目中，由于所传输的内容需要以文件为单位进行加解密传输，但用户界面上有大量的小图片元素，造成加解密过程缓慢进而影响系统访问效果。在加解密措施、策略无法改变的情况，最终项目组采用把大量小的图片文件合并为一个文件，能使用底色的不再使用图片文件的折中方式改善了客户对系统的交互体验。

（4）交换安全。政法大数据的价值体现有赖于其共享、融合与交换。因此，交换安全也是其价值体现的重要环节。政法大数据的交换安全主要包括跨域认证、数据提供方/请求方对所交换数据的管控以及交换行为及过程的安全审计。政法大数据的分布环境比较复杂：横向成池、纵向成线，纵横交错、聚集成网，不可避免地会跨不同的安全域。在不同的安全域进行交换时，安全地进行跨域认证就显得十分重要（建立安全、互信的交换通道）。这里引入一个数据识别码（Data Identification Number，DIN）的概念，即每个被交换的交换单元设置一个唯一的 DIN，同时要具有保密等级等属性信息，在交换链路层面确保高密级的数据不会被交换低密级的安全域，同时应避免伴随数据流向的病毒和网络攻击侵入。数据交换双方（提供方和请求方）对所交换数据的管控以及隐私防护，也是交换安全的重要组成部分，这一方面可以通过信息过滤以及双方的互信握手实现安全。再有，交换行为及过程的安全审计，既要保障交换痕迹的如实保留并且要防止篡改，同时也要保障信息不被泄漏。交换的安全审计往往通过加密、验证、备案等方式确保交换过程可追溯，交换行为可检查。

（5）存储安全。政法大数据产生后需要存储起来，其安全包括存储的过程中不会被窃取、被损坏，重点要保障其完整性和保密性。存储安全涉及到存储介质的物理安全，也涉及到存储的软件安全和存储内容的安全。基于虚拟化的云存储和基于区块链技术的分布式存储将在技术上对存储安全提供更加有效的保障。存储安全也是建立在认证安全和鉴权安全基础上的，数据加密也是存储安全重要的保障措施。由于云存储是基于存储资源虚拟化和软件定义存储资源来实现的，因此基于云存储环境的存储安全更为复杂。保障存储安全的手段无外乎加密、密钥和认证，从逻辑层次上大体可以分为存储基础设施（硬件资源层：磁盘，网络）安全、存储平台安全（如虚拟化云管平台、操作系统、数据库管理系统、文件管理系统等）和存储软件安全（如设备监控、存储定义、存储管理软件等）。相比较"热数据"而言，区块链的分布式存储技术，对于政法大数据中的"冷数据"存储更加实用。

（6）管理安全。完整的安全保障体系既需要技术手段/措施，也需要相配套的管理手段/措施。管理安全的表现形式为相应的安全管理制度、保障方案、应急预案、标准操作流程（SOP）、作业指导书等，可实施路径为与实际政法业务流程相融合，将安全管理纳入业务流程的每个环节、每个步骤中。同时，管理的可定义和自动化也会是趋势，即管理安全措施/规则也将成为政法大数据的一个可运行的组成部分，通过自学习实现对自我的安全管控。这些安全管理措施/规则来源于国家相关的法律法规以及标准等强制性文件，并通过管理制度/软件设计融合在具体的业务流程当中。管理安全的两翼是"防"和"控"，两者以安全动态管理为基础，重在从源头上予以预防。

（7）媒介安全。政法大数据的存储、传输和交换都需要媒介，保证数据在媒介中的完整性、有效性，对于政法大数据的整体安全非常重要。同时，媒介安全应该和所存储、传输和交换的数据保密等级相一致。这里既有硬件层面的要求，也有软件层面的要求。保证国家安全、公共安全和群体安全，是媒介安全管控的重要目的。在进行媒介安全管理时，需要加强风险防控，从风险源头进行控制。

（8）运行安全。政法大数据作为一个复杂的大型数据系统，有效的运行管理是保障其发挥价值的重要前提。其运行安全包括运行环境的安全和运行态保持的安全。运行环境的安全是基础，运行态保持的安全是目标。

（9）审计安全。对于政法大数据的审计安全，首先是需要建立安全的审计机制与策略。如区块链技术中讲到的分布式记账，其实和最初银行发行的一本通账户有些类似，只是它没有去广播，不具备"去中心化"的特征。然而，随着金融技术的发展，一本通账户失去了存在意义：它不再能实时反应相应账户的真实状态，只能以中心化的银行备案信息为准。区块链技术中的分布式记账，本质上解决的是数据真实性的审计问题。通过分布式存储机制以及当前计算能力的瓶颈来使得数据被篡改成为不可能，使得相关方对数据的可信度达成共识。其基础就是可以审计、验证，并确保审计过程的安全与审计结果的可靠。审计的安全离不开安全审计，而基于机器学习建立的安全模型、安全策略、安全机制，并且可以自优化的安全审计是审计安全的重要保障。

（四）迁移适配规划

梳理检务业务系统的业务需求，结合自主可控技术发展现状，从功能需求、性能需求、安全与保密需求等多方面综合分析，完成基于自主可控平台的技术摸底。根据实际综合业务需求及自主可控环境的特点，做好技术及产品选型，通过自主可控基础软硬件技术攻关、优化来弥补差距。重点考虑各类硬件与基础软件、系列支撑层软件产品、共性检务系统的兼容性问题。搭建自主可控环境下的模拟验证环境，并解决发现的问题，优化和最终确定设计方案，逐步向国产环境开发过渡，最终实现软、硬件全信创。

从系统整体角度搭建要素齐全的模拟环境，从适配、功能、性能、安全等方面做全面的验证。不断积累完善出现问题及解决方案的知识库。将原有服务器中的内容全部迁移至自主 PK 服务器。迁移前，对迁移方案进行评估以确保迁移成功。

通过数据迁移工具 DTS 完成常规数据库对象及数据的迁移。常规对象指的是序列、表和视图，都可以通过数据迁移工具迁移到目标数据库。数据迁移包括制订迁移计划、序列对象迁移、表对象迁移、视图对象迁移、处理迁移过程中错误。通过人工完成 PLSQL 的移植，基于目标数据库的兼容性，需要做部分的手工修改即可完成。数据库移植完成后，需要对移植的结果进行校验，确保移植的完整性和正确性。

数据库和应用系统移植完毕后开启 SQL 日志，对系统进行全面测试，排除移植过程中错误的地方，对慢的 SQL 语句进行优化。应用系统迁移是指将原有系统的应用程序全部迁移至新的 PK 自主可控系统平台。迁移与整合方法分为 6 个阶段，分别为系统评估与分析、方案设计、虚拟化环境准备、应用移植、测试验证和业务割接。

在系统评估与分析阶段，应确定迁移范围和目标，利用问卷调查、系统评估工具（MAP）和访谈等评估形式，对应用系统进行评估，分析和汇总系统需求，形成调研报告。

在方案设计阶段，针对项目范围内的物理服务器进行虚拟化适用性分析，设计迁移场景和方案。按照方案进行迁移顺序、迁移方法等内容的设计，形成总体迁移方案。在虚拟化环境准备阶段，应判断现有的平台环境是否能容纳被迁移的所有对象，以及具体应检查计算资源、存储资源、网络资源以及数据库资源等，建立迁移所需的环境准备，如虚拟机、虚拟化网络等。在系统移植阶段，应根据既定的迁移方案严格地执行应用系统迁移，将应用系统移植到虚拟机内。对平台上的应用系统进行功能性测试、性能测试和稳定性测试，并进行应用验证，以便预先排除隐患，使得应用系统成功地运行在平台环境下。制定割接方案，依照方案进行割接操作，割接完成后进入割接后观察期，通过割接验收后将原系统下线。其他适配工作包括操作系统适配、开发工具适配和中间件的适配。即将原有操作系统迁移至新的系统平台，迁移执行完成后进行相关的适配工作，并测试验证迁移是否成功；将原有系统应用的开发工具全部迁移至新的系统平台，迁移执行完成后进行相关的适配工作，测试验证迁移是否成功；将原有系统应用的中间件全部迁移至新的系统平台，迁移执行完成后进行相关的适配工作，测试验证迁移是否成功。

参考文献

[1]赵志刚,金鸿浩.智慧检务初论[M].北京:中国检察出版社,2017.

[2]党卫红.信息化在人力资源管理中的应用[J].哈尔滨:黑龙江史志,2015,18:118-119.

[3]张津航.信息化发展对生活的影响[J].通讯世界:2017,23:367.

[4]王济昌.现代科学技术名词选编[M].郑州:河南科学技术出版社,2006.

[5]李柏萱.论述金融管理信息化的创新及应用[J].科技风:2018,352:25.

[6]李娟.论商业银行信息化建设发展以及取得的成就[J].中小企业管理与科技 2013,2:219-220.

[7]奚惠鹏,王源.浅谈学会工作信息化[J].科协论坛,2009,7:29-31.

[8]贾延锋,孟凡营,韩雨杰等.应用网络信息技术加强油田生产现场安全监管载[J].中国信息界,2011,8:46-47.

[9]王凯.试论信息化建设对企业发展的推动作用探讨[J].中国新通信,2016,18:7-8.

[10]彭树才.产业信息化对我国产业结构优化作用的研究[D].合肥:安徽农业大学,2008.

[11]冯希叶,王辰龙等.信息技术类专业知识理论[M].成都:电子科技大学出版社,2015.

[12]黄楚新,王丹."互联网+"意味着什么——对"互联网+"的深层认识[J].新闻与写作,2015,5:4-9.

[13]刘陈,景兴红,董钢.浅谈物联网的技术特点及其广泛应用[J].科学咨询,2011,9:86.

[14]贾益刚.物联网技术在环境监测和预警中的应用研究[J].上海建设科技,2010,6:65-67.

[15]晨曦.说说物联网那些事情[J].今日科苑,2011,20:54-59.

[16]黄静.物联网综述[J].北京财贸职业学院学报,2016,6:5.

[17]甘志祥.物联网的起源和发展背景的研究[J].现代经济信息,2010,1:157-158.

[18]韵力宇.物联网及应用探讨[J].信息与电脑,2017,3.

[20]贾益刚.物联网技术在环境监测和预警中的应用研究[J].上海建设科技,2010,6:104.

[21]许子明,田杨锋.云计算的发展历史及其应用[J].信息记录材料,2018,19.

[22]罗晓慧.浅谈云计算的发展[J].电子世界,2019,8:104.

[23]赵斌.云计算安全风险与安全技术研究[J].电脑知识与技术,2019,15:33-34.

[24]李文军.计算机云计算及其实现技术分析[J].军民两用技术与产品,2018,22:57-58.

[25]王雄.云计算的历史和优势[J].计算机与网络,2019,45:50.

[26]王德铭.计算机网络云计算技术应用[J].电脑知识与技术,2019,15:274-275.

[26]黄文斌.新时期计算机网络云计算技术研究[J].电脑知识与技术2019,15:41-42.

[27]陈世清.量子通信初探[J].科学与信息化,2018,14:5.

[28]谢臻.量子通信现状与展望[J].数字通信世界,2018,12:169.

[29]赵海龙.量子通信技术及发展[J].自然杂志,2018,40:207-214.

[30]卜文娟.国内外量子通信的发展足迹[J].中国战略新兴产业,2016,19:79-81.

[31]宋刚,邬伦.创新2.0视野下的智慧城市[J].北京邮电大学学报,2012,社会科学版.